박문각 공인중개사

합격예상문제 2차
부동산세법

박문각 공인중개사연구소 편

합격까지 박문각
합격 노하우가 다르다!

이 책의 머리말

이번 2026 공인중개사 합격예상문제는
절대적으로 공인중개사 수험생의 '효율적인 수험공부'를 최우선 목표로 했다.

최근 공인중개사 시험에서 부동산 관련 세법은 복잡하고 실무적인 내용을 묻고 있다.

따라서 부동산세법은 이론을 바탕으로 많은 연습 과정이 필요하기 때문에 다양한 문제를 풀어보는 것이 중요하다. 또한 매년 세법이 개정되기 때문에 개정 세법의 내용을 숙지해야 할 필요가 있다. 따라서 본서의 목적은 다양한 문제를 통하여 핵심 내용을 정리하고 단시간 내 이론의 체계를 잡고 최근 출제 경향에 맞는 문제 경향에 익숙해지도록 하는 데 있다. 공인중개사 시험은 어려운 것보다는 익숙하지 않은 것이다. 꾸준한 반복을 통하여 익숙해짐으로써 어려움을 극복하면 충분히 안정적인 점수가 나오리라 확신한다.

본서의 구성은 다음과 같다.

01 · 철저하게 공인중개사 시험과 관련된 것으로 범위를 한정하였으며 최근 기출문제를 분석하여 수험생이 최소의 시간으로 습득할 수 있도록 문제를 구성하였다.

02 · 최근 종합형 문제와 각 세목별 비교 문제 등이 자주 출제되는 점에 착안하여 같은 유형의 문제를 많이 수록함으로써 학습의 효율성을 높이는 데 집중하였다.

03 · 각 문제마다 충실한 해설을 통하여 이론과 문제 두 마리 토끼를 잡을 수 있도록 하였다.

따라서 본서로 흐름을 잡고 연습하면 최소의 시간으로 최대의 효과를 얻을 수 있을 것이라 생각한다.

박문각 공인중개사

본서는 이러한 사항에 역점을 두고 집필하였으므로 공인중개사 시험을 준비하는 수험생들의 훌륭한 길잡이가 될 수 있으리라 믿어 의심치 않으며 모든 수험생들에게 합격의 영광이 함께 하길 기원한다.

본서를 집필하는 과정에서 많은 분들의 도움을 받았다. 출간을 허락해 주신 도서출판 박문각 박용 회장님과 편집부 직원 여러분들에게 감사의 마음을 전한다.

2026년 봄
편저자 씀

공인중개사 개요 및 전망

"자격증만 따면 소자본만으로 개업할 수 있고 '나'의 사업을 능력껏 추진할 수 있다."

공인중개사는 자격증만 따면 개업하고, 적당히 돌아다니기만 해도 적지 않은 수입을 올릴 수 있는 자유직업. 이는 뜬구름 잡듯 공인중개사가 되려는 사람들의 생각인데 천만의 말씀이다. 예전에도 그랬고 지금은 더하지만 공인중개사는 '부동산 전문중개인다워야' 제대로 사업을 유지할 수 있고 괜찮은 소득도 올릴 수 있는 최고의 자유직업이 될 수 있다.

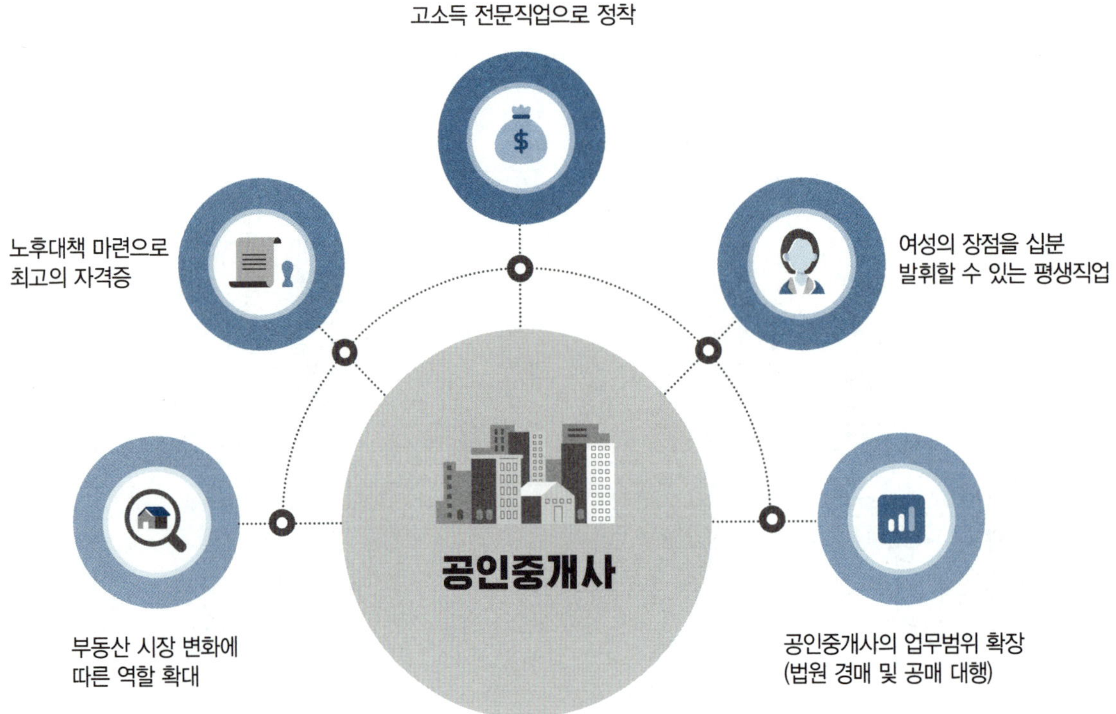

"자격증 취득하면 무슨 일 할까?"

공인중개사 자격증에 대해 사람들이 가장 많이 궁금해하는 점이 바로 '취득 후 무슨 일을 하나'이다. 하지만 공인중개사 자격증 취득 후 선택할 수 있는 직업군은 생각보다 다양하다.

개업공인중개사로서의 공인중개사 업무는 알선·중개 외에도 중개부동산의 이용이나 개발에 관한 지도 및 상담(부동산컨설팅)업무도 포함된다. 부동산중개 체인점, 주택 및 상가의 분양대행, 부동산의 관리대행, 경매 및 공매대상 부동산 취득의 알선 등 부동산의 전문적 컨설턴트로서 부동산의 구입에서 이용, 개발, 관리까지 폭넓은 업무를 다룰 수 있다.

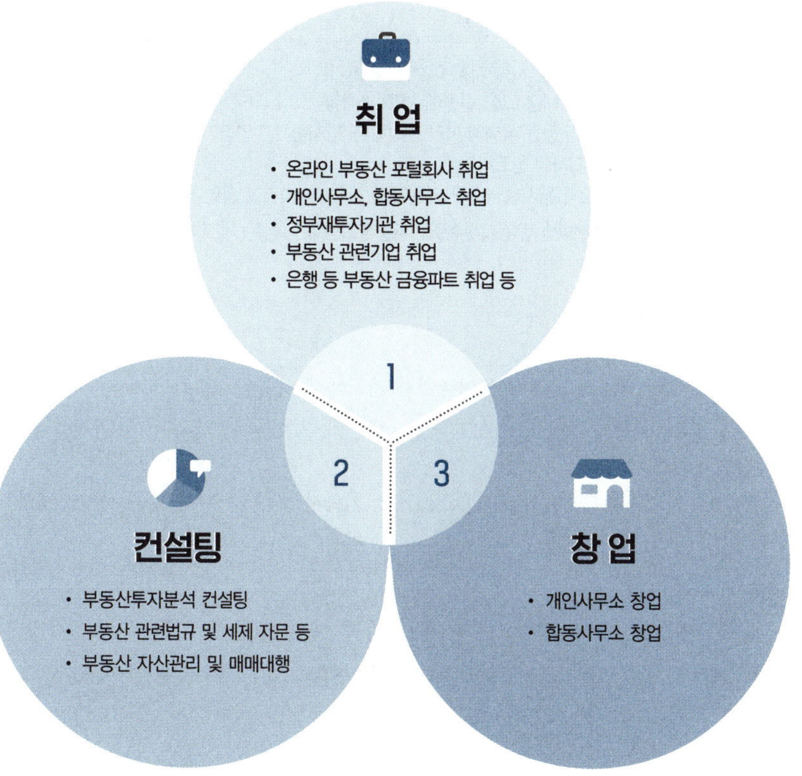

공인중개사 시험정보

시험일정 및 시험시간

1. 시험일정 및 장소

구 분	인터넷 / 모바일(App) 원서 접수기간	시험시행일	합격자발표
일 정	2026. 8. 3. ～ 8. 7.	2026. 10. 31.	2026. 12. 2.
장 소	원서 접수시 수험자가 시험지역 및 시험장소를 직접 선택		

TIP 1. 제1·2차 시험이 동시접수·시행됩니다.
2. 빈자리 접수(2일간)는 정기접수 환불로 발생한 수용인원 범위 내에서 선착순으로만 이루어져 조기마감될 수 있습니다.

2. 시험시간

구 분	교 시	시험과목 (과목당 40문제)	시험시간	
			입실시간	시험시간
제1차 시험	1교시	2과목	09:00까지	09:30 ～ 11:10(100분)
제2차 시험	1교시	2과목	12:30까지	13:00 ～ 14:40(100분)
	2교시	1과목	15:10까지	15:30 ～ 16:20(50분)

＊ 수험자는 반드시 입실시간까지 입실하여야 함(시험 시작 이후 입실 불가)
＊ 개인별 좌석배치도는 입실시간 20분 전에 해당 교실 칠판에 별도 부착함
＊ 위 시험시간은 일반응시자 기준이며, 장애인 등은 유형에 따라 편의제공 및 시험시간 연장가능(유형별 편의제공 및 시험시간 연장 등 세부내용은 큐넷 공인중개사 홈페이지 공지사항 참조)
＊ 2차만 응시하는 시간연장 수험자는 1·2차 동시응시 시간연장자의 2차 시작시간과 동일 시작

TIP 시험일시, 시험장소, 시험방법, 합격자 결정방법 및 응시수수료의 환불에 관한 사항 등은 '제37회 공인중개사 자격시험 시행공고'시 고지

응시자격 및 합격자 결정방법

1. 응시자격: 제한 없음
다만, 다음의 각 호에 해당하는 경우에는 공인중개사 시험에 응시할 수 없음
① 공인중개사시험 부정행위자로 처분 받은 날로부터 시험시행일 전일(2026. 10. 30)까지 5년이 지나지 않은 자(공인중개사법 제4조의3)
② 공인중개사 자격이 취소된 후 합격자발표일(2026. 12. 2)까지 3년이 지나지 않은 자(공인중개사법 제6조)
③ 이미 공인중개사 자격을 취득한 자

2. 합격자 결정방법
제1·2차 시험 공통. 매 과목 100점 만점으로 하여 매 과목 40점 이상, 전 과목 평균 60점 이상 득점한 자

TIP 제1·2차 시험 응시자 중 제1차 시험에 불합격한 자의 제2차 시험은 무효로 합니다(「공인중개사법 시행령」 제5조 제3항).
＊ 제1차 시험 면제대상자: 2025년 제36회 제1차 시험에 합격한 자

시험과목 및 출제비율

구 분	시험과목	시험범위	출제비율
제1차 시험 (2과목)	부동산학개론 (부동산 감정평가론 포함)	부동산학개론 • 부동산학 총론[부동산의 개념과 분류, 부동산의 특성(속성)] • 부동산학 각론(부동산 경제론, 부동산 시장론, 부동산 정책론, 　부동산 투자론, 부동산 금융론, 부동산 개발 및 관리론)	85% 내외
		부동산 감정평가론(감정평가의 기초이론, 감정평가방식, 부동산가격 공시제도)	15% 내외
	민법 및 민사특별법 중 부동산중개에 관련되는 규정	민 법 • 총칙 중 법률행위 • 질권을 제외한 물권법 • 계약법 중 총칙·매매·교환·임대차	85% 내외
		민사특별법 • 주택임대차보호법 • 집합건물의 소유 및 관리에 관한 법률 • 가등기담보 등에 관한 법률 • 부동산 실권리자명의 등기에 관한 법률 • 상가건물 임대차보호법	15% 내외
제2차 시험 1교시 (2과목)	공인중개사의 업무 및 부동산 거래신고 등에 관한 법령 및 중개실무	공인중개사법	70% 내외
		부동산 거래신고 등에 관한 법률	
		중개실무	30% 내외
	부동산공법 중 부동산중개에 관련되는 규정	국토의 계획 및 이용에 관한 법률	30% 내외
		도시개발법	30% 내외
		도시 및 주거환경정비법	
		주택법	40% 내외
		건축법	
		농지법	
제2차 시험 2교시 (1과목)	부동산공시에 관한 법령 및 부동산 관련 세법	부동산등기법	30% 내외
		공간정보의 구축 및 관리 등에 관한 법률 제2장 제4절 및 제3장	30% 내외
		부동산 관련 세법(상속세, 증여세, 법인세, 부가가치세 제외)	40% 내외

TIP 답안은 시험시행일에 시행되고 있는 법령 등을 기준으로 작성

제36회 공인중개사 **시험총평**

2025년 제36회 공인중개사 시험
"1차는 비교적 쉬웠고, 2차는 어려웠다."

제36회 공인중개사 시험에서 1차 과목인 부동산학개론은 계산문제가 11문제 출제되었지만 9문제가 전형적인 패턴의 문제여서 풀이에 어려움이 없었고, 이론문제가 쉽게 출제되어 전체적인 난이도는 '하' 수준이었다. 민법은 전체적으로 평이하게 출제되었지만 민사특별법 부분에서는 다소 어렵게 출제되어 체감 난이도는 전년도와 비슷하였다.

2차 과목의 공인중개사법·중개실무는 최근 2년간의 시험보다 쉽게 출제되었고, 부동산세법과 부동산공시법령, 부동산공법은 비교적 평이하거나 전년도와 비슷한 중상 수준으로 출제되었다. 하지만 부동산공시법령과 부동산공법에서 일부 생소한 유형의 문제, 지엽적인 법률 문제가 출제되어 수험생들의 체감 난이도는 높아졌다고 볼 수 있다.

제36회 시험의 과목별 출제 경향은 다음과 같다.

1차

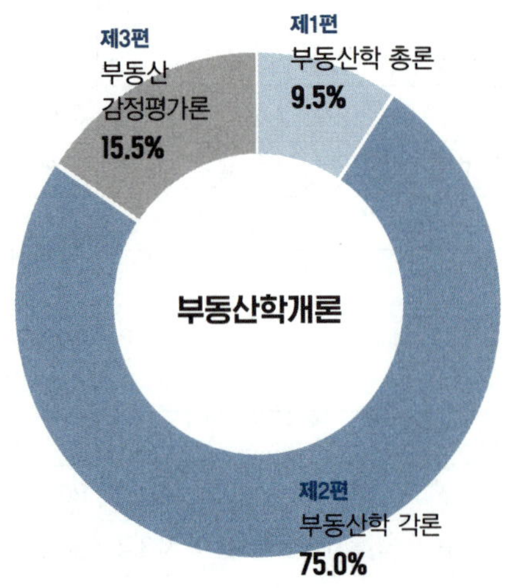

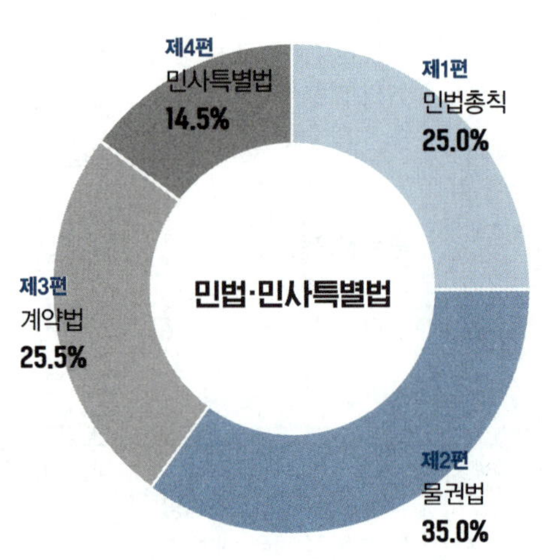

부동산학개론은 계산문제가 11문제 나왔지만 전형적인 패턴의 문제여서 충분히 풀 수 있었고, 이론문제가 쉽게 출제되어 전체적으로 역대급 쉬운 시험이었다.

전체적으로 평이하게 출제되었지만, 민사특별법 부분에서 다소 어렵게 출제되었다.

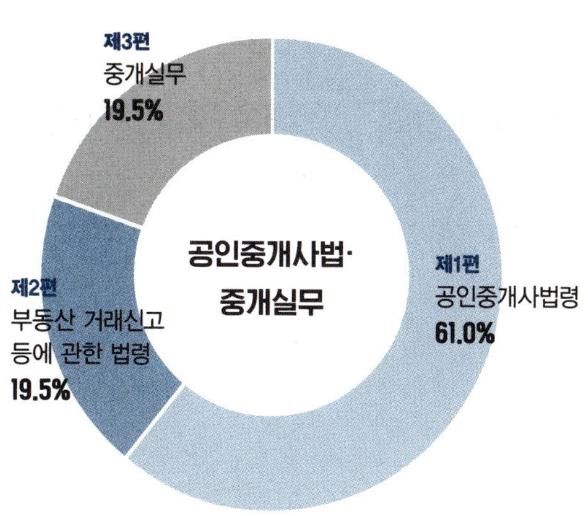

공인중개사법·중개실무는 최근 2년간의 시험보다 쉽게 출제되어 안정적인 고득점이 가능하였다.

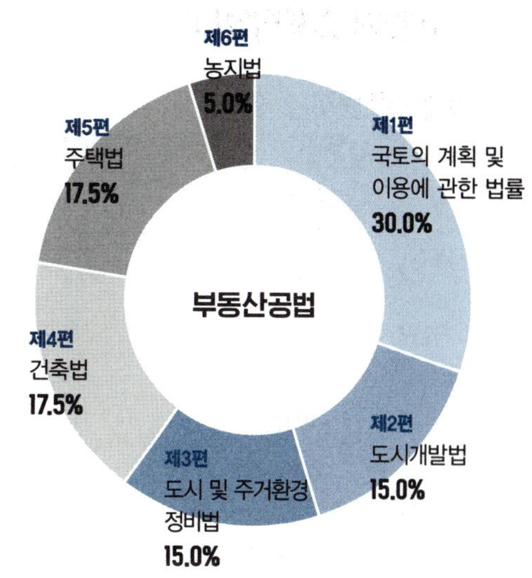

부동산공법의 전체적인 난이도는 전년도와 비슷하게 출제되었으나, 일부 법률에서 최근 출제된 적 없는 매우 지엽적인 문제가 출제되어 체감 난이도는 높아졌다.

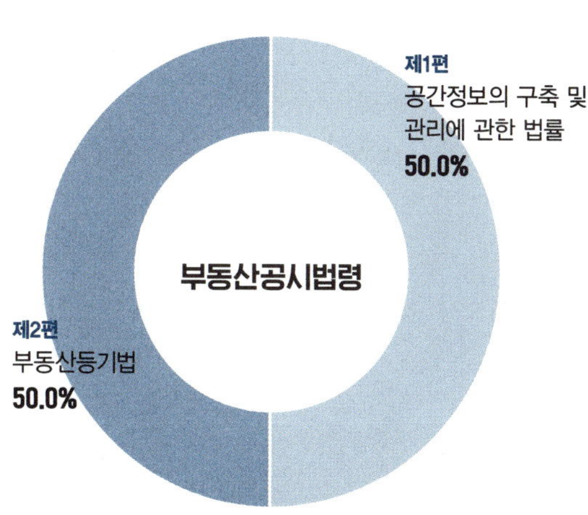

'공간정보관리법'은 기출유형을 크게 벗어나지 않은 평이한 난이도를 유지했고, '부동산등기법'은 생소한 모습의 극상 문제들이 일부 출제되어 다소 까다로웠다.

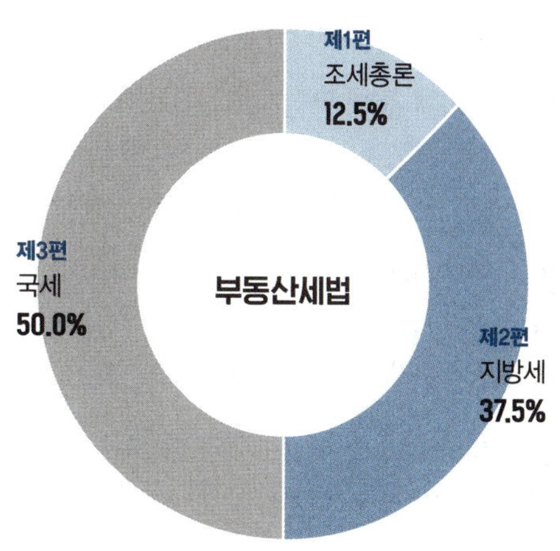

부동산세법은 기본개념을 이해하였는지를 중점적으로 물어보았고 단순 법조문을 묻는 문제, 사례형 문제, 계산문제를 혼합하여 출제하였다.

출제경향 분석 및 수험대책

📝 어떻게 출제되었나?

▶ 출제경향 분석

구 분		제32회	제33회	제34회	제35회	제36회	총 계	비율(%)
조세총론		2	2	2	2	2	10	12.5
지방세	취득세	2	2	2	3	2	11	13.75
	등록면허세	1	1	2	0	1	5	6.25
	재산세	2.5	2	2	3	3	12.5	15.625
	지방소득세	0	0	0	0	0	0	0.0
	지역자원시설세	0	0	0	0	0	0	0.0
국 세	종합부동산세	2.5	2	2	2	2	10.5	13.125
	양도소득세	6	5	5	5	5	26	32.5
	종합소득세	0	2	1	1	1	5	6.25
총 계		16	16	16	16	16	80	100.0

제36회 공인중개사 시험에서 부동산세법의 난이도는 극상급 3문제, 상급 3문제, 중급 2문제, 하급 8문제로 구분하여 출제하였다. 난이도 극상급 문제는 시험장에서 풀기에는 어려운 문제였으며 중급인 문제와 하급인 문제를 풀기에는 별 어려움이 없는 구성이었다. 최근 출제 경향인 기본개념을 정확하게 이해한 수험생에게 합격 점수가 안정적으로 나올 수 있는 문제를 중급과 하급으로 출제하였고 합격생 수를 조정하기 위해 난이도 극상급의 문제를 출제하였다.

1 | 세목별 출제 문항

조세총론 2문제, 취득세 2문제, 등록면허세 1문제, 재산세 3문제, 종합부동산세 2문제, 종합소득세 1문제, 양도소득세 5문제로 총 16문제를 출제하였다.

2 | 문제 유형

틀린 것을 찾는 문제(5문제), 옳은 것을 찾는 문제(3문제), 박스형 문제(4문제), 계산 문제(1문제), 단답형 문제(3문제)로 다양하게 출제하였다.

3 | 세목별 구체적인 문제와 종합 문제

세목별 구체적인 문제(13문제), 종합 문제(3문제)로 출제하였다.

4 | 단순 법조문을 묻는 문제, 사례형 문제, 계산 문제를 혼합하여 출제하였다.

최근의 출제경향은 세법에 대한 기본적인 내용을 정확하게 이해하고 있는 지를 확인하는 쪽으로 바뀌고 있다. 구색을 맞추기 위해 지엽적인 내용을 출제하는 경우도 있지만 세법의 기본 개념을 정확히 이해하였다면 합격 점수를 확보하는 것에는 별 어려움이 없도록 출제하고 있다.

📊 이렇게 준비하자!

앞으로의 수험전략은 정확한 이해를 바탕으로 주어진 시간 내에 최근 기출문제 중 자주 출제되는 난이도 하급의 문제를 빠르게 풀고 난이도 중급의 문제를 풀어 기본점수를 확보한 후 난이도 상급의 문제를 푸는 능력을 키우는 것이다. 또한 난이도 극상급의 문제는 과감하게 통과하는 전략도 필요하다.

▶ **조세총론**

조세총론은 국세와 지방세를 총괄하는 것으로 매년 2문제 정도 출제되고 있다. 조세에 관한 기본적이고 공통적인 내용으로 최근 시험에서는 이의신청·심판청구, 서류의 송달, 납세의무 성립·확정·소멸, 조세와 다른 채권의 관계, 거래단계별 조세, 연대납세의무 등의 전반적인 내용을 골고루 출제하고 있다. 이 부분을 정확하게 이해하고 정리하기 위해서는 개별적인 세목을 먼저 공부한 후 연결하여 학습하는 것이 좋다.

▶ **취득세**

취득세는 기초 개념을 확실하게 파악해야 상호 연결이 쉽게 이루어진다. 자주 출제되는 부분은 납세의무자, 과세표준, 세율, 신고·납부, 비과세 부분으로서 전체적인 흐름 파악을 종합적으로 묻고 있다. 추가로 과점주주, 토지의 지목변경 등 취득의제 부분을 기본적으로 파악해 두어야 한다.

▶ **등록면허세**

등록면허세는 등록에 대한 등록면허세와 면허에 대한 등록면허세로 구분한다. 공인중개사 시험에서는 등록에 대한 등록면허세가 출제되고 있다. 종합문제 형태로 출제되고 있으므로 세부적인 사항을 깊게 공부하는 것보다 전체적인 흐름을 파악하는 것이 바람직하다.

▶ **재산세**

재산세는 부동산 보유단계에서 과세하는 지방세로, 매년 2~3문제 정도 출제되고 있다. 자주 출제되는 부분은 토지의 과세대상 구분, 과세표준, 세율, 납세의무자, 부과·징수이므로 이 부분을 중점적으로 학습하는 것이 좋다. 재산세를 철저하게 공부해야만 종합부동산세도 자연스럽게 정리할 수 있다.

▶ **종합부동산세**

종합부동산세를 이해하기 위해서는 재산세 학습이 밑받침되어야 한다. 특히 종합부동산세의 과세대상, 납세의무자, 신고·납부 등을 재산세와 연결하여 학습하는 것이 중요하다.

▶ **양도소득세**

양도소득세는 매년 5~6문제가 출제되는 중요 부분이다. 양도소득세를 효율적으로 학습하려면 양도소득세의 전체 흐름을 바탕으로 세부적인 내용을 연결하여 학습해야 한다. 구체적으로 중요한 부분은 양도의 정의, 과세대상, 양도·취득시기, 양도소득세 계산구조, 신고·납부, 비과세이다. 최근에는 계산문제가 1문제씩 출제되고 있는데 실제 시험장에서 풀기에는 시간상 어려움이 있을 수 있다. 하지만 양도소득세 전체를 파악하기 위해서는 계산문제 푸는 연습을 꼭 해야 한다.

▶ **종합소득세**

종합소득세에서는 부동산임대업의 사업소득을 주로 출제하고 있다. 부동산임대업의 범위와 비과세 및 총수입금액 계산을 중점적으로 출제하고 있다.

공인중개사 공략법

🔍 **학습 정도**에 따른 공략법

type 01 입문자의 경우

공인중개사 시험 준비 경험이 전혀 없는 상태라면 먼저 시험에 대한 전체적인 파악과 과목에 대한 이해가 필요하다. 서점에서 공인중개사 관련 서적을 살펴보고 공인중개사 시험에 대한 대략적 지식을 쌓은 후 학원에서 수험상담을 받는 것이 좋다.

type 02 학습경험이 있는 경우

잠시라도 손을 놓으면 실력이 급격히 떨어질 수 있으므로 문제풀이를 통해 학습한 이론을 정리하고, 안정적 실력 향상을 위해 꾸준히 노력해야 한다. 강의 또한 평소 취약하다고 느끼는 과목에 대해 집중 심화학습을 해야 한다. 정기적인 모의고사를 실시하여 결과에 따라 약점을 보완하는 동시에 성적이 잘 나오는 과목에 대해서도 소홀하지 않도록 지속적인 복습을 해야 한다.

type 03 시간이 부족한 직장인 또는 학생의 경우

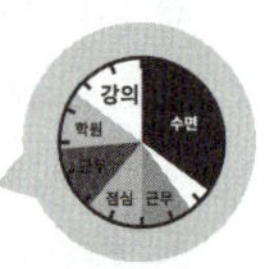

시험에 올인하는 수험생에 비해 절대적으로 학습시간이 부족하므로 시간을 최대한 아껴가며 효율적으로 공부하는 방법을 찾는 것이 무엇보다도 중요하다. 평소에는 동영상 강의 등을 활용하여 과목별 이해도를 높이고 자투리 시간을 활용하여 지하철이나 버스 안에서 자기만의 암기카드, 핸드북 등을 보며 학습하는 것이 좋다. 주말은 주로 기본이론보다는 주중에 학습한 내용의 심화학습 위주로 공부해야 한다.

 **학습 방법**에 따른 공략법

type 01 독학할 경우

 >  + 

신뢰할 수 있는 기본서를 선택하여 기본이론을 충실히 학습하면서 문제집 또는 모의고사집을 통하여 실전에 필요한 문제풀이 방법을 터득하는 것이 관건이다. 주기적으로 모의고사 등에 응시하여 자신의 실력을 확인하면서 체계적인 수험계획을 세우고 이에 따라서 공부하여야 한다.

TIP 관련 법령 개정이 잦은 공인중개사 시험의 특성상 시험 전 최신 수험정보를 확인해 보는 자세가 필요하다.

※ 최신 수험정보 및 수험자료는 박문각 홈페이지(www.pmg.co.kr)에서 박문각출판 참고

type 02 학원강의를 수강할 경우

 >  +   

보통 학원에서는 2달을 기준으로 기본서, 문제집, 모의고사 등에 관련된 강의가 개설·진행되는데 그에 맞춰서 수험 전체의 일정을 잡는 것이 좋다. 학원수업 후에는 개인공부를 통해 실력을 쌓아 나가고, 쉬는 날에도 공부의 흐름을 놓치지 않도록 그 주에 공부한 부분을 가볍게 훑어보는 것이 좋다. 학원 내 스터디 모임과 학원의 전문상담원을 통하여 수험정보를 빠르고 쉽게 접할 수 있는 장점도 있다.

type 03 동영상강의를 수강할 경우

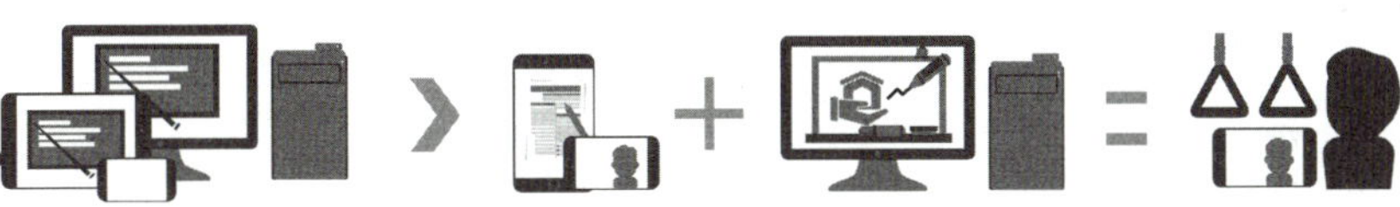

동영상을 통하여 이론 강의와 문제풀이 강의를 동시에 수강할 수도 있고, 단원별로 이론강의 수강 후에 문제풀이 강의로 즉시 실력을 점검할 수도 있다. 그리고 이해가 안 되거나 어려운 부분은 책갈피해 두었다가 다시 볼 수 있다. 패키지 강좌, 프리미엄 강좌 등을 이용하면 강의료가 할인된다.

※ **공인중개사 동영상강의**: www.pmg.co.kr
　박문각 공인중개사 전화문의: 02-6466-7201

이 책의 구성 및 특징

01 실전에 강한 기출·예상문제

실전예상문제

철저한 최신출제경향 분석을 통해 출제가능성이 높은 문제를 수록함으로써 실전능력을 기를 수 있도록 하였다.

대표유형

단원 내에서 키워드가 유사한 문제를 모아 테마를 만들고, 그 테마를 대표하는 문제를 통해 시험에 자주 출제되는 문제의 유형을 제시하였다.

난이도·핵심키워드· 포인트 표시

난이도를 3단계로 표시하고 포인트와 핵심키워드를 통해 보다 정확한 문제 분석을 제시함으로써 수험생 스스로 셀프테스트가 가능하도록 구성하였다.

PART

01 조세총론

제1절 과세주체(과세권자)에 따른 분류

대표유형

「지방세기본법」상 도세 세목이 아닌 것은?

① 재산세 　　② 지방소비세 　　③ 등록면허세
④ 지역자원시설세 　　⑤ 취득세

해설 ① 재산세는 시·군세이다. 즉, 도 단위에서는 도청으로 귀속되는 것이 아닌 시·군·구로 귀속된다.
▶ 정답 ①

Point 01 특별시세

지방세기본법상 특별시세 세목이 아닌 것은?

① 취득세 　　　　　　　　② 지방소비세
③ 등록면허세 　　　　　　④ 지역자원시설세
⑤ 지방교육세

02  국세

다음 중 모두 국세에 해당하는 것은?

① 상속세, 인지세, 농어촌특별세
② 재산세, 증여세, 지방교육세
③ 부가가치세, 법인세, 지방소득세
④ 지역자원시설세, 등록면허세, 양도소득세
⑤ 취득세, 교육세, 교통·에너지·환경세

03 국세

다음 중 모두 국세에 해당하는 것은?

① 소득세, 농어촌특별세
② 재산세, 지방소득세
③ 종합부동산세, 취득세
④ 지방교육세, 부가가치세
⑤ 등록면허세, 지방소비세

PART 01 조세총론

Answer

01 ③	02 ①	03 ①	04 ②	05 ④	06 ⑤	07 ①	08 ②	09 ③	10 ④
11 ⑤	12 ①	13 ⑤	14 ⑤	15 ③	16 ③	17 ⑤	18 ⑤	19 ③	20 ①
21 ②	22 ①	23 ②	24 ③	25 ①	26 ④	27 ②	28 ②	29 ④	30 ④
31 ④									

01 ③ 등록면허세는 특별시 단위에서는 특별시청으로 귀속되는 것이 아니라 구청으로 귀속된다.

02 1. 국세: 소득세, 농어촌특별세, 종합부동산세, 부가가치세
2. 지방세: 재산세, 지방소득세, 취득세, 지방교육세, 등록면허세, 지방소비세

03 ① 상속세, 농어촌특별세
1. 국세: 상속세, 증여세, 부가가치세, 법인세, 양도소득세, 교육세, 교통·에너지·환경세, 농어촌특별세
2. 지방세: 재산세, 지방교육세, 지역자원시설세, 등록면허세, 취득세

04 ② ㉤, ㉥, ㉧, ㉨
1. 국세: ㉠, ㉢, ㉣, ㉦, ㉡
2. 지방세: ㉤, ㉥, ㉧, ㉨

05 ① 재산세와 지역자원시설세는 지방세이다.
② 지방교육세는 지방세이다.
③ 모두 지방세이다.
⑤ 지역자원시설세는 지방세이다.

06 ⑤ 토지에 대한 양도소득세: 과세기간이 끝나는 때

07 ① 거주자의 양도소득에 대한 지방소득세: 과세표준이 되는 소득에 대하여 소득세의 납세의무가 성립하는 때

08 ② 종합부동산세의 납세의무 성립시기는 과세기준일로 매년 6월 1일이다.

CONTENTS

이 책의 차례

PART 01

조세총론

PART 02

지방세

조세총론 · · · · 20

제1장 취득세 · · · · 38

제2장 등록면허세 · · · · 71

제3장 재산세 · · · · 84

PART
03

국 세

부 록

제1장 종합부동산세 · · · · 108

제2장 소득세 총설 · · · · 122

제3장 양도소득세 · · · · 129

제36회 기출문제 · · · · 172

 방송시간표 · · · · 182

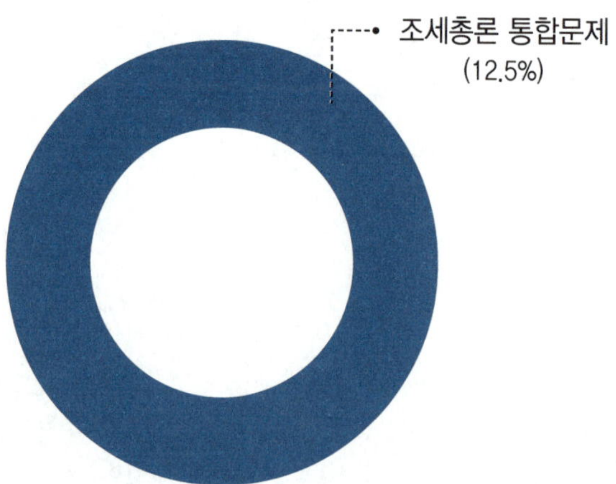

📎 최근 5개년 출제경향 분석

부동산 관련 세법을 총정리하는 부분으로 출제비중은 2문제 정도이다.
납세의무의 성립·확정·소멸, 조세와 다른 채권의 관계, 거래단계별 조세, 용어의 설명에 대해서 최근 출제되고 있다.

조세총론

PART

01

조세총론

제 1 절   과세주체(과세권자)에 따른 분류

대표유형

「지방세기본법」상 도세 세목이 아닌 것은?

① 재산세　　　　　　② 지방소비세　　　　　　③ 등록면허세

④ 지역자원시설세　　　⑤ 취득세

해설 ① 재산세는 시·군세이다. 즉, 도 단위에서는 도청으로 귀속되는 것이 아닌 시·군·구로 귀속된다.

▶▶ 정답 ①

Point

01　「지방세기본법」상 특별시세 세목이 아닌 것은?

특별시세

① 취득세　　　　　　　　　② 지방소비세

③ 등록면허세　　　　　　　④ 지역자원시설세

⑤ 지방교육세

02　다음 중 모두 국세에 해당하는 것은?

국세

① 상속세, 인지세, 농어촌특별세

② 재산세, 증여세, 지방교육세

③ 부가가치세, 법인세, 지방소득세

④ 지역자원시설세, 등록면허세, 양도소득세

⑤ 취득세, 교육세, 교통·에너지·환경세

03　다음 중 모두 국세에 해당하는 것은?

국세

① 소득세, 농어촌특별세

② 재산세, 지방소득세

③ 종합부동산세, 취득세

④ 지방교육세, 부가가치세

⑤ 등록면허세, 지방소비세

복습문제 04 ☆하 / 지방세

다음의 조세 중 모두 지방세에 해당하는 것으로 옳은 것은?

> ㉠ 종합부동산세 ㉡ 등록면허세
> ㉢ 상속세 ㉣ 인지세
> ㉤ 재산세 ㉥ 취득세
> ㉦ 양도소득세 ㉧ 농어촌특별세
> ㉨ 지방교육세

① ㉡, ㉣, ㉤, ㉥
② ㉡, ㉤, ㉥, ㉨
③ ㉡, ㉢, ㉤, ㉦
④ ㉡, ㉤, ㉥, ㉧
⑤ ㉠, ㉢, ㉣, ㉦

05 ☆중 / 국세

다음 중 모두 국세에 해당하는 것은?

① 재산세, 인지세, 지역자원시설세
② 양도소득세, 상속세, 법인세, 부가가치세, 지방교육세
③ 취득세, 재산세, 등록면허세
④ 상속세, 증여세, 종합부동산세, 인지세
⑤ 양도소득세, 부가가치세, 지역자원시설세

제2절 납세의무의 성립 · 확정 · 소멸

1 납세의무의 성립시기

대표유형

국세기본법령 및 지방세기본법령상 납세의무의 성립시기에 관한 설명으로 틀린 것은? (단, 원천징수, 예정신고 및 수시부과의 경우는 고려하지 않음)

① 전세권설정등기에 대한 등록면허세: 등기하는 때
② 개인분 주민세: 매년 7월 1일
③ 재산세에 부가되는 지방교육세: 매년 8월 1일
④ 자동차 소유에 대한 자동차세: 납기가 있는 달의 1일
⑤ 중간예납하는 소득세: 중간예납기간(1월 1일부터 6월 30일까지)이 끝나는 때(매년 6월 30일)

해설 ③ 재산세에 부가되는 지방교육세: 매년 6월 1일 ▶ 정답 ③

06 국세기본법령 및 지방세기본법령상 납세의무의 성립시기에 관한 설명으로 틀린 것은? (단, 원천
징수, 예정신고 및 수시부과의 경우는 고려하지 않음)

① 주택에 대한 종합부동산세 : 과세기준일
② 건축물에 대한 지역자원시설세 : 과세기준일(매년 6월 1일)
③ 소득세 : 과세기간이 끝나는 때
④ 지방교육세 : 그 과세표준이 되는 세목의 납세의무가 성립하는 때
⑤ 토지에 대한 양도소득세 : 과세표준이 되는 금액이 발생한 달의 말일

07 국세 및 지방세의 납세의무 성립시기에 관한 내용으로 틀린 것은? (단, 특별징수 및 수시부과와
무관함)

① 거주자의 양도소득에 대한 지방소득세 : 매년 3월 31일
② 토지에 대한 재산세 : 과세기준일
③ 수시부과(隨時賦課)하여 징수하는 국세 : 수시부과할 사유가 발생한 때
④ 농어촌특별세 : 본세의 납세의무가 성립하는 때
⑤ 자동차 소유에 대한 자동차세 : 납기가 있는 달의 1일

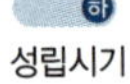

08 다음은 납세의무 성립시기에 대한 설명이다. 틀린 것은?

① 소득세 : 과세기간이 끝나는 때
② 종합부동산세 : 매년 7월 1일
③ 상속세 : 상속이 개시되는 때
④ 증여세 : 증여에 의하여 재산을 취득하는 때
⑤ 부가가치세 : 과세기간이 끝나는 때

2 납세의무의 확정

대표유형

지방세로서 보통징수방법만으로 부과 · 징수하는 것은?

① 지방교육세　　　　　　　　② 양도소득세

③ 종합부동산세　　　　　　　④ 등록면허세

⑤ 재산세

해설　⑤ 재산세 : 지방세, 보통징수
① 지방교육세 : 지방세, 보통징수 · 신고납부
② 양도소득세 : 국세, 신고납세제도
③ 종합부동산세 : 국세, (원칙)정부부과제도, (예외)신고납세제도
④ 등록면허세 : 지방세, 신고납부

▶ 정답 ⑤

Point 09 중

확정

원칙적으로 과세관청의 결정에 의하여 납세의무가 확정되는 지방세를 모두 고른 것은?

㉠ 취득세	㉡ 종합부동산세
㉢ 재산세	㉣ 양도소득세

① ㉠　　　　　　② ㉡　　　　　　③ ㉢
④ ㉡, ㉢　　　　⑤ ㉢, ㉣

복습문제 10 하

확정

원칙적으로 과세관청의 결정에 의하여 납세의무가 확정되는 조세를 모두 고른 것은?

㉠ 취득세	㉡ 종합부동산세
㉢ 재산세	㉣ 양도소득세

① ㉠　　　　　　② ㉡　　　　　　③ ㉢
④ ㉡, ㉢　　　　⑤ ㉢, ㉣

11 다음은 「국세기본법」 제22조 및 「지방세기본법」 제35조 [납세의무의 확정] 및 관련법령에 대한
설명이다. 틀린 것은?

(상) 확정

① 소득세는 납세의무자가 과세표준과 세액을 정부에 신고했을 때에 확정된다. 다만, 납세
의무자가 과세표준과 세액의 신고를 하지 아니하거나 신고한 과세표준과 세액이 세법에
서 정하는 바와 맞지 아니한 경우에는 정부가 과세표준과 세액을 결정하거나 경정하는
때에 그 결정 또는 경정에 따라 확정된다.

② 납세의무자가 과세표준과 세액을 지방자치단체에 신고납부하는 지방세는 신고하는 때
에 그 세액이 확정된다.

③ 납세의무자가 과세표준과 세액을 지방자치단체에 신고납부하는 지방세로서 납세의무자
가 과세표준과 세액의 신고를 하지 아니하거나 신고한 과세표준과 세액이 지방세관계법
에 어긋나는 경우에는 지방자치단체가 과세표준과 세액을 결정하거나 경정하는 때에 그
세액이 확정된다.

④ 납세의무자가 과세표준과 세액을 지방자치단체에 신고납부하는 지방세 외의 지방세는
해당 지방세의 과세표준과 세액을 해당 지방자치단체가 결정하는 때에 그 세액이 확정
된다.

⑤ 신고납부에 의한 지방세의 경우 신고만 하고 이를 납부하지 아니한 경우 납세의무는 확
정되지 아니한다.

3 납부의무의 소멸

대표유형

조세의 제척기간과 소멸시효에 관한 설명으로 틀린 것은?

① 납세자가 종합소득세 법정신고기한까지 과세표준신고서를 제출하지 아니한 경우(역외거래
제외)에는 해당 종합소득세를 부과할 수 있는 날부터 7년을 부과제척기간으로 한다.

② 납세자가 「조세범 처벌법」에 따른 사기나 그 밖의 부정한 행위로 종합소득세를 포탈하는 경
우(역외거래 제외) 그 종합소득세를 부과할 수 있는 날부터 10년을 부과제척기간으로 한다.

③ 종합부동산세의 경우 부과제척기간의 기산일은 종합부동산세의 납세의무가 성립한 날이다.

④ 납세의무자가 양도소득세를 확정신고하였으나 정부가 경정하는 경우, 국세징수권을 행사할
수 있는 때는 그 고지에 따른 납부기한의 다음 날이다.

⑤ 과세표준과 세액을 지방자치단체의 장이 결정 또는 경정하는 경우 납세고지한 세액에 대해
서는 납세의무 성립일이 지방세징수권을 행사할 수 있는 때이다.

해설 ⑤ 과세표준과 세액을 지방자치단체의 장이 결정 또는 경정하는 경우 납세고지한 세액에 대해서는 그 납세
고지서에 따른 납부기한의 다음 날이 지방세징수권을 행사할 수 있는 때이다.　　　　▶▶ 정답 ⑤

Point
12

납부의무의 소멸

다음 중 납부의무의 소멸사유가 아닌 것은?

① 납부·충당

② 부과가 취소된 때

③ 국세를 부과할 수 있는 기간에 국세가 부과되지 아니하고 그 기간이 끝난 때

④ 국세징수권의 소멸시효가 완성된 때

⑤ 납세자의 사망

13
납세의무의 소멸

다음은 「지방세기본법」상 납세의무의 소멸에 대한 설명이다. 틀린 것은?

① 지방자치단체의 징수금의 징수를 목적으로 하는 지방자치단체의 권리는 그 권리를 행사할 수 있는 때부터 5년간 행사하지 아니하면 시효로 인하여 소멸한다.

② 소멸시효의 기산일은 납세고지에 의한 납부기한(납부기한이 연장된 경우에는 그 연장된 기한을 말한다)의 다음 날을 말한다.

③ 「시효의 중단」이라 함은 「지방세기본법」에서 정한 처분의 효력의 발생으로 인하여 이미 경과한 시효기간의 효력이 상실되는 것을 말한다.

④ 「시효의 정지」란 일정한 기간 동안 시효의 완성을 유예하는 것을 말하며, 이 경우에는 그 정지사유가 종료한 후 다시 잔여 시효기간이 경과하면 소멸시효가 완성한다.

⑤ 분납기간·징수유예기간·연부연납기간(年賦延納期間)·체납처분유예기간·사해행위(詐害行爲) 취소의 소송을 제기하여 그 소송이 진행 중인 기간은 시효의 중단사유이다.

14
납부의무의 소멸

다음은 「국세기본법」 제26조 [납부의무의 소멸]과 관련된 통칙 및 집행기준에 관한 설명이다. 틀린 것은?

① 국세·가산금 또는 체납처분비를 납부할 의무는 납부·충당되거나 부과가 취소된 때, 국세를 부과할 수 있는 기간에 국세가 부과되지 아니하고 그 기간이 끝난 때, 국세징수권의 소멸시효가 완성된 때의 어느 하나에 해당하는 때에 소멸한다.

② "납부"라 함은 해당 납세의무자는 물론 연대납세의무자, 제2차 납세의무자, 납세보증인, 물적납세의무자 및 기타 이해관계가 있는 제3자 등에 의한 납부를 말한다.

③ "충당"이라 함은 국세환급금을 해당 납세의무자가 납부할 국세·가산금 및 체납처분비 상당액과 상계시키는 것을 말한다.

④ 납세자가 상속세·증여세 이외의 국세를 법정신고기한까지 과세표준신고서를 제출하지 아니한 경우에는 해당 국세를 부과할 수 있는 날부터 7년이 끝난 날 후에는 부과할 수 없다. 다만, 조세의 이중과세를 방지하기 위하여 체결한 조약("조세조약"이라 한다)에 따라 상호합의 절차가 진행 중인 경우에는 「국제조세조정에 관한 법률」 제25조에서 정하는 바에 따른다.

⑤ 국세의 징수를 목적으로 하는 국가의 권리는 이를 행사할 수 있는 때부터 5억원 이상의 국세는 5년 동안 행사하지 아니하면 소멸시효가 완성된다.

복습문제
15
제척기간

「국세기본법」상 납세자가 주택의 양도소득세를 법정신고기한까지 과세표준신고서를 제출하지 아니한 경우 국세부과의 제척기간은 이를 부과할 수 있는 날부터 몇 년간인가? (다만, 결정·판결, 상호합의, 경정청구 등의 예외는 고려하지 않음)

① 3년 ② 5년
③ 7년 ④ 10년
⑤ 15년

16 다음은 납세의무의 성립·확정·소멸에 대한 설명이다. 옳은 것은?

납세의무의
성립·확정·소멸

① 소득세는 소득이 발생하는 때에 납세의무가 성립하고, 납세의무자가 과세표준과 세액을 정부에 신고하는 때에 확정된다.

② 재산세는 재산을 취득하는 때에 납세의무가 성립하고, 납세의무자가 과세표준과 세액을 지방자치단체에 신고하는 때에 확정된다.

③ 특별징수란 지방세를 징수할 때 편의상 징수할 여건이 좋은 자로 하여금 징수하게 하고 그 징수한 세금을 납부하게 하는 것을 말한다.

④ 납세자가 소득세를 법정신고기한 내에 과세표준 신고서를 제출하지 아니한 경우에 제척기간은 당해 국세를 부과할 수 있는 날부터 5년간으로 한다.

⑤ 5억원 이상의 국세 징수권은 이를 행사할 수 있는 때로부터 5년간 행사하지 않으면 소멸시효가 완성한다.

제3절 조세와 다른 채권의 관계

대표유형

「국세기본법」 및 「지방세기본법」상 조세채권과 일반채권의 관계에 관한 설명으로 틀린 것은?

① 강제집행으로 부동산을 매각할 때 그 매각금액 중에 국세를 징수하는 경우, 강제집행 비용은 국세에 우선한다.

② 과세표준과 세액의 신고에 의하여 납세의무가 확정되는 지방세의 경우 신고한 해당 세액에 대해서는 그 신고일이 법정기일이다.

③ 취득세 신고서를 납세지 관할 지방자치단체장에게 제출한 날 전에 저당권 설정 등기 사실이 증명되는 재산을 매각하여 그 매각대금에서 취득세를 징수하는 경우, 저당권에 따라 담보된 채권은 취득세에 우선한다.

④ 과세표준과 세액을 지방자치단체가 결정·경정 또는 수시부과결정하는 경우에 고지한 해당 세액에 대해서는 납세고지서의 발송일이 법정기일이다.

⑤ 법정기일 전에 전세권 설정이 등기된 재산의 매각에 있어 그 전세권에 의하여 담보된 채권은 그 재산에 대하여 부과된 종합부동산세보다 우선한다.

해설 ⑤ 법정기일 전에 전세권 설정이 등기된 재산의 매각에 있어 그 전세권에 의하여 담보된 채권은 그 재산에 대하여 부과된 종합부동산보다 우선하지 못한다. ▶ 정답 ⑤

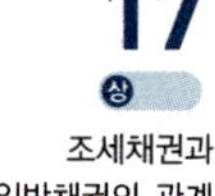

Point 17 상
조세채권과
일반채권의 관계

「국세기본법」 및 「지방세기본법」상 조세채권과 일반채권의 관계에 관한 설명으로 틀린 것은?

① 납세담보물을 매각하였을 때에는 압류 순서에 관계없이 그 담보된 국세 및 강제징수비는 매각대금 중에서 다른 국세 및 강제징수비와 지방세에 우선하여 징수한다.

② 재산의 매각대금 배분시 당해 재산에 부과된 종합부동산세는 당해 재산에 설정된 전세권에 따라 담보된 채권보다 우선한다.

③ 「주택임대차보호법」 제3조의2 제2항에 따라 대항요건과 확정일자를 갖춘 임차권에 의하여 담보된 임대차보증금반환채권 또는 같은 법 제2조에 따른 주거용 건물에 설정된 전세권에 의하여 담보된 채권은 해당 임차권 또는 전세권이 설정된 재산이 국세의 강제징수 또는 경매 절차를 통하여 매각되어 그 매각금액에서 국세를 징수하는 경우 그 확정일자 또는 설정일보다 법정기일이 늦은 해당 재산에 대하여 부과된 상속세, 증여세 및 종합부동산세의 우선 징수 순서에 대신하여 변제될 수 있다.

④ 취득세 신고서를 납세지 관할 지방자치단체장에게 제출한 날 전에 저당권 설정 등기 사실이 증명되는 재산을 매각하여 그 매각대금에서 취득세를 징수하는 경우, 저당권에 따라 담보된 채권은 취득세에 우선한다.

⑤ 재산의 매각대금 배분시 당해 재산에 부과된 재산세는 당해 재산에 설정된 저당권에 따라 담보된 채권보다 우선하지 못한다.

복습문제 18 중
조세채권과
일반채권의 관계

「국세기본법」 및 「지방세기본법」상 조세채권과 일반채권의 관계에 관한 설명으로 틀린 것은?

① 강제집행으로 부동산을 매각할 때 그 매각금액 중에 국세를 징수하는 경우, 강제집행 비용은 국세에 우선한다.

② 법정기일 전에 저당권의 설정을 등기한 사실이 등기사항증명서(부동산등기부 등본)에 따라 증명되는 재산을 매각한 경우 그 매각금액에서 그 재산에 대하여 부과된 재산세는 저당권에 따라 담보된 채권에 우선하여 징수한다.

③ 재산의 매각대금 배분시 당해 재산에 부과된 재산세에 부가되는 지방교육세는 당해 재산에 설정된 저당권에 따라 담보된 채권보다 우선한다.

④ 재산의 매각대금 배분시 당해 재산에 부과된 소방분에 대한 지역자원시설세는 당해 재산에 설정된 저당권에 따라 담보된 채권보다 우선한다.

⑤ 등록면허세 신고서를 납세지 관할 지방자치단체장에게 제출한 날 전에 저당권 설정 등기 사실이 증명되는 재산을 매각하여 그 매각대금에서 등록면허세를 징수하는 경우, 저당권에 따라 담보된 채권은 등록면허세에 우선하지 못한다.

19 다음은 「지방세기본법」상 지방세의 우선 징수에 대한 설명이다. 틀린 것은?

지방세의 우선 징수

① 지방자치단체의 징수금은 원칙적으로 다른 공과금과 그 밖의 채권에 우선하여 징수한다.

② 국세 또는 공과금의 체납처분시 그 체납처분 금액 중에서 지방자치단체의 징수금을 징수하는 경우의 그 국세 또는 공과금의 체납처분비는 지방자치단체의 징수금보다 우선한다.

③ 법정기일 전에 전세권·질권·저당권의 설정을 등기·등록한 사실이 증명되는 재산의 매각에서 그 매각금액 중 지방세와 가산금(그 재산에 대하여 부과된 지방세와 가산금은 제외한다)을 징수하는 경우의 그 전세권·질권·저당권에 따라 담보된 채권은 지방자치단체의 징수금보다 우선하지 못한다.

④ 과세표준과 세액의 신고에 의하여 납세의무가 확정되는 지방세의 경우 신고한 해당 세액에 대하여는 그 신고일이 법정기일이다.

⑤ "그 재산에 대하여 부과된 지방세"는 지방세 중 재산세·지역자원시설세(소방분에 대한 지역자원시설세만 해당한다) 및 지방교육세(재산세와 자동차세에 부가되는 지방교육세만 해당한다)로 한다.

제4절 본세와 부가세

대표유형

다음 조세의 본세와 부가세(감면의 경우 제외)가 틀리게 연결된 것은?

① 취득세 + 농어촌특별세(10%) + 지방교육세(20%)

② 양도소득세 + 지방소득세(10%)

③ 재산세 + 지방교육세(20%)

④ 등록면허세 + 지방교육세(20%)

⑤ 종합부동산세 + 농어촌특별세(10%)

해설 ⑤ 종합부동산세 + 농어촌특별세(20%)　　　　　　　▶ 정답 ⑤

Point

20 다음 중 부가세에 대한 연결이 틀린 것은?

부가세

① 양도소득세 − 지방교육세　　　　② 취득세 − 농어촌특별세

③ 등록면허세 − 지방교육세　　　　④ 재산세 − 지방교육세

⑤ 종합부동산세 − 농어촌특별세

21

독립세와 부가세

다음 각 조세의 독립세와 부가세에 대한 내용으로 틀린 것은?

① 종합부동산세에는 납부세액의 20%에 해당하는 농어촌특별세가 부가된다.

② 취득세에는 표준세율을 100분의 2로 적용하여 산출한 취득세액의 20%에 해당하는 농어촌특별세가 부가된다.

③ 유상거래를 원인으로 주택을 취득하는 경우 취득세의 부가세인 지방교육세는 해당 세율에 100의 50을 곱한 세율을 적용하여 산출한 금액의 100분의 20을 적용한다.

④ 「지방세법」 및 지방세감면법령에 따라 납부하여야 할 재산세액(재산세 도시지역분에 따른 재산세액은 제외)의 100분의 20을 지방교육세의 세액으로 한다.

⑤ 양도소득세에는 감면세액의 20%에 해당하는 농어촌특별세가 부가된다.

제 5 절 거래 단계별 조세

대표유형

다음 중 부동산을 취득할 때에 납부하는 조세에 해당하지 않는 것은?

① 농어촌특별세

② 지방소득세(개인지방소득분)

③ 지방교육세

④ 등록면허세

⑤ 취득세

해설 ② 지방소득세(개인지방소득분) : 보유, 양도
① 농어촌특별세 : 취득, 보유, 양도
③ 지방교육세 : 취득, 보유
④ 등록면허세 : 취득
⑤ 취득세 : 취득

▶▶ 정답 ②

22

보유시 조세와 부가세

부동산 보유시 부과될 수 있는 조세와 그에 대한 부가세(附加稅)가 옳게 연결된 것은?

① 재산세 – 지방교육세

② 취득세 – 농어촌특별세, 지방교육세

③ 종합부동산세 – 지방소득세

④ 재산세 – 농어촌특별세

⑤ 종합부동산세 – 지방교육세

복습문제 23 중
보유단계 국세

국내 소재 부동산의 보유단계에서 부담할 수 있는 국세는 모두 몇 개인가?

㉠ 재산세	㉡ 농어촌특별세
㉢ 종합부동산세	㉣ 지방교육세
㉤ 개인지방소득세	

① 1개 ② 2개 ③ 3개
④ 4개 ⑤ 5개

제6절 물납과 분납

대표유형

부동산에 관련된 조세 중 물납을 허용하고 있는 것은?

① 양도소득세 ② 취득세 ③ 재산세
④ 부가가치세 ⑤ 종합부동산세

해설 ③ 재산세: 물납 ○
① 양도소득세: 물납 × (2015.12.15. 폐지)
② 취득세: 물납 ×
④ 부가가치세: 물납 ×
⑤ 종합부동산세: 물납 × (2016.03.02. 물납 폐지) ▶▶ 정답 ③

Point 24 중
물납과 분할납부

조세의 납부방법으로 물납과 분할납부가 둘 다 가능한 것은 몇 개인가? (단, 물납과 분할납부의 법정 요건은 전부 충족한 것으로 가정함)

㉠ 취득세
㉡ 등록면허세
㉢ 재산세
㉣ 재산세 도시지역분
㉤ 소방분에 대한 지역자원시설세
㉥ 종합부동산세
㉦ 부동산임대업에서 발생한 사업소득에 대한 종합소득세
㉧ 양도소득세

① 0개 ② 1개 ③ 2개
④ 3개 ⑤ 4개

25 
물납

조세는 금전으로 납부하는 것을 원칙으로 한다. 다만, 일정한 조세는 물납을 허용하고 있다. 물납을 허용하는 조세는?

① 재산세　　　　　　　　　　② 취득세
③ 종합부동산세　　　　　　　④ 양도소득세
⑤ 증여세

26
분할납부

다음 중 분할납부(분납)을 할 수 없는 조세는?

① 재산세　　　　　　　　　　② 종합부동산세
③ 상속세 및 증여세　　　　　④ 등록면허세
⑤ 양도소득세

제**7**절　불 복

대표유형

「국세기본법」상 심사와 심판에 대한 설명이다. 틀린 것은?

① 국세기본법 및 세법에 따른 과태료 부과처분에 대해서는 청구할 수 없다.

② 동일한 처분에 대해서는 심사청구와 심판청구를 중복하여 제기할 수 있다.

③ 이의신청, 심사청구 또는 심판청구는 세법에 특별한 규정이 있는 것을 제외하고는 해당 처분의 집행에 효력을 미치지 아니한다. 다만, 해당 재결청(裁決廳)이 처분의 집행 또는 절차의 속행 때문에 이의신청인, 심사청구인 또는 심판청구인에게 중대한 손해가 생기는 것을 예방할 필요성이 긴급하다고 인정할 때에는 처분의 집행 또는 절차 속행의 전부 또는 일부의 정지("집행정지"라 한다)를 결정할 수 있다.

④ 이의신청인, 심사청구인 또는 심판청구인은 신청 또는 청구의 대상이 제78조 제1항 단서에 따른 소액인 경우에는 그 배우자, 4촌 이내의 혈족 또는 그 배우자의 4촌 이내의 혈족을 대리인으로 선임할 수 있다.

⑤ 조세심판관회의 또는 조세심판관합동회의는 제80조의2에서 준용하는 제65조에 따른 결정을 할 때 심판청구를 한 처분 외의 처분에 대해서는 그 처분의 전부 또는 일부를 취소 또는 변경하거나 새로운 처분의 결정을 하지 못한다.

해설　② 동일한 처분에 대해서는 심사청구와 심판청구를 중복하여 제기할 수 없다.　　▶ 정답 ②

27
중
이의신청, 심사청구 및
심판청구

「국세기본법」상 이의신청, 심사청구 및 심판청구에 대한 설명이다. 옳지 않은 것은?

① 동일한 처분에 대해서는 심사청구와 심판청구를 중복하여 제기할 수 없다.

② 국세기본법 또는 세법에 따른 처분이 국세청장의 과세표준 조사·결정에 따른 처분인 경우에는 그 처분에 대하여 심사청구 또는 심판청구에 앞서 이의신청을 할 수 있다.

③ 이의신청, 심사청구 및 심판청구는 세법에 특별한 규정이 있는 것을 제외하고는 해당 처분의 집행에 효력을 미치지 아니한다. 다만, 해당 재결청이 필요하다고 인정할 때에는 그 처분의 집행을 중지하게 하거나 중지할 수 한다.

④ 심판청구에 대한 결정이 있으면 해당 행정청은 결정의 취지에 따라 즉시 필요한 처분을 하여야 한다.

⑤ 조세심판관회의 또는 조세심판관합동회의는 심판청구에 대한 결정을 할 때 심판청구를 한 처분보다 청구인에게 불리한 결정을 하지 못한다.

28
상
심사와 심판

「국세기본법」상 심사와 심판에 관한 설명이다. 옳지 않은 것은?

① 「조세범 처벌절차법」에 따른 통고처분에 대해서는 「국세기본법」에 따른 불복을 할 수 없다.

② 재조사 결정에 따른 처분청의 처분에 대해서는 해당 재조사 결정을 한 재결청에 대하여 심사청구 또는 심판청구를 제기할 수 없다.

③ 행정소송은 심사청구 또는 심판청구에 대한 결정의 통지를 받은 날부터 90일 이내에 제기하여야 하나, 결정기간에 결정의 통지를 받지 못한 경우에는 결정의 통지를 받기 전이라도 그 결정기간이 지난 날부터 행정소송을 제기할 수 있다.

④ 심사청구에 대한 결정에 잘못된 기재, 계산착오, 그 밖에 이와 비슷한 잘못이 있는 것이 명백할 때에는 국세청장은 직권으로 또는 심사청구인의 신청에 의하여 경정할 수 있다.

⑤ 조세심판관회의는 심판청구에 대한 결정을 할 때 심판청구를 한 처분 외의 처분에 대해서는 그 처분의 전부 또는 일부를 취소 또는 변경하거나 새로운 처분의 결정을 하지 못한다.

29

국세기본법상 심판에 관한 설명으로 틀린 것은?

① 조세심판관회의는 담당 조세심판관 3분의 2 이상의 출석으로 개의하고, 출석조세심판관 과반수의 찬성으로 의결한다.

② 조세심판관합동회의는 조세심판원장과 조세심판원장이 회의마다 지정하는 12명 이상 20명 이내의 상임조세심판관 및 비상임조세심판관으로 구성하되, 상임조세심판관과 같은 수 이상의 비상임조세심판관이 포함되어야 한다.

③ 조세심판원장은 심판청구를 받으면 이에 관한 조사와 심리를 담당할 주심조세심판관 1명과 배석조세심판관 2명 이상을 지정하여 조세심판관회의를 구성하게 한다.

④ 원장이 아닌 상임·비상임조세심판관의 임기는 3년으로 하고 중임할 수 없다.

⑤ 담당 조세심판관은 필요하다고 인정하면 여러 개의 심판사항을 병합하거나 병합된 심판사항을 여러 개의 심판사항으로 분리할 수 있다.

제8절 조세총론 종합문제

대표유형

「지방세기본법」 및 「지방세법」상 용어의 정의, 부과 및 징수, 불복에 관한 설명으로 틀린 것은?

① "납세자"란 납세의무자(연대납세의무자와 제2차 납세의무자 및 보증인 포함)와 특별징수의무자를 말한다.

② 지방세에 관한 불복시 불복청구인은 이의신청을 거치지 않고 심판청구를 제기할 있다.

③ 지방세에 관한 불복시 불복청구인은 심판청구를 거치지 않고 행정소송을 제기할 수 없다.

④ 소방분에 대한 지역자원시설세는 분납은 가능하지만 물납은 할 수 없다.

⑤ 거주자인 甲이 乙로부터 부동산을 증여받은 것이라면 그 등기일에 취득세 납세의무가 성립한다.

해설 ⑤ 거주자인 甲이 乙로부터 부동산을 증여받은 것이라면 그 계약일에 취득세 납세의무가 성립한다.

▶▶ 정답 ⑤

30 국세기본법령상 서류의 송달에 관한 설명으로 옳지 않은 것은?

상
서류의 송달

① 교부송달은 해당 행정기관의 소속 공무원이 서류를 송달할 장소에서 서류를 교부하는 방법으로 하지만, 송달을 받아야 할 자가 송달받기를 거부하지 아니하면 다른 장소에서 교부할 수 있다.

② 연대납세의무자에게 서류를 송달할 때에 납부의 고지와 독촉에 관한 서류는 연대납세의무자 모두에게 각각 송달하여야 한다.

③ 우편송달의 경우 송달할 장소에서 서류를 송달받아야 할 자를 만나지 못하였을 때에는 그 사용인이나 그 밖의 종업원 또는 동거인으로서 사리를 판별할 수 있는 사람에게 서류를 송달할 수 있다.

④ 송달받아야 할 사람이 교정시설 또는 국가경찰관서의 유치장에 체포·구속 또는 유치(留置)된 사실이 확인된 경우에는 공시송달의 방법에 의한다.

⑤ 납부의 고지·독촉·강제징수와 관계되는 서류의 송달을 우편으로 할 때에는 등기우편으로 하여야 한다. 다만, 「소득세법」에 따른 중간예납세액이 50만원 미만에 해당하는 납부고지서는 일반우편으로 송달할 수 있다.

31 국세 및 지방세의 연대납세의무에 관한 설명으로 틀린 것은?

상
연대납세의무

① 어느 연대납세의무자에 대하여 소멸시효가 완성된 때에는 다른 연대납세의무자의 납세의무에 영향을 미친다.

② 상속으로 인하여 단독주택을 상속인이 공동으로 취득하는 경우에는 상속인 각자가 상속받는 취득물건을 취득한 것으로 보고, 공동상속인이 그 취득세를 연대하여 납부할 의무를 진다.

③ 공동사업에 관한 소득금액을 계산하는 경우(주된 공동사업자에게 합산과세되는 경우 제외)에는 해당 공동사업자가 그 종합소득세를 연대하여 납부할 의무가 없다.

④ 공동으로 소유한 자산에 대한 양도소득금액을 계산하는 경우에는 해당 자산을 공동으로 소유하는 공유자가 그 양도소득세를 연대하여 납부할 의무를 진다.

⑤ 공동주택의 공유물에 관계되는 지방자치단체의 징수금은 공유자가 연대하여 납부할 의무가 없다.

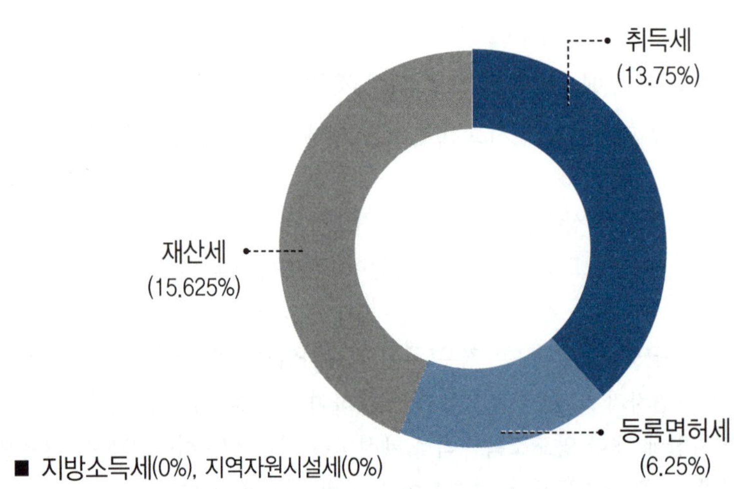

최근 5개년 출제경향 분석

취득세의 출제비중은 2~3문제 정도이다. 취득세 납세의무자, 취득시기 등, 과세표준, 세율, 부과·징수, 비과세 등이 골고루 출제되고 있다. 여기에 최근에는 취득세와 등록면허세를 비교하는 문제와 취득세 종합문제를 출제하고 있다.

등록면허세의 출제비중은 1~2문제 정도이다. 등록면허세 납세의무자, 과세표준, 세율, 부과·징수, 비과세 등이 골고루 출제되고 있다. 여기에 최근에는 취득세와 등록면허세를 비교하는 문제까지 출제되고 있다.

재산세의 출제비중은 2~3문제 정도이다. 재산세 과세대상, 토지의 과세대상 구분, 과세표준, 세율, 납세의무자, 부과·징수, 비과세 등이 골고루 출제되고 있다. 최근에는 재산세 종합문제까지 출제하고 있다.

PART

02

지방세

제1장 취득세
제2장 등록면허세
제3장 재산세

제 1 절 **취 득**

대표유형

취득세가 과세되는 경우를 설명한 것 중 틀린 것은?

① 부동산을 교환에 의하여 취득하는 경우
② 부동산을 증여에 의하여 취득하는 경우
③ 토지의 지목을 사실상 변경하였으나 그 가액의 변동이 없는 경우
④ 부동산을 매매에 의하여 취득하는 경우
⑤ 법인이 부동산을 현물출자 받아 취득하는 경우

해설 ③ 토지의 지목을 사실상 변경함으로써 그 가액이 증가된 경우에는 이를 취득으로 본다. 그러나 그 가액의 변동이 없는 경우에는 취득의제에 해당하지 않아 취득세가 과세되지 않는다. ▶▶ 정답 ③

Point
01

유상취득

「지방세법」상 부동산의 유상취득으로 보지 않는 것은?

① 공매를 통하여 배우자의 부동산을 취득한 경우
② 파산선고로 인하여 처분되는 직계비속의 부동산을 취득한 경우
③ 배우자의 부동산을 취득한 경우로서 그 취득대가를 지급한 사실을 증명한 경우
④ 권리의 이전이나 행사에 등기가 필요한 부동산을 직계존속과 서로 교환한 경우
⑤ 증여자의 채무를 인수하는 부담부증여로 취득한 경우로서 그 채무액에 상당하는 부분을 제외한 나머지 부분의 경우

복습문제
02

중
취득세가
과세되는 경우

「지방세법」상 취득세가 과세되는 경우를 설명한 것 중 틀린 것은 몇 개인가?

> ㉠ 부동산의 취득은 「민법」 등 관계 법령에 따른 등기를 하지 아니한 경우라도 사실상 취득
> 하면 취득한 것으로 본다.
> ㉡ 건물을 신축한 경우 과세표준은 사실상 취득가격이며 표준세율은 1천분의 28을 적용한다.
> ㉢ 건물을 개수한 경우 과세표준은 사실상 취득가격이며 세율은 중과기준세율을 적용한다
> (개수로 인하여 건축물 면적이 증가하지 아니함).
> ㉣ 토지의 지목을 사실상 변경함으로써 그 가액이 증가한 경우에 취득으로 보지 아니한다.
> ㉤ 법인설립시에 발행하는 주식 또는 지분을 취득함으로써 과점주주가 된 경우에는 취득으
> 로 보지 아니한다.

① 1개   ② 2개   ③ 3개
④ 4개   ⑤ 5개

03

중
과점주주

다음은 과점주주에 대한 취득세와 관련된 설명이다. 잘못된 것은?

① 개인인 "甲"이 특수관계인과 함께 비상장법인 지분의 60%를 장외에서 취득한 경우에는
취득세 납세의무가 있다.

② 개인인 "乙"이 비상장법인 설립시 70% 지분을 취득한 경우에는 취득세 납세의무가 없다.

③ 다른 주주의 주식이 감자됨으로써 비상장법인의 대주주인 "丙"의 지분비율이 60%에서
70%로 증가한 경우에는 취득세 납세의무가 있다.

④ 개인인 "丁"이 새로 취득한 지분 비율이 50%에서 1주라도 모자라는 경우에는 취득세 납
세의무가 없다.

⑤ 개인이 과점주주가 된 후에 법인이 취득하는 부동산에 대해서는 법인은 취득세 납세의
무가 있으나, 과점주주는 지분비율이 증가하지 않는 한 취득세 납세의무가 없다.

04 비상장법인 주식 40%를 소유한 일반주주인 甲이 다른 주주인 乙로부터 20%를 승계취득하고,
그 이후 다른 주주인 丙으로부터 10%를 취득하여 70%를 소유한 경우 취득세 납세의무는?

중
과점주주

① 비상장법인의 주식은 취득세 과세대상이 아니므로 납세의무가 없다.

② 60%를 소유한 시점에 증가한 만큼 납세의무가 주어지고 그 후 10% 증가부분에 대하여
는 이미 과점주주로서 납세의무를 성립하였기에 납세의무가 없다.

③ 70% 취득시점에 70% 전체에 대하여 납세의무가 있다.

④ 취득시점마다 취득한 비율만큼 그 법인의 취득세 과세대상 물건을 취득한 것으로 본다.

⑤ 20%를 취득한 시점에 60%를 소유하게 되어 과점주주로서 60%에 대하여 납세의무가 있
고 그 이후 취득한 10% 증가비율만큼 또 납세의무가 있다.

제2절 취득세 과세대상

대표유형

다음은 취득세의 과세대상을 열거한 것이다. 옳지 않은 것은?

① 교환에 의한 농지의 취득

② 건축물의 증축

③ 증여에 의한 콘도미니엄 회원권의 취득

④ 매매에 의한 특허권의 취득

⑤ 토지의 지목변경

해설 ④ 매매는 유상승계취득에 해당하지만 특허권은 취득세 과세대상이 아니므로 취득세가 과세되지 않는다.
① 교환은 유상승계취득에 해당하며 농지는 취득세 과세대상에 해당하여 취득세가 과세된다.
② 건축물의 증축은 취득의제에 해당하여 취득세가 과세된다.
③ 증여는 무상승계취득에 해당하며 콘도미니엄 회원권은 취득세 과세대상에 해당하여 취득세가 과세된다.
⑤ 토지의 지목변경은 취득의제에 해당하여 취득세가 과세된다.　　　　▶ 정답 ④

Point 05 중
취득세 과세대상

「지방세법」상 취득세 과세대상에 속하는 것으로 옳게 묶인 것은?

> ㉠ 항공기
> ㉡ 시가표준액이 4천만원인 비업무용 자가용 선박
> ㉢ 고급주택
> ㉣ 카지노업에 사용되는 건축물
> ㉤ 과수원
> ㉥ 차량
> ㉦ 골프 회원권
> ㉧ 기계장비
> ㉨ 광업권
> ㉩ 법령에 의해 신고된 20타석 이상의 골프연습장
> ㉪ 전세권
> ㉫ 지상권
> ㉬ 아파트당첨권
> ㉭ 사업용 고정자산과 함께 양도하는 영업권

① ㉠, ㉣, ㉤, ㉩
② ㉡, ㉥, ㉨, ㉪
③ ㉢, ㉦, ㉧, ㉫
④ ㉣, ㉩, ㉬, ㉭
⑤ ㉤, ㉨, ㉫, ㉭

복습문제 06 하
취득세 과세대상

다음 중 취득세 과세대상이 아닌 것은?

① 부동산
② 입목
③ 등기된 부동산임차권
④ 차량
⑤ 어업권

제 3 절 **취득세 납세의무자**

대표유형

다음은 취득세의 납세의무자에 대한 설명이다. 틀린 것은?

① 건축물 중 조작(造作)설비, 그 밖의 부대설비에 속하는 부분으로서 그 주체구조부(主體構造部)와 하나가 되어 건축물로서의 효용가치를 이루고 있는 것에 대하여는 주체구조부 취득자 외의 자가 가설(加設)한 경우에는 이를 가설한 자가 납세의무자가 된다.

② 과점주주가 아닌 주주 등이 최초로 과점주주가 된 경우에는 최초로 과점주주가 된 날 현재 과점주주가 소유하고 있는 법인의 주식 등을 모두 취득한 것으로 보아 취득세의 납세의무를 진다.

③ 「주택법」에 따른 주택조합이 해당 조합원용으로 취득하는 조합주택용 부동산(공동주택과 부대시설·복리시설 및 그 부속토지를 말함)은 그 조합원이 취득한 것으로 본다.

④ 상속으로 인하여 취득하는 경우에는 상속인 각자가 상속받는 취득물건을 취득한 것으로 보아 취득세의 납세의무를 진다.

⑤ 과세대상물건에 대한 등기·등록을 이행하지 아니한 경우라도 사실상으로 취득한 때에는 취득한 것으로 보아 소유자 또는 양수인이 납세의무자가 된다.

해설 ① 건축물 중 조작(造作)설비, 그 밖의 부대설비에 속하는 부분으로서 그 주체구조부(主體構造部)와 하나가 되어 건축물로서의 효용가치를 이루고 있는 것에 대하여는 주체구조부 취득자 외의 자가 가설(加設)한 경우에도 주체구조부의 취득자가 함께 취득한 것으로 본다.　　　　　　　　　　　　　▶▶ 정답 ①

07 「지방세법」상 취득세 납세의무자 등에 관한 설명으로 틀린 것은?

취득세
납세의무자 등

① 부동산등의 취득은 「민법」, 「자동차관리법」, 「건설기계관리법」, 「항공안전법」, 「선박법」, 「입목에 관한 법률」, 「광업법」 또는 「수산업법」 등 관계 법령에 따른 등기·등록 등을 하지 아니한 경우라도 사실상 취득하면 각각 취득한 것으로 보고 해당 취득물건의 소유자 또는 양수인을 각각 취득자로 한다. 다만, 차량, 기계장비, 항공기 및 주문을 받아 건조하는 선박은 승계취득인 경우에만 해당한다.

② 법인설립시에 발행하는 주식 또는 지분을 취득함으로써 과점주주가 된 경우에는 해당 법인의 부동산등을 취득한 것으로 본다.

③ 외국인 소유의 취득세 과세대상 물건(차량, 기계장비, 항공기 및 선박만 해당한다)을 직접 사용하거나 국내의 대여시설 이용자에게 대여하기 위하여 임차하여 수입하는 경우에는 수입하는 자가 취득한 것으로 본다.

④ 배우자 또는 직계존비속의 부동산 등을 취득하는 경우에는 증여로 취득한 것으로 본다. 다만, 법에서 정하는 일정한 경우에는 유상으로 취득한 것으로 본다.

⑤ 「주택법」 제11조에 따른 주택조합과 「도시 및 주거환경정비법」 제35조 제3항 및 「빈집 및 소규모주택 정비에 관한 특례법」 제23조에 따른 재건축조합 및 소규모재건축조합("주택조합등"이라 한다)이 해당 조합원용으로 취득하는 조합주택용 부동산(공동주택과 부대시설·복리시설 및 그 부속토지를 말한다)은 그 조합원이 취득한 것으로 본다. 다만, 조합원에게 귀속되지 아니하는 부동산("비조합원용 부동산"이라 한다)은 제외한다.

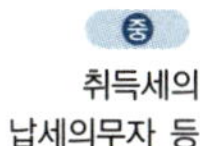

08 「지방세법」상 취득세의 납세의무자 등에 관한 설명으로 옳은 것은?

취득세의
납세의무자 등

① 법인설립시 발행하는 주식을 취득함으로써 지방세기본법에 따른 과점주주가 되었을 때에는 그 과점주주가 해당 법인의 부동산 등을 취득한 것으로 본다.

② 토지의 지목을 사실상 변경함으로써 그 가액이 증가한 경우에 취득으로 보지 아니한다.

③ 건축물 중 조작 설비, 그 밖의 부대설비에 속하는 부분으로서 그 주체구조부와 하나가 되어 건축물로서의 효용가치를 이루고 있는 것에 대하여는 주체구조부 취득자 외의 자가 가설(加設)한 경우에도 주체구조부의 취득자가 함께 취득한 것으로 본다.

④ 「민법」 등 관계 법령에 따른 등기를 하지 아니한 부동산을 사실상 취득하면 취득한 것으로 보지 아니한다.

⑤ 증여자의 채무를 인수하는 부담부증여의 경우에 그 채무액에 상당하는 부분은 부동산 등을 유상 취득한 것으로 보지 아니한다.

복습문제 09 _중
취득세의 납세의무자 등

「지방세법」상 취득세의 납세의무자 등에 관한 설명으로 옳은 것은?

① 취득세는 부동산, 부동산에 준하는 자산, 어업권을 제외한 각종 권리 등을 취득한 자에게 부과한다.

② 건축물 중 조작설비로서 그 주체구조부와 하나가 되어 건축물로서의 효용가치를 이루고 있는 것에 대하여는 주체구조부 취득자 외의 자가 가설한 경우에도 주체구조부의 취득자가 함께 취득한 것으로 본다.

③ 무상승계취득한 취득물건을 취득일에 등기·등록한 후 화해조서·인낙조서에 의하여 취득일부터 취득일이 속하는 달의 말일부터 3개월 이내에 계약이 해제된 사실을 입증하는 경우에는 취득한 것으로 보지 아니한다.

④ 상속회복청구의 소에 의한 법원의 확정판결에 의하여 특정 상속인이 당초 상속분을 초과하여 취득하게 되는 재산가액은 상속분이 감소한 상속인으로부터 증여받아 취득한 것으로 본다.

⑤ 증여자의 채무를 인수하는 부담부증여의 경우에 그 채무액에 상당하는 부분은 부동산 등을 유상취득한 것으로 보지 아니한다.

제4절 취득세 취득시기

대표유형

취득세의 부과에 관한 취득시기의 설명으로 타당하지 않은 것은?

① 유상승계취득의 경우 신고인이 제출한 자료로 사실상의 잔금지급일을 확인할 수 있는 경우에는 사실상의 잔금지급일에 취득한 것으로 본다. 다만, 취득일 전에 등기 또는 등록을 한 경우에는 그 등기일 또는 등록일에 취득한 것으로 본다.

② 무상승계취득의 경우에는 그 등기일이 취득시기이다.

③ 유상승계취득의 경우 신고인이 제출한 자료로 사실상의 잔금지급일을 확인할 수 없는 경우에는 계약상의 잔금지급일(계약상 잔금 지급일이 명시되지 않은 경우에는 계약일부터 60일이 경과한 날)에 취득한 것으로 본다. 다만, 취득일 전에 등기 또는 등록을 한 경우에는 그 등기일 또는 등록일에 취득한 것으로 본다.

④ 건축물을 건축하여 취득하는 경우에는 사용승인서를 내주는 날(사용승인서를 내주기 전에 임시사용승인을 받은 경우에는 그 임시사용승인일을 말한다)과 사실상의 사용일 중 빠른 날이 취득시기이다.

⑤ 연부로 취득하는 것(취득가액의 총액이 법 제17조의 적용을 받는 것은 제외한다)은 그 사실상의 연부금 지급일을 취득일로 본다. 다만, 취득일 전에 등기 또는 등록을 한 경우에는 그 등기일 또는 등록일에 취득한 것으로 본다.

해설 ② 무상승계취득의 경우에는 그 계약일(상속으로 인한 취득의 경우에는 상속개시일)에 취득한 것으로 본다. 다만, 취득일 전에 등기 또는 등록을 한 경우에는 그 등기일 또는 등록일에 취득한 것으로 본다.

▶▶ 정답 ②

Point
10
중
취득세 취득의 시기

「지방세법」상 취득의 시기 등에 관한 설명으로 틀린 것은?

① 부동산의 증여계약으로 인한 취득에 있어서 소유권이전등기를 하지 않고 계약일부터 계약일이 속하는 달의 말일부터 3개월 이내에 공증받은 공정증서로 계약이 해제된 사실이 입증되는 경우에는 취득한 것으로 보지 않는다.

② 유상승계취득의 경우 사실상의 잔금지급일을 확인할 수 없는 경우에는 그 계약상의 잔금지급일(계약상 잔금지급일이 명시되지 않은 경우에는 계약일부터 60일이 경과한 날을 말한다)과 등기일 또는 등록일 중 빠른 날에 취득한 것으로 본다.

③ 「도시 및 주거환경정비법」 제35조 제3항에 따른 재건축조합이 재건축사업을 하면서 조합원으로부터 취득하는 토지 중 조합원에게 귀속되지 아니하는 토지를 취득하는 경우에는 「도시 및 주거환경정비법」 제86조 제2항에 따른 소유권이전 고시일에 그 토지를 취득한 것으로 본다.

④ 「민법」 제839조의2 및 제843조에 따른 재산분할로 인한 취득의 경우에는 취득물건의 등기일 또는 등록일을 취득일로 본다.

⑤ 토지의 지목변경에 따른 취득은 토지의 지목이 사실상 변경된 날과 공부상 변경된 날 중 빠른 날을 취득일로 본다. 다만, 토지의 지목변경일 이전에 사용하는 부분에 대해서는 그 사실상의 사용일을 취득일로 본다.

11
중
취득세 취득의 시기

「지방세법」상 취득의 시기 등에 관한 설명으로 틀린 것은?

① 무상취득의 경우 해당 취득물건을 등기·등록한 후 행정안전부령으로 정하는 계약해제신고서(취득일부터 취득일이 속하는 달의 말일부터 3개월 이내에 제출된 것만 해당한다)에 해당하는 서류로 계약이 해제된 사실이 입증되는 경우에는 취득한 것으로 보지 않는다.

② 상속으로 인한 취득의 경우에는 상속개시일에 취득한 것으로 본다.

③ 토지의 지목변경에 따른 취득은 토지의 지목변경일 이전에 사용하는 부분에 대해서는 그 사실상의 사용일을 취득일로 본다.

④ 건축물을 건축 또는 개수하여 취득하는 경우 사용승인서를 내주기 전에 임시사용승인을 받은 경우에는 그 임시사용승인일과 사실상의 사용일 중 빠른 날을 취득일로 본다.

⑤ 유상승계취득의 경우 취득일 전에 등기 또는 등록을 한 경우에는 그 등기일 또는 등록일에 취득한 것으로 본다.

복습문제
12
(중)
취득세 취득의 시기

「지방세법」상 취득의 시기 등에 관한 설명으로 틀린 것은?

① 국가·지방자치단체 및 지방자치단체조합으로부터 무상승계취득한 경우에는 계약일에 취득한 것으로 본다.

② 유상승계취득인 경우에는 사실상의 잔금지급일에 취득한 것으로 본다. 단, 취득일 전에 등기 또는 등록한 경우에는 그 등기일 또는 등록일에 취득한 것으로 본다.

③ 토지의 지목변경에 따른 취득은 토지의 지목이 사실상 변경된 날과 공부상 변경된 날 중 빠른 날을 취득일로 본다. 다만, 토지의 지목변경일 이전에 사용하는 부분에 대해서는 그 사실상의 사용일을 취득일로 본다.

④ 연부로 취득하는 것(취득가액의 총액이 50만원 이하인 것은 제외)은 그 사실상의 연부금 지급일을 취득일로 본다. 단, 취득일 전에 등기 또는 등록한 경우에는 그 등기일 또는 등록일에 취득한 것으로 본다.

⑤ 「도시 및 주거환경정비법」제35조 제3항에 따른 재건축조합이 재건축사업을 하면서 조합원으로부터 취득하는 토지 중 조합원에게 귀속되지 아니하는 토지를 취득하는 경우에는 「도시 및 주거환경정비법」제86조 제2항에 따른 소유권이전 고시일에 그 토지를 취득한 것으로 본다.

13
(중)
취득세 취득의 시기

개인 甲이 건축물을 건축하여 취득하였다. 「지방세법」상 취득세의 취득시기는?

> ㉠ 건축허가신청일: 2024년 9월 15일
> ㉡ 사용승인서를 내주는 날: 2026년 4월 16일
> ㉢ 임시사용승인일: 2026년 4월 11일
> ㉣ 사실상의 사용일: 2026년 4월 20일
> ㉤ 등기일: 2026년 4월 21일

① 2024년 9월 15일
② 2026년 4월 11일
③ 2026년 4월 16일
④ 2026년 4월 20일
⑤ 2026년 4월 21일

제 5 절 취득세 과세표준

대표유형

지방세법령상 취득세의 취득당시가액에 관한 설명으로 옳은 것을 모두 고른 것은? (단, 주어진 조건 외에는 고려하지 않음)

㉠ 상속에 따른 건축물 무상취득의 경우에는 「지방세법」 제4조에 따른 시가표준액을 취득당시가액으로 한다.

㉡ 법인이 아닌 자가 건축물을 매매로 승계취득하는 경우에는 그 건축물을 취득하기 위하여 「공인중개사법」에 따른 공인중개사에게 지급한 중개보수를 취득당시가액에 포함한다.

㉢ 건축물을 교환으로 취득하는 경우에는 교환으로 이전받는 건축물의 시가표준액과 이전하는 건축물의 시가표준액 중 낮은 가액을 취득당시가액으로 한다.

㉣ 대물변제에 따른 건축물 취득의 경우에는 대물변제액(대물변제액 외에 추가로 지급한 금액이 있는 경우에는 그 금액을 제외한다)을 취득당시가액으로 한다.

㉤ 법인이 아닌 자가 건축물을 건축하여 취득하는 경우로서 사실상취득가격을 확인할 수 없는 경우에는 시가인정액을 취득당시가액으로 한다.

① ㉠
② ㉠, ㉡
③ ㉠, ㉡, ㉢
④ ㉡, ㉢, ㉣
⑤ ㉡, ㉢, ㉣, ㉤

해설 1. 옳은 것: ㉠

2. 틀린 것: ㉡, ㉢, ㉣, ㉤

㉡ 법인이 아닌 자가 건축물을 매매로 승계취득하는 경우에는 그 건축물을 취득하기 위하여 「공인중개사법」에 따른 공인중개사에게 지급한 중개보수를 취득당시가액에 <u>아니한다</u>(지방세법시행령 제18조 제1항 제7호).

㉢ 건축물을 교환으로 취득하는 경우에는 교환으로 이전받는 건축물의 <u>시가인정액</u>과 이전하는 건축물의 <u>시가인정액</u> 중 <u>높은</u> 가액을 취득당시가액으로 한다(지방세법시행령 제18조의4 제1항 제1호 나목).

㉣ 대물변제에 따른 건축물 취득의 경우에는 대물변제액(대물변제액 외에 추가로 지급한 금액이 있는 경우에는 그 금액을 <u>포함한다</u>)을 취득당시가액으로 한다(지방세법시행령 제18조의4 제1항 제1호 가목).

㉤ 법인이 아닌 자가 건축물을 건축하여 취득하는 경우로서 사실상취득가격을 확인할 수 없는 경우에는 <u>시가표준액</u>을 취득당시가액으로 한다(지방세법 제10조의4 제2항).　　▶ 정답 ①

Point 14 취득세 과세표준

「지방세법」상 취득세의 과세표준에 관한 설명으로 틀린 것은?

① 시가표준액이 1억원 이하인 부동산등을 무상취득(상속의 경우는 제외한다)하는 경우 시가인정액과 시가표준액 중에서 납세자가 정하는 가액으로 한다.

② 부동산등을 유상거래(매매 또는 교환 등 취득에 대한 대가를 지급하는 거래를 말한다)로 승계취득하는 경우 취득당시가액은 취득시기 이전에 해당 물건을 취득하기 위하여 거래상대방이나 제3자에게 지급하였거나 지급하여야 할 일체의 비용으로서 대통령령으로 정하는 사실상의 취득가격으로 한다.

③ 법인이 아닌 자가 건축물을 건축하여 취득하는 경우로서 사실상취득가격을 확인할 수 없는 경우의 취득당시가액은 시가표준액으로 한다.

④ 토지에 대한 시가표준액은 「부동산 가격공시에 관한 법률」에 따라 공시된 가액으로 한다.

⑤ 공동주택가격이 공시되지 아니한 경우에는 지역별·단지별·면적별·층별 특성 및 거래가격 등을 고려하여 행정안전부장관이 정하는 기준에 따라 국토교통부장관이 산정한 가액으로 한다.

15 취득세 과세표준

「지방세법」상 취득세의 과세표준에 관한 설명으로 틀린 것은?

① 취득세의 과세표준은 취득 당시의 가액으로 한다. 다만, 연부로 취득하는 경우 취득세의 과세표준은 연부금액(매회 사실상 지급되는 금액을 말하며, 취득금액에 포함되는 계약보증금을 포함한다)으로 한다.

② 상속에 따른 무상취득의 경우에는 「지방세법」 제4조에 따른 시가표준액을 취득당시가액으로 한다.

③ 부동산등을 무상취득(상속은 제외)하는 경우 취득 당시의 가액은 취득시기 현재 불특정다수인 사이에 자유롭게 거래가 이루어지는 경우 통상적으로 성립된다고 인정되는 가액(매매사례가액, 감정가액, 공매가액 등 대통령령으로 정하는 바에 따라 시가로 인정되는 가액)으로 한다.

④ 오피스텔 외의 건축물의 시가표준액은 건설원가 등을 고려하여 행정안전부장관이 산정·고시하는 건물신축가격기준액에 건물의 구조별·용도별·위치별 지수·건물의 경과연수별 잔존가치율·건물의 규모·형태·특수한 부대설비 등의 유무 및 그 밖의 여건에 따른 가감산율을 적용하여 지방자치단체의 장이 결정한 가액으로 한다.

⑤ 법인이 아닌 자가 토지의 지목을 사실상 변경한 경우로서 사실상취득가격을 확인할 수 없는 경우 취득당시가액은 지목변경 이후의 토지에 대한 시가표준액으로 한다.

Point 16 중
사실상 취득가격

「지방세법시행령」 제18조 [사실상 취득가격의 범위 등]에서 사실상 취득가격에 포함하지 않는 것은?

① 법인이 아닌 자가 취득한 경우 할부 또는 연부(年賦) 계약에 따른 이자 상당액 및 연체료
② 취득에 필요한 용역을 제공받은 대가로 지급하는 용역비·수수료(건축 및 토지조성공사로 수탁자가 취득하는 경우 위탁자가 수탁자에게 지급하는 신탁수수료를 포함한다)
③ 취득대금 외에 당사자의 약정에 따른 취득자 조건 부담액
④ 부동산을 취득하는 경우 「주택도시기금법」 제8조에 따라 매입한 국민주택채권을 해당 부동산의 취득 이전에 양도함으로써 발생하는 매각차손
⑤ 법인이 취득한 경우 「공인중개사법」에 따른 공인중개사에게 지급한 중개보수

17 중
사실상 취득가격

「지방세법시행령」 제18조 [사실상 취득가격의 범위 등]에서 사실상 취득가격에 포함하지 않는 것은?

① 「농지법」에 따른 농지보전부담금
② 「문화예술진흥법」 제9조 제3항에 따른 미술작품의 설치 또는 문화예술진흥기금에 출연하는 금액
③ 「산지관리법」에 따른 대체산림자원조성비 등 관계 법령에 따라 의무적으로 부담하는 비용
④ 붙박이 가구·가전제품 등 건축물에 부착되거나 일체를 이루면서 건축물의 효용을 유지 또는 증대시키기 위한 설비·시설 등의 설치비용
⑤ 부가가치세

개인 甲은 특수관계 없는 乙로부터 다음과 같은 내용으로 주택을 취득하였다. 취득세 과세표준 금액으로 옳은 것은?

- 아래의 계약내용은 「부동산 거래신고 등에 관한 법률」 제3조에 따른 신고서를 제출하여 같은 법 제5조에 따라 검증이 이루어짐
- 계약내용

총매매대금	500,000,000원
2026년 7월 2일 계약금	50,000,000원
2026년 8월 2일 중도금	150,000,000원
2026년 9월 3일 잔금	300,000,000원

- 개인 甲이 주택 취득과 관련하여 지출한 비용

(1) 총매매대금 외에 당사자약정에 의하여 乙의 은행채무를 甲이 대신 변제한 금액	10,000,000원
(2) 법령에 따라 매입한 국민주택채권을 해당 주택의 취득 이전에 금융회사에 양도함으로써 발생하는 매각차손	1,000,000원
(3) 「공인중개사법」에 따른 공인중개사에게 지급한 중개보수	1,100,000원 (부가가치세 포함)

① 500,000,000원
② 501,000,000원
③ 510,000,000원
④ 511,000,000원
⑤ 512,000,000원

제 6 절 취득세 세율

대표유형

「지방세법」상 부동산 취득의 표준세율로 틀린 것은?

① 원시취득: 1천분의 28
② 상속으로 인한 농지의 취득: 1천분의 23
③ 상속으로 인한 농지 외의 토지 취득: 1천분의 28
④ 매매로 인한 농지 외의 토지 취득: 1천분의 30
⑤ 합유물 및 총유물의 분할로 인한 취득: 1천분의 23

해설 ④ 매매로 인한 농지 외의 토지 취득: 1천분의 40 ▶▶ **정답** ④

Point
19
취득세 표준세율

「지방세법」상 부동산 취득시 취득세 과세표준에 적용되는 표준세율로 옳은 것을 모두 고른 것은?

㉠ 상속으로 인한 농지취득: 1천분의 28
㉡ 합유물 및 총유물의 분할로 인한 취득: 1천의 23
㉢ 원시취득: 1천분의 28
㉣ 법령으로 정한 비영리사업자의 상속 외의 무상취득: 1천분의 35

① ㉠, ㉡　　　　　② ㉡, ㉢　　　　　③ ㉠, ㉢
④ ㉡, ㉣　　　　　⑤ ㉢, ㉣

20
취득세 표준세율

「지방세법」상 취득세의 표준세율이 가장 높은 것은? (단, 「지방세특례제한법」은 고려하지 않음)

① 상속으로 농지를 취득한 경우
② 법령으로 정한 비영리사업자가 상속 외의 무상취득한 경우
③ 영리법인이 공유수면을 매립하여 농지를 취득한 경우
④ 무주택자가 유상거래를 원인으로 「지방세법」 제10조에 따른 취득 당시의 가액이 7억5천만원인 주택(「주택법」에 의한 주택으로서 등기부에 주택으로 기재된 주거용 건축물과 그 부속토지)을 취득한 경우(개인의 1세대 1주택에 해당함)
⑤ 농지를 상호 교환한 경우

21 _중
취득세 표준세율

「지방세법」상 취득세의 표준세율이 가장 낮은 것은? (단, 「지방세특례제한법」은 고려하지 않음)

① 합유물 및 총유물의 분할로 인한 취득
② 「정당법」에 따라 설립된 정당이 독지가의 기부에 의하여 건물을 취득한 경우
③ 농지를 상호 교환하여 소유권이전등기를 하는 경우
④ 유상거래를 원인으로 「지방세법」 제10조에 따른 취득 당시의 가액이 5억원인 주택(「주택법」에 의한 주택으로서 등기부에 주택으로 기재된 주거용 건축물과 그 부속토지)을 취득한 경우(개인의 비조정대상지역에 소재하는 1세대 2주택에 해당함)
⑤ 조정대상지역 내 3억원 이상 주택을 증여하는 경우(단, 1세대 1주택자가 소유주택을 배우자·직계존비속에게 증여한 경우가 아님)

복습문제
22 _하
취득세 표준세율

「지방세법」상 취득세의 표준세율이 가장 높은 것은? (단, 「지방세특례제한법」은 고려하지 않음)

① 유상거래를 원인으로 취득 당시의 가액이 6억원 이하인 상가를 취득
② 비영리사업자의 증여로 인한 농지 취득
③ 교환으로 인한 농지의 취득
④ 배우자로부터 증여받은 농지의 취득
⑤ 상속으로 취득한 상가

23 _상
취득세 중과

「지방세법」상 아래의 부동산 등을 신(증)축하는 경우 취득세가 중과(重課)되지 않는 것은 몇 개인가? (단, 지방세법상 중과요건을 충족하는 것으로 가정함)

> ㉠ 병원의 병실
> ㉡ 골프장
> ㉢ 고급주택
> ㉣ 법인 본점의 사무소전용 주차타워
> ㉤ 대도시에서 법인이 사원에 대한 임대용으로 직접 사용할 목적으로 취득한 사원주거용 목적의 공동주택[1구의 건축물의 연면적(전용면적을 말한다)이 60제곱미터 이하임]
> ㉥ 「수도권정비계획법」에 의한 과밀억제권역 안에서 공장을 신설하거나 증설하기 위한 사업용 과세물건

① 1개 ② 2개 ③ 3개
④ 4개 ⑤ 5개

Point 24 하
취득세 세율의 특례

「지방세법」상 취득세 표준세율에서 중과기준세율을 뺀 세율로 산출한 금액을 취득세액으로 하는 경우가 아닌 것은? (단, 취득물건은 취득세 중과대상이 아님)

① 상속으로 인한 취득 중 법령으로 정하는 1가구 1주택 및 그 부속토지의 취득
② 공유물의 분할로 인한 취득(등기부등본상 본인지분을 초과하지 아니함)
③ 「민법」(이혼한 자 일방의 재산분할청구권 행사)에 따른 재산분할로 인한 취득
④ 건축물의 이전으로 인한 취득(이전한 건축물의 가액이 종전 건축물의 가액을 초과하지 아니함)
⑤ 법인 설립 후 유상 증자시에 주식을 취득하여 최초로 과점주주가 된 경우

25 하
취득세 세율의 특례

다음 중 「지방세법」상 취득세 세율의 특례 중 중과기준세율(1천분의 20)을 적용하는 경우가 아닌 것은? (단, 중과세대상은 아님)

① 개수로 인한 취득(개수로 인하여 건축물 면적이 증가하는 경우는 제외)
② 토지의 지목을 사실상 변경함으로써 그 가액이 증가한 경우
③ 법인의 주식 또는 지분을 취득함으로써 과점주주가 된 경우 과점주주의 취득
④ 임시흥행장, 공사현장사무소 등(사치성 재산은 제외한다) 존속기간이 1년을 초과하는 임시건축물의 취득
⑤ 환매등기를 병행하는 부동산의 매매로서 환매기간 내에 매도자가 환매한 경우의 그 매도자와 매수자의 취득

복습문제 26 하
취득세 세율

다음은 취득세 세율에 대한 설명이다. 틀린 것은?

① 법령으로 정한 비영리사업자의 상속 외의 무상취득에 적용되는 표준세율은 1천분의 28이다.
② 고급오락장을 취득한 경우 표준세율과 중과기준세율의 100분의 400을 합한 세율을 적용한다.
③ 과밀억제권역에서 본점이나 주사무소의 사업용 부동산(본점이나 주사무소용 건축물을 신축하거나 증축하는 경우와 그 부속토지만 해당한다)을 취득하는 경우에는 표준세율에 중과기준세율의 100분의 300을 합한 세율을 적용한다.
④ 법인 설립 후 유상 증자시에 주식을 취득하여 최초로 과점주주가 된 경우 중과기준세율을 적용한다.
⑤ 같은 취득물건에 대하여 둘 이상의 세율이 해당되는 경우에는 그중 높은 세율을 적용한다.

제 7 절　취득세 부과 · 징수

대표유형

「지방세법」상 취득세의 부과 · 징수에 관한 설명으로 옳은 것은?

① 상속으로 취득세 과세물건을 취득한 자는 상속개시일부터 6개월(외국에 주소를 둔 상속인이 있는 경우에는 각각 9개월) 이내에 그 과세표준에 세율을 적용하여 산출한 세액을 신고하고 납부하여야 한다.

② 취득세 과세물건을 취득한 자가 재산권의 취득에 관한 사항을 등기하는 경우 등기한 후 60일 내에 취득세를 신고 · 납부하여야 한다.

③ 취득세 과세물건을 취득한 후 중과세 세율 적용대상이 되었을 경우 60일 이내에 산출 세액에서 이미 납부한 세액(가산세 포함)을 공제하여 신고 · 납부하여야 한다.

④ 취득세가 경감된 과세물건이 추징대상이 된 때에는 그 사유 발생일부터 30일 이내에 그 산출세액에서 이미 납부한 세액(가산세 포함)을 공제한 세액을 신고하고 납부하여야 한다.

⑤ 취득세 납세의무자가 신고 또는 납부의무를 다하지 아니하면 산출세액 또는 그 부족세액에 「지방세기본법」의 규정에 따라 산출한 가산세를 합한 금액을 세액으로 하여 보통징수의 방법으로 징수한다.

해설　① 상속으로 취득세 과세물건을 취득한 자는 <u>상속개시일이 속하는 달의 말일부터</u> 6개월(외국에 주소를 둔 상속인이 있는 경우에는 각각 9개월) 이내에 그 과세표준에 세율을 적용하여 산출한 세액을 신고하고 납부하여야 한다.

② 취득세 신고 · 납부기한 이내에 재산권과 그 밖의 권리의 취득 · 이전에 관한 사항을 공부(公簿)에 등기하거나 등록[등재(登載)를 포함한다]하려는 경우에는 <u>등기 또는 등록 신청서를 등기 · 등록관서에 접수하는 날까지</u> 취득세를 신고 · 납부하여야 한다.

③ 취득세 과세물건을 취득한 후에 그 과세물건이 중과세 세율의 적용대상이 되었을 때에는 대통령령으로 정하는 날부터 60일 이내에 중과세 세율을 적용하여 산출한 세액에서 이미 납부한 세액(<u>가산세는 제외</u>한다)을 공제한 금액을 세액으로 하여 대통령령으로 정하는 바에 따라 신고하고 납부하여야 한다.

④ 취득세가 경감된 과세물건이 추징대상이 된 때에는 그 사유 발생일부터 <u>60일</u> 이내에 그 산출세액에서 이미 납부한 세액(<u>가산세 제외</u>)을 공제한 세액을 신고하고 납부하여야 한다.　▶ 정답 ⑤

Point 27 「지방세법」상 취득세의 부과 · 징수에 관한 설명으로 옳은 것은?

취득세의 부과 · 징수

① 취득세 납세의무가 있는 법인이 장부 등의 작성과 보존의무를 이행하지 아니한 경우 산출세액의 100분의 20에 상당하는 가산세가 부과된다.

② 납세의무자가 취득세 과세물건을 사실상 취득한 후 취득세 신고를 하지 아니하고 매각하는 경우에는 산출세액에 100분의 50을 가산한 금액을 세액으로 하여 보통징수의 방법으로 징수한다.

③ 토지의 지목변경에 따라 사실상 그 가액이 증가된 경우, 취득세의 신고 · 납부를 하지 않고 매각하더라도 취득세 중가산세 규정은 적용되지 아니한다.

④ 법정신고기한까지 과세표준신고서를 제출한 자는 지방자치단체의 장이 「지방세법」에 따라 그 지방세의 과세표준과 세액(가산세를 포함)을 결정하여 통지하기 전에는 납기후의 과세표준신고서를 제출할 수 있다.

⑤ 취득세액이 50만원 이하일 때에는 취득세를 부과하지 아니한다.

28 「지방세법」상 취득세의 부과 · 징수에 관한 설명으로 틀린 것은?

취득세의 부과 · 징수

① 취득세 과세물건을 취득한 자는 그 취득한 날부터 60일[무상취득(상속은 제외한다)으로 인한 경우는 취득일이 속하는 달의 말일부터 3개월, 상속으로 인한 경우는 상속개시일이 속하는 달의 말일부터, 실종으로 인한 경우는 실종선고일이 속하는 달의 말일부터 각각 6개월(외국에 주소를 둔 상속인이 있는 경우에는 각각 9개월)] 이내에 그 과세표준에 세율을 적용하여 산출한 세액을 대통령령으로 정하는 바에 따라 신고하고 납부하여야 한다.

② 신고 · 납부기한 이내에 재산권과 그 밖의 권리의 취득 · 이전에 관한 사항을 공부(公簿)에 등기하거나 등록[등재(登載)를 포함한다]하려는 경우에는 등기 또는 등록 신청서를 등기 · 등록관서에 접수하는 날까지 취득세를 신고 · 납부하여야 한다.

③ 취득세 납세의무자가 신고 또는 납부의무를 다하지 아니하면 산출세액 또는 그 부족세액에 「지방세기본법」의 규정에 따라 산출한 가산세를 합한 금액을 세액으로 하여 보통징수의 방법으로 징수한다.

④ 지방자치단체의 장은 취득세 납세의무가 있는 법인이 장부 등의 작성과 보존의무를 이행하지 아니한 경우에는 산출된 세액 또는 부족세액의 100분의 10에 상당하는 금액을 징수하여야 할 세액에 가산한다.

⑤ 납세의무자가 취득세 과세물건을 사실상 취득한 후 취득세 신고를 하지 아니하고 매각하는 경우에는 산출세액에 100분의 50을 가산한 금액을 세액으로 하여 보통징수의 방법으로 징수한다.

29
취득세의 부과 · 징수

「지방세법」상 취득세의 부과 · 징수에 관한 설명으로 틀린 것은?

① 신고 · 납부기한 이내에 재산권과 그 밖의 권리의 취득 · 이전에 관한 사항을 공부에 등기하거나 등록하려는 경우에는 등기 또는 등록 신청서를 등기 · 등록관서에 접수하는 날까지 취득세를 신고 · 납부하여야 한다.

② 취득세 납세의무자가 신고 또는 납부의무를 다하지 아니하면 산출세액 또는 그 부족세액에 「지방세기본법」의 규정에 따라 산출한 가산세를 합한 금액을 세액으로 하여 보통징수의 방법으로 징수한다.

③ 지방자치단체의 장은 취득세 납세의무가 있는 법인이 장부 등의 작성과 보존의무를 이행하지 아니한 경우에는 산출된 세액 또는 부족세액의 100분의 10에 상당하는 금액을 징수하여야 할 세액에 가산한다.

④ 납세의무자가 취득세 과세물건을 사실상 취득한 후 취득세 신고를 하지 아니하고 매각하는 경우에는 산출세액에 100분의 70을 가산한 금액을 세액으로 하여 보통징수의 방법으로 징수한다.

⑤ 법정신고기한까지 과세표준신고서를 제출하지 아니한 자는 지방자치단체의 장이 「지방세법」에 따라 그 지방세의 과세표준과 세액(가산세를 포함)을 결정하여 통지하기 전에는 납기후의 과세표준신고서를 제출할 수 있다.

복습문제 30

취득세의 부과 · 징수

「지방세법」상 취득세의 부과 · 징수에 관한 설명으로 틀린 것은?

① 취득세 과세물건을 취득한 자는 그 취득한 날(「부동산 거래신고 등에 관한 법률」 제10조 제1항에 따른 토지거래계약에 관한 허가구역에 있는 토지를 취득하는 경우로서 같은 법 제11조에 따른 토지거래계약에 관한 허가를 받기 전에 거래대금을 완납한 경우에는 그 허가일이나 허가구역의 지정 해제일 또는 축소일을 말한다)부터 60일[상속으로 인한 경우는 상속개시일이 속하는 달의 말일부터, 실종으로 인한 경우는 실종선고일이 속하는 달의 말일부터 각각 6개월(외국에 주소를 둔 상속인이 있는 경우에는 각각 9개월)] 이내에 그 과세표준에 제11조부터 제15조까지의 세율을 적용하여 산출한 세액을 대통령령으로 정하는 바에 따라 신고하고 납부하여야 한다.

② 취득세 과세물건을 취득한 후에 그 과세물건이 중과세 세율의 적용대상이 되었을 때에는 대통령령으로 정하는 날부터 30일 이내에 중과세 세율을 적용하여 산출한 세액에서 이미 납부한 세액(가산세는 제외한다)을 공제한 금액을 세액으로 하여 신고하고 납부하여야 한다.

③ 지방세법 또는 다른 법령에 따라 취득세를 비과세, 과세면제 또는 경감받은 후에 해당 과세물건이 취득세 부과대상 또는 추징대상이 되었을 때에는 그 사유 발생일부터 60일 이내에 해당 과세표준에 제11조부터 제15조까지의 세율을 적용하여 산출한 세액[경감받은 경우에는 이미 납부한 세액(가산세는 제외한다)을 공제한 세액을 말한다]을 대통령령으로 정하는 바에 따라 신고하고 납부하여야 한다.

④ 신고 · 납부기한 이내에 재산권과 그 밖의 권리의 취득 · 이전에 관한 사항을 공부(公簿)에 등기하거나 등록[등재(登載)를 포함한다]하려는 경우에는 등기 또는 등록 신청서를 등기 · 등록관서에 접수하는 날까지 취득세를 신고 · 납부하여야 한다.

⑤ 지방자치단체의 장은 취득세 납세의무가 있는 법인이 장부 등의 작성과 보존의무를 이행하지 아니하는 경우에는 산출된 세액 또는 부족세액의 100분의 10에 상당하는 금액을 징수하여야 할 세액에 가산한다.

31 「지방세법」상 취득세의 부과·징수에 관한 설명으로 틀린 것은? (단, 납세자가 국내에 주소를 둔 경우에 한함)

취득세의 부과·징수

① 취득세 과세물건을 취득한 자는 그 취득한 날부터 60일 이내, 상속으로 인한 경우는 상속개시일부터 6개월 이내에 그 과세표준에 세율을 적용하여 산출한 세액을 신고하고 납부하여야 한다.

② 취득세 과세물건을 취득한 후에 그 과세물건이 중과세 세율의 적용대상이 되었을 때에는 대통령령으로 정하는 날부터 60일 이내에 중과세 세율을 적용하여 산출한 세액에서 이미 납부한 세액(가산세는 제외한다)을 공제한 금액을 세액으로 하여 대통령령으로 정하는 바에 따라 신고하고 납부하여야 한다.

③ 신고·납부기한 이내에 재산권과 그 밖의 권리의 취득·이전에 관한 사항을 공부(公簿)에 등기하거나 등록[등재(登載)를 포함한다]하려는 경우에는 등기 또는 등록 신청서를 등기·등록관서에 접수하는 날까지 취득세를 신고·납부하여야 한다.

④ 취득세 납세의무자가 신고 또는 납부의무를 다하지 아니하면 산출한 세액 또는 그 부족세액에 「지방세기본법」 제53조부터 제55조까지의 규정에 따라 산출한 가산세를 합한 금액을 세액으로 하여 보통징수의 방법으로 징수한다.

⑤ 납세의무자가 취득세 과세물건을 사실상 취득한 후 신고를 하지 아니하고 매각하는 경우에는 산출세액에 100분의 80을 가산한 금액을 세액으로 하여 보통징수의 방법으로 징수한다. 다만, 등기·등록이 필요하지 아니한 과세물건 등 대통령령으로 정하는 과세물건에 대하여는 그러하지 아니하다.

32 「지방세법」상 취득세의 부과·징수에 관한 설명으로 틀린 것은 몇 개인가?

취득세의 부과·징수

> ㉠ 취득세 과세물건을 취득한 자는 그 취득한 날부터 60일 이내, 상속으로 인한 경우는 상속개시일이 속하는 달의 말일부터 6개월 이내에 그 과세표준에 세율을 적용하여 산출한 세액을 신고하고 납부하여야 한다(단, 납세자가 국내에 주소를 둔 경우에 한함).
> ㉡ 재산권을 공부에 등기하려는 경우에는 등기하기 전까지 취득세를 신고납부하여야 한다.
> ㉢ 취득세 납세의무자가 신고 또는 납부의무를 다하지 아니하면 산출세액 또는 그 부족세액에 「지방세기본법」의 규정에 따라 산출한 가산세를 합한 금액을 세액으로 하여 보통징수의 방법으로 징수한다.
> ㉣ 취득세의 납세의무가 있는 법인이 장부 등의 작성과 보존의무를 이행하지 아니한 경우 산출세액의 100분의 20에 상당하는 가산세가 부과된다.
> ㉤ 지방자치단체의 장은 취득세 납세의무가 있는 법인이 장부 등의 작성과 보존의무를 이행하지 아니한 경우에는 산출된 세액 또는 부족세액의 100분의 10에 상당하는 금액을 징수하여야 할 세액에 가산한다.

① 1개   ② 2개   ③ 3개   ④ 4개   ⑤ 5개

복습문제 33 중
취득세의 부과·징수

「지방세법」상 취득세의 부과·징수에 관한 설명으로 틀린 것은?

① 취득세 과세물건을 취득한 자는 그 취득한 날부터 60일 이내, 상속으로 인한 경우는 상속개시일이 속하는 달의 말일부터 6개월 이내에 그 과세표준에 세율을 적용하여 산출한 세액을 신고하고 납부하여야 한다(단, 납세자가 국내에 주소를 둔 경우에 한함).

② 취득세 신고·납부기한 이내에 재산권과 그 밖의 권리의 취득·이전에 관한 사항을 공부(公簿)에 등기하거나 등록[등재(登載)를 포함한다]하려는 경우에는 등기 또는 등록 신청서를 등기·등록관서에 접수하는 날까지 취득세를 신고·납부하여야 한다.

③ 취득세 납세의무자가 신고 또는 납부의무를 다하지 아니하면 산출세액 또는 그 부족세액에 「지방세기본법」의 규정에 따라 산출한 가산세를 합한 금액을 세액으로 하여 보통징수의 방법으로 징수한다.

④ 취득세의 납세의무가 있는 법인이 장부 등의 작성과 보존의무를 이행하지 아니한 경우 산출세액의 100분의 20에 상당하는 가산세가 부과된다.

⑤ 토지를 취득한 자가 그 취득한 날부터 1년 이내에 그에 인접한 토지를 취득한 경우에는 그 전후의 취득에 관한 토지의 취득을 1건의 토지 취득으로 보아 면세점을 적용한다.

34 상
취득세 무신고가산세

다음 자료에 의한 경우 취득세 무신고가산세는 얼마인가?

> 법정신고기한까지 과세표준신고서를 제출하지 아니한 자가 법정신고기한이 지난 후 20일에 취득세 산출세액 1,000,000원을 기한 후 신고를 하였다. 지방자치단체의 장이 과세표준과 세액을 결정하여 통지하기 전이었다. 또한 지방자치단체의 장이 과세표준과 세액을 결정할 것을 미리 알고 기한 후 신고서를 제출한 경우는 아니며 사기나 그 밖의 부정한 행위로 법정신고기한까지 산출세액을 신고하지 아니한 경우가 아니라고 가정한다.

① 0원
② 100,000원
③ 200,000원
④ 400,000원
⑤ 800,000원

복습문제 35 상
취득세의 부과·징수

「지방세법」상 취득세의 부과·징수에 관한 설명이다. 옳은 것은?

① 상속으로 인한 취득의 경우는 상속개시일이 속하는 달의 말일부터 6개월(피상속인이 외국에 주소를 둔 경우에는 9개월) 이내에 신고하고 납부하여야 한다.

② 지목변경, 주식 등의 취득 등 취득으로 보는 과세물건을 사실상 취득한 후 신고를 하지 아니하고 매각하는 경우 중가산세 규정을 적용한다.

③ 취득세액이 50만원 이하일 때에는 취득세를 부과하지 아니한다.

④ 취득세 법정신고기한까지 과세표준신고서를 제출하지 아니한 자가 법정신고기한이 지난 후 3개월 초과 6개월 이내에 기한후신고한 경우 납부지연가산세의 20%를 감면한다(지방자치단체의 장이 과세표준과 세액을 결정할 것을 미리 알고 기한 후 신고서를 제출한 경우가 아님).

⑤ 취득세 과세물건을 취득한 후에 그 과세물건이 중과세 세율의 적용대상이 되었을 때에는 대통령령으로 정하는 날부터 60일 이내에 중과세 세율을 적용하여 산출한 세액에서 이미 납부한 세액(가산세는 제외한다)을 공제한 금액을 세액으로 하여 신고하고 납부하여야 한다.

제8절 취득세 비과세

대표유형

「지방세법」상 취득세 비과세에 대한 설명으로 틀린 것은?

① 국가, 지방자치단체 또는 지방자치단체조합에 귀속 또는 기부채납을 조건으로 취득하는 부동산에 대하여는 취득세를 부과하지 아니한다.

② 지방자치단체에 기부채납을 조건으로 부동산을 취득하는 경우라도 그 반대급부로 기부채납 대상물의 무상사용권을 제공받는 때에는 그 해당 부분에 대해서는 취득세를 부과한다.

③ 법령이 정하는 고급오락장에 해당하는 임시건축물의 취득에 대하여는 존속기간에 상관없이 취득세를 부과한다.

④ 「주택법」 제2조 제3호에 따른 공동주택의 개수로 인한 취득 중 개수로 인한 취득 당시 「지방세법」 제4조에 따른 주택의 시가표준액이 9억원 이하인 주택과 관련된 개수로 인한 취득에 대해서는 취득세를 부과하지 아니한다.

⑤ 「건축법」에 따른 공동주택의 대수선은 취득세를 부과하지 아니한다.

해설 ⑤ 「건축법」에 따른 공동주택의 대수선은 취득세를 부과한다.　　　　▶▶ 정답 ⑤

36 「지방세법」상 취득세 비과세에 대한 설명 중 틀린 것은?

취득세 비과세

① 국가 또는 지방자치단체(다른 법률에서 국가 또는 지방자치단체로 의제되는 법인은 제외한다), 「지방자치법」 제176조 제1항에 따른 지방자치단체조합, 외국정부 및 주한국제기구의 취득에 대해서는 취득세를 부과하지 아니한다. 다만, 대한민국 정부기관의 취득에 대하여 과세하는 외국정부의 취득에 대해서는 취득세를 부과한다.

② 국가, 지방자치단체 또는 지방자치단체조합에 귀속 또는 기부채납(「사회기반시설에 대한 민간투자법」 제4조 제3호에 따른 방식으로 귀속되는 경우를 포함한다)을 조건으로 취득하는 부동산 및 「사회기반시설에 대한 민간투자법」 제2조 제1호 각 목에 해당하는 사회기반시설에 대해서는 취득세를 부과하지 아니한다.

③ 「지방세법」 제9조 제3항에서 규정한 「신탁」이라 함은 「신탁법」에 의하여 위탁자가 수탁자에 신탁등기를 하거나 신탁해지로 수탁자가 위탁자에게 이전되거나 수탁자가 변경되는 경우를 말하며, 명의신탁해지로 인한 취득 등도 이에 해당한다.

④ 임시흥행장, 공사현장사무소 등(제13조 제5항에 따른 과세대상은 제외한다) 임시건축물의 취득에 대하여는 취득세를 부과하지 아니한다. 다만, 존속기간이 1년을 초과하는 경우에는 취득세를 부과한다.

⑤ 「주택법」 제2조 제3호에 따른 공동주택의 개수(「건축법」 제2조 제1항 제9호에 따른 대수선은 제외한다)로 인한 취득 중 대통령령으로 정하는 가액 이하의 주택과 관련된 개수로 인한 취득에 대해서는 취득세를 부과하지 아니한다.

37 다음 중 취득세 비과세대상이 아닌 것은?

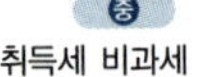

취득세 비과세

① 국가, 지방자치단체, 지방자치단체조합의 취득

② 주택조합 등과 조합원 간의 부동산 취득 및 주택조합 등의 비조합원용 부동산 취득

③ 「징발재산정리에 관한 특별조치법」 또는 「국가보위에 관한 특별조치법 폐지법률」 부칙 제2항에 따른 동원대상지역 내의 토지의 수용·사용에 관한 환매권의 행사로 매수하는 부동산의 취득

④ 「신탁법」에 따른 신탁으로서 신탁등기가 병행되는 신탁의 종료로 인하여 수탁자로부터 위탁자에게 신탁재산을 이전하는 경우

⑤ 대한민국 정부기관의 취득에 대하여 과세하지 않는 외국정부의 취득

복습문제 38 종
취득세 비과세

「지방세법」상 취득세의 비과세에 대한 설명 중 틀린 것은?

① 수익사업용인 모델하우스에 대하여 존속기간이 1년 미만이면 취득세를 비과세한다.

② 「지방세법」상 취득세 비과세 등에서 규정한 「신탁」이라 함은 「신탁법」에 의하여 위탁자가 수탁자에 신탁등기를 하거나 신탁해지로 수탁자가 위탁자에게 이전되거나 수탁자가 변경되는 경우를 말하며, 명의신탁해지로 인한 취득 등은 「신탁법」에 의한 신탁이 아니므로 이에 해당되지 아니한다.

③ 부동산을 취득한 이후에 해당 부동산을 국가나 지방자치단체에 기부채납하기로 국가 등과 계약 등을 한 경우 취득세를 비과세한다.

④ 서울특별시가 구청청사로 취득한 건물은 취득세를 비과세한다.

⑤ 임시용 건축물에 대한 "존속기간 1년 초과" 판단의 기산점은 「건축법」 제20조 규정에 의하여 시장·군수에게 신고한 가설건축물 축조신고서상 존치기간의 시기(그 이전에 사실상 사용한 경우에는 그 사실상 사용일)가 되고, 신고가 없는 경우에는 사실상 사용일이 된다.

제 9 절 취득세 종합문제

대표유형

「지방세법」상 취득세에 관한 설명으로 틀린 것은?

① 공매를 통하여 배우자의 부동산을 취득한 경우 유상취득으로 본다.

② 건축(신축·재축 제외)으로 인하여 건축물 면적이 증가할 때에는 그 증가된 부분에 대하여 원시취득으로 보아 해당 세율을 적용한다.

③ 대도시에서 법인이 사원에 대한 임대용으로 직접 사용할 목적으로 사원주거용 목적의 공동주택(1구의 건축물의 연면적이 60제곱미터 이하임)을 취득하는 경우에는 중과세율을 적용한다.

④ 환매등기를 병행하는 부동산의 매매로서 환매기간 내에 매도자가 환매한 경우의 그 매도자와 매수자의 취득에 대한 취득세는 표준세율에서 중과기준세율(1천분의 20)을 뺀 세율로 산출한 금액을 그 세액으로 한다.

⑤ 법령이 정하는 고급주택에 해당하는 임시건축물의 취득은 취득세가 과세된다.

해설 ③ 대도시에서 법인이 사원에 대한 임대용으로 직접 사용할 목적으로 <u>사원주거용 목적의 공동주택</u>(1구의 건축물의 연면적이 <u>60제곱미터 이하임</u>)을 취득하는 경우에는 <u>중과세율을 적용하지 아니하고 표준세율을 적용한다.</u>

▶▶ 정답 ③

Point
39
중

취득세 종합문제

「지방세법」상 취득세에 관한 설명으로 틀린 것은 몇 개인가?

> ㉠ 「민법」 등 관계법령에 따른 등기를 하지 아니한 부동산의 취득은 사실상 취득하더라도 취득한 것으로 볼 수 없다.
> ㉡ 법인설립시에 발행하는 주식 또는 지분을 취득함으로써 과점주주가 된 경우에는 그 과점주주가 해당 법인의 부동산 등을 취득한 것으로 본다.
> ㉢ 토지의 지목변경에 따른 취득은 지목변경일 이전에 그 사용 여부와 관계없이 사실상 변경된 날과 공부상 변경된 날 중 빠른 날을 취득일로 본다.
> ㉣ 토지의 지목을 사실상 변경한 경우 과세표준은 그 변경으로 증가한 가액에 해당하는 사실상취득가격으로 한다.
> ㉤ 법령이 정하는 고급오락장에 해당하는 임시건축물의 취득에 대하여는 존속기간에 상관없이 취득세를 부과하지 아니한다.

① 1개   ② 2개   ③ 3개
④ 4개   ⑤ 5개

40
상

취득세 종합문제

「지방세법」상 취득세에 관한 설명으로 틀린 것은 몇 개인가?

> ㉠ 과점주주 집단 내부에서 주식이 이전되었으나 과점주주 집단이 소유한 총주식의 비율에 변동이 없는 경우 간주취득세가 과세된다.
> ㉡ 권리의 이전이나 행사에 등기 또는 등록이 필요한 부동산을 직계존속과 서로 교환한 경우에는 무상으로 취득한 것으로 본다.
> ㉢ 토지의 시가표준액은 세목별 납세의무의 성립시기 당시 「부동산 가격공시에 관한 법률」에 따른 개별공시지가가 공시된 경우 개별공시지가로 한다.
> ㉣ 무주택자인 개인이 유상거래를 원인으로 「지방세법」 제10조에 따른 취득 당시의 가액이 5억원인 주택(「주택법」에 의한 주택으로서 등기부에 주택으로 기재된 주거용 건축물과 그 부속토지로서 고급주택이 아님)을 취득한 경우 취득세 표준세율은 1천분의 10이다.
> ㉤ 법령이 정하는 고급주택에 해당하는 임시건축물의 취득은 취득세가 비과세된다.

① 1개   ② 2개   ③ 3개
④ 4개   ⑤ 5개

「지방세법」상 취득세에 관한 설명으로 틀린 것은?

① 건축(신축·재축 제외)으로 인하여 건축물 면적이 증가할 때에는 그 증가된 부분에 대하여 원시취득으로 보아 해당 세율을 적용한다.

② 상속으로 인한 취득의 경우에는 상속개시일에 취득한 것으로 본다.

③ 토지를 취득한 자가 그 취득한 날부터 1년 이내에 그에 인접한 토지를 취득한 경우 그 전후의 취득에 관한 토지의 취득을 1건의 토지 취득으로 보아 취득세에 대한 면세점을 적용한다.

④ 공사현장사무소 등 임시건축물의 취득에 대하여는 그 존속기간에 관계없이 취득세를 부과하지 아니한다.

⑤ 상속으로 인한 농지취득의 경우 취득세 표준세율은 1천분의 23이다.

「지방세법」상 취득세에 관한 설명으로 틀린 것은?

① 취득세 과세물건을 취득한 후 중과세 세율 적용대상이 되었을 경우 60일 이내에 산출세액에서 이미 납부한 세액(가산세 제외)을 공제하여 신고·납부하여야 한다.

② 대한민국 정부기관의 취득에 대하여 과세하는 외국정부의 취득에 대해서는 취득세를 부과한다.

③ 무상취득의 경우 해당 취득물건을 등기·등록하지 않고 화해조서·인낙조서에 의하여 취득일부터 취득일이 속하는 달의 말일부터 3개월 이내에 계약이 해제된 사실이 입증되는 경우에는 취득한 것으로 보지 않는다.

④ 납세의무자가 토지의 지목을 사실상 변경한 후 산출세액에 대한 신고를 하지 아니하고 그 토지를 매각하는 경우에는 산출세액에 100분의 80을 가산한 금액을 세액으로 하여 징수한다.

⑤ 세대별 소유주택 수에 따른 중과세율을 적용함에 있어 주택으로 재산세를 과세하는 오피스텔은 해당 오피스텔을 소유한 자의 주택 수에 가산한다.

Point 43 종
취득세 종합문제

지방세법령상 취득세에 관한 설명으로 틀린 것은 몇 개인가? (단, 지방세특례제한법령은 고려하지 않음)

> ㉠ 법인설립시 발행하는 주식을 취득함으로써 지방세기본법에 따른 과점주주가 되었을 때에는 그 과점주주가 해당 법인의 부동산등을 취득한 것으로 본다.
> ㉡ 경매를 통하여 배우자의 부동산을 취득하는 경우에는 유상으로 취득한 것으로 본다.
> ㉢ 법인의 합병으로 인한 농지 외의 토지 취득의 경우 취득세 표준세율은 1천분의 23이다.
> ㉣ 상속에 따른 토지 무상취득의 경우에는 「부동산 가격공시에 관한 법률」에 따른 개별공시지가가 공시된 경우 개별공시지가를 취득당시가액으로 한다.
> ㉤ 지방자치단체에 귀속의 반대급부로 영리법인이 지방자치단체 소유의 부동산을 무상으로 양여받는 경우에는 취득세를 부과하지 아니한다.

① 1개 ② 2개 ③ 3개
④ 4개 ⑤ 5개

44 종
취득세 종합문제

「지방세법」상 취득세에 관한 설명으로 틀린 것은?

① 취득세 과세표준을 계산할 때 부가가치세는 사실상 취득가격에 포함하지 아니한다.

② 취득세 납세의무자가 신고 또는 납부의무를 다하지 아니하면 산출세액 또는 그 부족세액에 「지방세기본법」의 규정에 따라 산출한 가산세를 합한 금액을 세액으로 하여 보통징수의 방법으로 징수한다.

③ 납세의무자가 취득세 과세물건을 사실상 취득한 후 법정신고기한까지 신고를 하지 아니하고 매각하더라도 등기 또는 등록이 필요하지 아니하는 과세물건(골프 회원권, 승마 회원권, 콘도미니엄 회원권 및 종합체육시설이용 회원권 및 요트 회원권은 제외한다)에 대하여는 취득세 중가산세 규정을 적용하지 아니한다.

④ 취득세 과세물건을 취득한 후 중과세 대상이 되었을 때에는 표준세율을 적용하여 산출한 세액에서 이미 납부한 세액(가산세 제외)을 공제한 금액을 세액으로 하여 신고·납부하여야 한다.

⑤ 증여자의 채무를 인수하는 부담부 증여의 경우 유상으로 취득한 것으로 보는 채무액에 상당하는 부분에 대해서는 유상승계취득에서의 과세표준을 적용하고, 취득물건의 시가인정액에서 채무부담액을 뺀 잔액에 대해서는 무상취득에서의 과세표준을 적용한다.

복습문제
45
(중)
취득세 종합문제

「지방세법」상 취득세에 관한 설명이다. 옳지 않은 것은?

① 요트 회원권은 취득세 과세대상이다.
② 취득의 범위에는 교환에 의한 승계취득도 포함된다.
③ 법인 설립시에 발행하는 주식을 취득함으로써 과점주주가 된 경우 그 과점주주는 해당 법인의 취득세 과세대상을 취득한 것으로 보지 아니한다.
④ 외국인 소유의 항공기를 국내의 대여시설이용자에게 대여하기 위하여 임차하여 수입하는 경우에는 수입하는 자가 취득한 것으로 본다.
⑤ 관계 법령에 따라 등기·등록을 요하는 취득세 과세대상의 취득은 사실상 취득하여도 해당 등기·등록을 하지 아니하면 취득한 것으로 보지 아니한다.

46
(중)
취득세 종합문제

「지방세법」상 취득세에 관한 설명으로 틀린 것은?

① 부동산을 연부로 취득하는 것은 등기일에 관계없이 그 사실상의 최종연부금 지급일을 취득일로 본다.
② 국가, 지방자치단체 또는 지방자치단체조합에 귀속 또는 기부채납을 조건으로 취득하는 부동산에 대하여는 취득세를 부과하지 아니한다.
③ 甲소유의 미등기건물에 대하여 乙이 채권확보를 위하여 법원의 판결에 의한 소유권보존등기를 甲의 명의로 등기할 경우의 취득세 납세의무는 甲에게 있다.
④ 취득세 납세의무가 있는 법인이 장부 등의 작성과 보존의무를 이행하지 아니한 경우 산출세액의 100분의 10에 상당하는 가산세가 부과된다.
⑤ 취득세 과세표준을 계산할 때 부가가치세는 사실상 취득가격에 포함하지 아니한다.

47
(중)
취득세 종합문제

「지방세법」상 취득세에 관한 설명이다. 옳지 않은 것은?

① 토지의 지목을 사실상 변경함으로써 그 가액이 증가한 경우에는 취득으로 본다.
② 외국정부 및 주한국제기구의 취득에 대해서는 취득세를 부과하지 아니한다. 다만, 대한민국 정부기관의 취득에 대하여 과세하는 외국정부의 취득에 대해서는 취득세를 부과한다.
③ 취득세의 과세표준은 취득 당시의 가액으로 한다. 다만, 연부로 취득하는 경우에는 연부금액으로 한다.
④ 지방자치단체의 장은 취득세의 세율을 조정할 수 없다.
⑤ 취득세 과세물건을 유상으로 취득한 자는 그 취득한 날로부터 60일 이내에 그 과세표준에 세율을 적용하여 산출한 세액을 신고하고 납부하여야 한다.

Point 48 중
취득세 및 등록면허세

「지방세법」상 취득세 및 등록면허세에 관한 설명으로 옳은 것은?

① 취득세 과세물건을 취득한 후 중과세 세율 적용대상이 되었을 경우 60일 이내에 산출세액에서 이미 납부한 세액(가산세 포함)을 공제하여 신고·납부하여야 한다.

② 취득세 과세물건을 취득한 자가 재산권의 취득에 관한 사항을 등기하는 경우 등기한 후 30일 내에 취득세를 신고·납부하여야 한다.

③ 상속에 따른 건축물 무상취득의 경우에는 시가인정액을 취득당시가액으로 한다.

④ 부동산가압류에 대한 등록면허세의 세율은 부동산가액의 1천분의 2로 한다.

⑤ 등록하려는 자가 신고의무를 다하지 아니하고 등록면허세 산출세액을 등록하기 전까지 (신고기한이 있는 경우 신고기한까지) 납부하였을 때에는 신고·납부한 것으로 본다.

49 상
취득세 및 등록면허세

「지방세법」상 취득세 및 등록면허세에 관한 설명으로 옳은 것은?

① 광업권의 취득에 따른 등록시 취득세가 과세된다.

② 환매등기를 병행하는 부동산의 매매로서 환매기간 내에 매도자가 환매한 경우의 그 매도자와 매수자의 취득에 대한 취득세는 중과기준세율을 적용하여 계산한 금액을 그 세액으로 한다.

③ 지방자치단체의 장은 채권자대위자의 부동산의 등기에 대한 등록면허세 신고납부가 있는 경우 채권자에게 그 사실을 즉시 통보하여야 한다.

④ 국가, 지방자치단체 또는 지방자치단체조합은 취득세 과세물건을 매각(연부로 매각한 것을 포함한다)하면 매각일부터 60일 이내에 대통령령으로 정하는 바에 따라 그 물건 소재지를 관할하는 지방자치단체의 장에게 통보하거나 신고하여야 한다.

⑤ 같은 채권을 위한 저당권의 목적물이 종류가 달라 둘 이상의 등기 또는 등록을 하게 되는 경우에 등기·등록관서가 이에 관한 등기 또는 등록 신청을 받았을 때에는 채권금액 전액에서 이미 납부한 등록면허세의 산출기준이 된 금액을 뺀 잔액을 그 채권금액으로 보고 등록면허세를 부과한다.

50
취득세 및 등록면허세

「지방세법」상 취득세 및 등록면허세에 관한 설명으로 옳은 것은?

① 취득세 과세물건을 취득한 후 중과세 대상이 되었을 때에는 표준세율을 적용하여 산출한 세액에서 이미 납부한 세액(가산세 제외)을 공제한 금액을 세액으로 하여 신고·납부하여야 한다.

② 지방세의 체납으로 인하여 압류의 등기 또는 등록을 한 재산에 대하여 압류해제의 등기 또는 등록 등을 할 경우에는 「지방세법」 제26조에 의하여 등록면허세가 과세된다.

③ 국가기관 또는 지방자치단체는 등기·가등기 또는 등록·가등록을 등기·등록관서에 촉탁하려는 경우에는 등록면허세를 납부하여야 할 납세자에게 등록면허세 영수필 통지서(등기·등록관서의 시·군·구 통보용) 1부와 등록면허세 영수필 확인서 1부를 제출하게 하고, 촉탁서에 이를 첨부하여 등기·등록관서에 송부하여야 한다. 다만, 「전자정부법」 제36조 제1항에 따라 행정기관 간에 등록면허세 납부사실을 전자적으로 확인할 수 있는 경우에는 그러하지 아니하다.

④ 등록 당시에 감가상각의 사유로 가액이 달라진 경우에는 변경 전 가액을 등록면허세 과세표준으로 한다.

⑤ 국가, 지방자치단체 또는 지방자치단체조합은 취득세 과세물건을 매각(연부로 매각한 것을 포함한다)하면 다음 달 10일까지 대통령령으로 정하는 바에 따라 그 물건 소재지를 관할하는 지방자치단체의 장에게 통보하거나 신고하여야 한다.

51
취득세 및 등록면허세

「지방세법」상 취득세 및 등록면허세에 관한 설명으로 틀린 것은?

① 취득세 과세표준을 계산할 때 부가가치세는 취득가격에 포함하지 아니한다.

② 전세권설정등기에 대한 등록면허세의 표준세율은 전세금액의 1,000분의 2이다.

③ 취득세 부과제척기간이 경과한 주택의 등기는 등록면허세가 과세되는 등기에 해당한다.

④ 개인 간의 주택 매매로서 사실상의 잔금지급일이 2025년 4월 2일로 하는 부동산(취득가액 1억원)의 소유권이전등기에 대해서는 취득세가 아닌 등록면허세가 과세되는 등기에 해당한다.

⑤ 전세권설정등기에 대한 등록면허세의 산출세액이 건당 6천원보다 적을 때에는 등록면허세의 세액은 6천원으로 한다.

52 「지방세법」상 취득세 및 등록면허세에 관한 설명으로 틀린 것은?

취득세 및 등록면허세

① 대한민국 정부기관의 취득에 대하여 과세하는 외국정부의 취득에 대해서는 취득세를 부과한다.

② 부동산가압류에 대한 등록면허세의 세율은 채권금액의 1천분의 2로 한다.

③ 취득가액이 50만원 이하인 차량의 등록은 등록면허세가 과세되는 등록에 해당한다.

④ 취득세 납세의무자가 신고 또는 납부의무를 다하지 아니하면 산출세액 또는 그 부족세액에 「지방세기본법」의 규정에 따라 산출한 가산세를 합한 금액을 세액으로 하여 보통징수의 방법으로 징수한다.

⑤ 지목변경으로 인한 취득세 납세의무자가 신고를 하지 아니하고 매각하는 경우 산출세액에 100분의 80을 가산한 금액을 세액으로 하여 징수한다.

제1절 등록면허세 납세의무자

대표유형

「지방세법」상 등록면허세의 납세의무자에 대한 설명 중 틀린 것은?

① 등록면허세의 납세의무자는 재산권과 그 밖의 권리의 설정·변경 또는 소멸에 관한 사항을 공부에 등기 또는 등록을 하는 자이다.

② 근저당권 설정등기의 경우 등록면허세의 납세의무자는 근저당권자이다.

③ 근저당권 말소등기의 경우 등록면허세의 납세의무자는 근저당권설정자 또는 말소대상 부동산의 현재 소유자이다.

④ 甲이 은행에서 1,000만원의 융자를 받고 乙의 부동산에 저당권을 설정할 경우 등록면허세의 납세의무자는 은행이다.

⑤ 설정된 전세권에 대한 말소등기를 하는 경우 등록면허세 납세의무자는 전세권자이다.

해설 ⑤ 설정된 전세권에 대한 말소등기를 하는 경우 등록면허세 납세의무자는 전세권설정자이다. ▶▶ 정답 ⑤

Point 01 중
등록면허세 납세의무자

다음은 부동산등기에 있어서 등록분 등록면허세 납세의무자를 연결한 것이다. 틀린 것은?

① 부동산 저당권 설정등기 − 저당권자(채권자)

② 부동산 지역권 설정등기 − 승역지 소유자

③ 소유권이전등기 − 등기권리자

④ 부동산 지상권 설정등기 − 지상권자

⑤ 부동산 전세권 설정등기 − 전세권자

복습문제 02 중
등록면허세
납세의무자

다음은 등록에 대한 등록면허세의 납세의무자에 대한 설명이다. 틀린 것은?

① 근저당권설정의 경우 등록분 등록면허세의 납세의무자는 채권자인 금융기관 등이 되며, 근저당권말소의 경우에는 채무자가 등록분 등록면허세의 납세의무자이다.

② 갑(甲)소유의 미등기 건물에 대하여 채권자인 을(乙)이 채권확보를 위하여 법원의 판결을 받아 갑(甲)의 명의로 등기할 경우 등록면허세 납세의무는 갑(甲)에게 있다.

③ 전세권 설정등기시 등록면허세 납세의무자는 전세권자이다.

④ 부동산 지역권 설정등기시 등록면허세 납세의무자는 승역지 소유자이다.

⑤ 「지방세법」상 등록면허세에서 '등록을 하는 자'란 재산권 기타 권리의 설정·변경 또는 소멸에 관한 사항을 공부에 등기 또는 등록을 받는 등기·등록부상에 기재된 명의자(등기권리자)를 말한다.

제 2 절 등록면허세 과세표준

대표유형

「지방세법」상 등록면허세의 과세표준에 대한 설명 중 틀린 것은 몇 개인가?

㉠ 부동산, 선박, 항공기, 자동차 및 건설기계의 등록에 대한 등록면허세의 과세표준은 등록 당시의 가액으로 한다.

㉡ 부동산의 등록면허세 과세표준은 조례로 정하는 바에 따라 등록자의 신고에 따른다. 다만, 신고가 없거나 신고가액이 시가표준액보다 적은 경우에는 시가표준액을 과세표준으로 한다.

㉢ 등록 당시에 자산재평가 또는 감가상각 등의 사유로 그 가액이 달라진 경우에는 변경된 가액을 과세표준으로 한다.

㉣ 채권금액으로 과세액을 정하는 경우에 일정한 채권금액이 없을 때에는 채권의 목적이 된 것의 가액 또는 처분의 제한의 목적이 된 금액을 그 채권금액으로 본다.

㉤ 등록면허세 신고서상의 금액과 공부상의 금액이 다를 경우에는 공부상의 금액을 과세표준으로 한다.

① 0개 ② 1개 ③ 2개
④ 3개 ⑤ 4개

해설 틀린 것은 없고 모두 옳은 설명이다. ▶ 정답 ①

Point 03 _중
등록면허세 과세표준

「지방세법」상 등록에 대한 등록면허세의 과세표준에 관한 설명으로 틀린 것은?

① 부동산의 등록에 대한 등록면허세의 과세표준은 등록자가 신고한 당시의 가액으로 하고, 신고가 없는 경우에는 시가표준액의 100분의 110으로 한다.

② 자산재평가 또는 감가상각 등의 사유로 변경된 가액을 과세표준으로 할 경우에는 등기일 또는 등록일 현재의 법인장부 또는 결산서 등으로 증명되는 가액을 과세표준으로 한다.

③ 부동산의 등록에 대한 등록면허세의 과세표준은 등록자가 신고한 당시의 가액으로 하고, 신고가액이 시가표준액보다 많은 경우에는 신고가액으로 한다.

④ 지상권 설정 등기시는 부동산가액이 과세표준이 된다.

⑤ 채권금액으로 과세액을 정하는 경우에 일정한 채권금액이 없을 때에는 채권의 목적이 된 것의 가액 또는 처분의 제한의 목적이 된 금액을 그 채권금액으로 본다.

04 _중
등록면허세의 과세표준 중 채권금액을 과세표준으로 하는 경우가 아닌 것은?

① 경매신청　　　　　　　　　② 가압류
③ 가처분　　　　　　　　　　④ 임차권
⑤ 저당권

제3절 등록면허세 세율

대표유형

「지방세법」상 부동산등기에 대한 등록면허세의 표준세율로 틀린 것은? (단, 표준세율을 적용하여 산출한 세액이 부동산등기에 대한 그 밖의 등기 또는 등록세율보다 크다고 가정함)

① 상속으로 인한 소유권 이전 등기의 등록면허세 세율은 부동산 가액의 1천분의 8이다.

② 지역권 설정 및 이전등기의 등록면허세 세율은 요역지 가액의 1천분의 2이다.

③ 전세권설정등기에 대한 등록면허세의 표준세율은 전세금액의 1,000분의 2이다.

④ 월 임대차금액의 1천분의 2로 계산한 임차권 설정등기의 등록면허세액이 11만2천500원보다 적을 때에는 11만2천500원으로 한다.

⑤ 소유권의 보존 등기의 등록면허세 세율은 부동산가액의 1천분의 8이다.

해설 ④ 월 임대차금액의 1천분의 2로 계산한 임차권 설정등기의 등록면허세액이 6천원보다 적을 때에는 6천원으로 한다. 월 임대차금액의 1천분의 2로 계산한 임차권 설정등기의 등록면허세액이 그 밖의 등기 또는 등록 세율(건당 6천원)보다 적을 때에는 그 밖의 등기 또는 등록 세율(건당 6천원)을 적용한다(지방세법 제28조 제1항 제1호 다목).
▶▶ 정답 ④

Point
05
등록면허세 표준세율

「지방세법」상 부동산등기에 대한 등록면허세의 표준세율로서 옳은 것은? (단, 표준세율을 적용하여 산출한 세액이 부동산등기에 대한 그 밖의 등기 또는 등록세율보다 크다고 가정함)

① 매매에 의한 소유권 이전 등기 − 부동산가액의 1천분의 20
② 상속으로 인한 소유권 이전 등기 − 부동산가액의 1천분의 15
③ 소유권의 보존 등기 − 부동산가액의 1천분의 28
④ 저당권 − 채권금액의 1천분의 8
⑤ 전세권 − 전세금액의 1천분의 9

06
등록면허세의
납세의무자와 세액

다음의 자료에 의하여 임차권설정등기시 등록에 대한 등록면허세의 납세의무자와 세액은?

- ㉠ 임대인 : 甲
- ㉡ 임차인 : 乙
- ㉢ 보증금 : 1억원
- ㉣ 월임대차금액 : 100만원
- ㉤ 임대기간 : 24개월

번 호	납세의무자	세 액
①	甲	2,500원
②	乙	6,000원
③	乙	2,000원
④	甲	10,000원
⑤	乙	7,500원

07
등록면허세 표준세율

부동산등기에 대한 등록분 등록면허세의 표준세율에 관한 내용으로 옳은 것은? (단, 소유권 등기는 취득세가 과세되는 취득을 전제로 하지 않는 등기에 한한다)

① 상속으로 인한 소유권 이전 등기의 경우에는 부동산 가액의 1천분의 15이다.
② 소유권의 보존 등기는 부동산 가액의 1천분의 3이다(세액이 3천원 미만일 때에는 3천원으로 한다).
③ 증여로 인한 소유권 이전 등기는 부동산 가액의 1천분의 8이다.
④ 부동산가압류에 대한 등록면허세의 세율은 채권금액의 1천분의 2로 한다.
⑤ 지방자치단체의 장은 조례로 정하는 바에 따라 등록면허세의 세율을 모든 등기·등록에 따른 표준세율의 100분의 50의 범위에서 가감할 수 있다.

08

등록면허세 세율

다음은 등록면허세의 세율에 관한 설명이다. 틀린 것은?

① 대도시 밖에 있는 법인의 본점이나 주사무소를 대도시(산업단지는 제외)로 전입(전입 후 5년 이내에 자본 또는 출자액이 증가하는 경우를 포함)함에 따른 등기시 등록면허세 세율은 표준세율의 100분의 300으로 한다.

② 부동산등기에 대한 등록면허세액이 6천원 미만일 때에는 6천원으로 한다.

③ 대도시(산업단지는 제외)에서 법인을 설립(설립 후 또는 휴면법인을 인수한 후 5년 이내에 자본 또는 출자액을 증가하는 경우를 포함한다)하거나 지점이나 분사무소를 설치함에 따른 등기를 하는 경우에는 표준세율의 100분의 300으로 한다.

④ 지방자치단체의 장은 조례로 정하는 바에 따라 등록면허세의 세율을 부동산 등기에 따른 표준세율의 100분의 50의 범위에서 가감할 수 있다.

⑤ 부동산이 공유물인 때에는 부동산 총 가액을 부동산가액으로 한다.

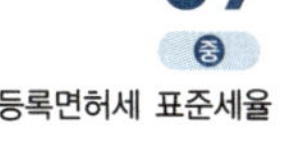

09

등록면허세 표준세율

「지방세법」상 부동산등기에 대한 등록면허세의 표준세율이 가장 높은 것은? (단, 부동산등기에 대한 표준세율을 적용하여 산출한 세액이 그 밖의 등기 또는 등록세율보다 크다고 가정하며, 중과세 및 비과세와 「지방세특례제한법」은 고려하지 않음)

① 소유권 보존등기

② 전세권의 설정등기

③ 증여로 취득한 대지의 소유권 이전등기

④ 매매로 취득한 대지의 소유권 이전등기

⑤ 상속으로 인한 소유권 이전등기

제 **4** 절 등록면허세 부과와 징수

대표유형

다음은 등록에 대한 등록면허세 신고 및 납부에 관한 설명이다. 옳은 것은?

① 부동산 등기에 대한 등록면허세를 신고 납부하는 때의 납세지는 부동산 소유자의 주소지이다.

② 등록을 하려는 자는 과세표준에 세율을 적용하여 산출한 세액을 등록을 하기 전까지 납세지를 관할하는 지방자치단체의 장에게 신고하고 납부하여야 한다.

③ 부동산등기에 대한 등록면허세를 비과세 받은 후에 해당 과세물건이 등록면허세 부과대상이 되었을 때에는 등록을 하기 전까지 등록면허세를 신고하고 납부하여야 한다.

④ 신고의무를 다하지 아니한 경우에도 등록면허세 산출세액을 등록을 하기 전까지 납부하였을 때에는 일반무신고가산세를 부과한다.

⑤ 부동산등기에 대한 등록면허세는 해당 부동산 소재지를 관할하는 등기소에 신고납부하여야 한다.

해설 ① 부동산 등기에 대한 등록면허세를 신고 납부하는 때의 납세지는 <u>부동산 소재지</u>이다.
③ 부동산등기에 대한 등록면허세를 비과세 받은 후에 해당 과세물건이 등록면허세 부과대상이 되었을 때에는 <u>그 사유 발생일부터 60일 이내에</u> 등록면허세를 신고하고 납부하여야 한다.
④ 신고의무를 다하지 아니한 경우에도 등록면허세 산출세액을 등록을 하기 전까지 납부하였을 때에는 신고를 하고 납부한 것으로 본다. 이 경우 「지방세기본법」에 따른 무신고가산세 및 과소신고가산세를 부과하지 아니한다.
⑤ 부동산등기에 대한 등록면허세는 납세지인 해당 부동산 소재지를 관할하는 지방자치단체의 장에게 신고하고 납부하여야 한다.   ▶▶ 정답 ②

10
(중)
등록면허세 납세지

「지방세법」상 등록면허세 납세지에 대한 설명으로 틀린 것은 몇 개인가?

㉠ 부동산 등기에 대한 등록면허세의 납세지는 부동산 소재지이다.
㉡ 부동산 등기에 대한 등록면허세의 납세지가 분명하지 아니한 경우에는 등록관청 소재지를 납세지로 한다.
㉢ 같은 등록에 관계되는 재산이 둘 이상의 지방자치단체에 걸쳐 있어 등록면허세를 지방자치단체별로 부과할 수 없을 때에는 등록관청 소재지를 납세지로 한다.
㉣ 같은 채권의 담보를 위하여 설정하는 둘 이상의 저당권을 등록하는 경우에는 이를 하나의 등록으로 보아 그 등록에 관계되는 재산을 처음 등록하는 등록관청 소재지를 납세지로 한다.
㉤ 법인 등기에 대한 등록면허세 납세지는 등기에 관련되는 본점·지점 또는 주사무소·분사무소 등의 소재지이다.

① 0개   ② 1개   ③ 2개
④ 3개   ⑤ 4개

Point 11 〈중〉
등록면허세 납세지와
신고 및 납부

「지방세법」상 등록에 대한 등록면허세의 납세지와 신고 및 납부에 관한 설명 중 틀린 것은?

① 부동산 등기에 대한 등록면허세의 납세지는 부동산 소재지이다.

② 부동산 등기에 대한 등록면허세의 납세지는 부동산 소재지이나 그 납세지가 분명하지 아니한 경우에는 등록관청 소재지로 한다.

③ 같은 등록에 관계되는 재산이 둘 이상의 지방자치단체에 걸쳐 있어 등록면허세를 지방자치단체별로 부과할 수 없을 때에는 등록관청 소재지를 납세지로 한다.

④ 등록을 하려는 자는 과세표준에 세율을 적용하여 산출한 세액을 등록을 하기 전까지 납세지를 관할하는 지방자치단체의 장에게 신고하고 납부하여야 한다.

⑤ 등록을 하려는 자가 신고의무를 다하지 아니한 경우 등록면허세 산출세액을 등록을 하기 전까지 납부하였을 때에는 신고를 하고 납부한 것으로 보지만 무신고 가산세가 부과된다.

12 〈중〉
등록면허세 납세지와
신고 및 납부

「지방세법」상 등록에 대한 등록면허세의 납세지와 신고 및 납부에 관한 설명 중 틀린 것은?

① 같은 등록에 관계되는 재산이 둘 이상의 지방자치단체에 걸쳐 있어 등록면허세를 지방자치단체별로 부과할 수 없을 때에는 등록관청 소재지를 납세지로 한다.

② 등록을 하려는 자는 과세표준에 세율을 적용하여 산출한 세액을 등록을 하기 전까지 납세지를 관할하는 지방자치단체의 장에게 신고하고 납부하여야 한다.

③ 신고의무를 다하지 아니하고 등록면허세 산출세액을 등록을 하기 전까지 납부하였을 때에는 무신고가산세를 부과한다.

④ 등기·등록관서의 장은 등기 또는 등록 후에 등록면허세가 납부되지 아니하였거나 납부부족액을 발견한 경우에는 다음 달 10일까지 납세지를 관할하는 시장·군수·구청장에게 통보하여야 한다.

⑤ 납세자는 등기 또는 등록하려는 때에는 등기 또는 등록 신청서에 등록면허세 영수필 통지서(등기·등록관서의 시·군·구 통보용) 1부와 등록면허세 영수필 확인서 1부를 첨부하여야 한다. 다만, 「전자정부법」 제36조 제1항에 따라 행정기관 간에 등록면허세 납부사실을 전자적으로 확인할 수 있는 경우에는 그러하지 아니하다.

13

등록면허세
신고 및 납부

「지방세법」상 등록에 대한 등록면허세의 신고 및 납부에 관한 설명 중 틀린 것은 몇 개인가?

㉠ 등록을 하려는 자는 과세표준에 세율을 적용하여 산출한 세액을 등록을 하기 전까지 납세지를 관할하는 지방자치단체의 장에게 신고하고 납부하여야 한다.

㉡ 등록면허세 과세물건을 등록한 후에 해당 과세물건이 중과세 세율의 적용대상이 되었을 때에는 대통령령으로 정하는 날부터 60일 이내에 중과세 세율을 적용하여 산출한 세액에서 이미 납부한 세액(가산세는 제외한다)을 공제한 금액을 세액으로 하여 납세지를 관할하는 지방자치단체의 장에게 대통령령으로 정하는 바에 따라 신고하고 납부하여야 한다.

㉢ 신고의무를 다하지 아니한 경우에도 등록면허세 산출세액을 등록을 하기 전까지 납부하였을 때에는 신고를 하고 납부한 것으로 본다. 이 경우 무신고가산세 및 과소신고가산세를 부과하지 아니한다.

㉣ 채권자대위자는 납세의무자를 대위하여 부동산의 등기에 대한 등록면허세를 신고납부할 수 있다. 이 경우 채권자대위자는 행정안전부령으로 정하는 바에 따라 납부확인서를 발급받을 수 있다.

㉤ 지방자치단체의 장은 채권자대위자의 부동산의 등기에 대한 등록면허세 신고납부가 있는 경우 납세의무자에게 그 사실을 즉시 통보하여야 한다.

① 0개　　　② 1개　　　③ 2개　　　④ 3개　　　⑤ 4개

14

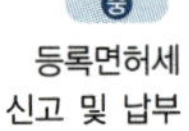

등록면허세
신고 및 납부

다음은 등록에 대한 등록면허세의 신고 및 납부에 관한 설명이다. 틀린 것은?

① 등록면허세를 비과세, 과세면제 또는 경감받은 후에 해당 과세물건이 등록면허세 부과대상 또는 추징대상이 되었을 때에는 그 사유 발생일부터 60일 이내에 해당 과세표준에 세율을 적용하여 산출한 세액[경감받은 경우에는 이미 납부한 세액(가산세를 포함한다)을 공제한 세액을 말한다]을 납세지를 관할하는 지방자치단체의 장에게 대통령령으로 정하는 바에 따라 신고하고 납부하여야 한다.

② 등록면허세를 신고하려는 자는 행정안전부령으로 정하는 신고서로 납세지를 관할하는 시장·군수·구청장에게 신고하여야 한다.

③ "등록을 하기 전까지"란 등기 또는 등록 신청서를 등기·등록관서에 접수하는 날까지를 말한다.

④ 국가기관 또는 지방자치단체는 등기·가등기 또는 등록·가등록을 등기·등록관서에 촉탁하려는 경우에는 등록면허세를 납부하여야 할 납세자에게 등록면허세 영수필 통지서(등기·등록관서의 시·군·구 통보용) 1부와 등록면허세 영수필 확인서 1부를 제출하게 하고, 촉탁서에 이를 첨부하여 등기·등록관서에 송부하여야 한다.

⑤ 납세자는 등기 또는 등록하려는 때에는 등기 또는 등록 신청서에 등록면허세 영수필 통지서(등기·등록관서의 시·군·구 통보용) 1부와 등록면허세 영수필 확인서 1부를 첨부하여야 한다.

제5절 등록면허세 비과세

「지방세법」상 등록면허세 비과세대상이 아닌 것은?

① 체납처분된 압류등기

② 행정구역의 변경에 따른 등기

③ 회사의 정리에 관하여 법원의 촉탁으로 인한 등록

④ 무덤과 이에 접속된 부속시설물의 부지로 사용되는 토지로서 지적공부상 지목이 묘지인 토지에 관한 등기

⑤ 대한민국 정부기관의 등록에 대하여 과세하는 외국정부의 등록

해설 ⑤ 국가, 지방자치단체, 지방자치단체조합, 외국정부 및 주한국제기구가 자기를 위하여 받는 등록 또는 면허에 대하여는 등록면허세를 부과하지 아니한다. 다만, 대한민국 정부기관의 등록 또는 면허에 대하여 과세하는 외국정부의 등록 또는 면허의 경우에는 등록면허세를 부과한다.   ▶ 정답 ⑤

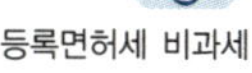

Point 15 「지방세법」상 등록면허세의 비과세에 대한 설명 중 옳은 것은 몇 개인가?

등록면허세 비과세

㉠ 국가, 지방자치단체, 지방자치단체조합, 외국정부 및 주한국제기구가 자기를 위하여 받는 등록 또는 면허에 대하여는 등록면허세를 부과하지 아니한다.

㉡ 대한민국 정부기관의 등록 또는 면허에 대하여 과세하는 외국정부의 등록 또는 면허의 경우에는 등록면허세를 부과한다.

㉢ 지방세의 체납으로 인하여 압류의 등기를 한 재산에 대하여 압류해제의 등기를 할 경우 등록면허세가 비과세된다.

㉣ 행정구역의 변경, 주민등록번호의 변경, 지적(地籍) 소관청의 지번 변경, 계량단위의 변경, 등기 또는 등록 담당 공무원의 착오 및 이와 유사한 사유로 인한 등기 또는 등록으로서 주소, 성명, 주민등록번호, 지번, 계량단위 등의 단순한 표시변경·회복 또는 경정 등기 또는 등록에 대하여는 등록면허세를 부과하지 아니한다.

㉤ 무덤과 이에 접속된 부속시설물의 부지로 사용되는 토지로서 지적공부상 지목이 묘지인 토지에 관한 등기에 대하여는 등록면허세를 부과하지 아니한다.

① 1개   ② 2개   ③ 3개

④ 4개   ⑤ 5개

복습문제 16 종
등록면허세 비과세

「지방세법」상 등록면허세 비과세에 관한 설명이다. 옳지 않은 것은?

① 국가, 지방자치단체, 지방자치단체조합, 외국정부 및 주한국제기구가 자기를 위하여 받는 등록 또는 면허에 대하여는 등록면허세를 부과하지 아니한다.

② 대한민국 정부기관의 등록 또는 면허에 대하여 과세하는 외국정부의 등록 또는 면허의 경우에는 등록면허세를 부과하지 아니한다.

③ 「채무자 회생 및 파산에 관한 법률」 제6조 제3항, 제25조 제1항부터 제3항까지, 제26조 제1항, 같은 조 제3항, 제27조, 제76조 제4항, 제362조 제3항, 제578조의5 제3항, 제578조의8 제3항 및 제578조의9 제3항에 따른 등기 또는 등록

④ 행정구역의 변경, 주민등록번호의 변경, 지적(地籍) 소관청의 지번 변경, 계량단위의 변경, 등록 담당 공무원의 착오 및 이와 유사한 사유로 인한 등록으로서 주소, 성명, 주민등록번호, 지번, 계량단위 등의 단순한 표시변경·회복 또는 경정 등록에 대하여는 등록면허세를 부과하지 아니한다.

⑤ 무덤과 이에 접속된 부속시설물의 부지로 사용되는 토지로서 지적공부상 지목이 묘지인 토지에 관한 등기에 대하여는 등록면허세를 부과하지 아니한다.

제6절 등록면허세 종합문제

대표유형

「지방세법」상 등록면허세에 관한 설명으로 틀린 것은?

① 등록 당시에 감가상각의 사유로 그 가액이 달라진 경우에는 변경 전 가액을 등록면허세 과세표준으로 한다.

② 상속으로 인한 소유권 이전 등기의 세율은 부동산 가액의 1천분의 8로 한다.

③ 부동산 등기에 대한 등록면허세 납세지는 부동산 소재지이다.

④ 법규정에 따른 신고의무를 다하지 아니한 경우에도 등록면허세 산출세액을 등록을 하기 전까지 납부하였을 때에는 법규정에 따라 신고를 하고 납부한 것으로 본다. 이 경우 무신고가산세 및 과소신고가산세를 부과하지 아니한다.

⑤ 무덤과 이에 접속된 부속시설물의 부지로 사용되는 토지로서 지적공부상 지목이 묘지인 토지에 관한 등기에 대하여는 등록면허세를 부과하지 아니한다.

해설 ① 등록 당시에 감가상각의 사유로 그 가액이 달라진 경우에는 변경된 가액을 등록면허세 과세표준으로 한다.

▶ 정답 ①

Point 17 
등록면허세 종합문제

「지방세법」상 등록면허세에 관한 설명으로 틀린 것은?

① 근저당권 설정등기의 경우 등록면허세의 납세의무자는 근저당권자이다.
② 등록 당시에 감가상각의 사유로 그 가액이 달라진 경우에는 변경된 가액을 등록면허세 과세표준으로 한다.
③ 대도시 밖에 있는 법인의 본점이나 주사무소를 대도시로 전입함에 따른 등기는 법인등기에 대한 세율의 100분의 200을 적용한다.
④ 등록을 하려는 자가 신고의무를 다하지 않은 경우 등록면허세 산출세액을 등록하기 전까지 납부하였을 때에는 신고·납부한 것으로 보며, 이 경우 무신고가산세 및 과소신고가산세를 부과하지 아니한다.
⑤ 무덤과 이에 접속된 부속시설물의 부지로 사용되는 토지로서 지적공부상 지목이 묘지인 토지에 관한 등기에 대하여는 등록면허세를 부과하지 아니한다.

18
등록면허세 종합문제

「지방세법」상 등록에 대한 등록면허세에 관한 설명으로 틀린 것은?

① 근저당권 말소등기의 경우 등록면허세의 납세의무자는 근저당권설정자 또는 말소대상 부동산의 현재 소유자이다.
② 상속으로 인한 소유권 이전 등기의 세율은 부동산 가액의 1천분의 15로 한다.
③ 부동산등기에 대한 등록면허세액이 6천원 미만일 때에는 6천원으로 한다.
④ 부동산등기에 대한 등록면허세의 납세지는 부동산소재지를 원칙으로 한다.
⑤ 등록을 하려는 자는 과세표준에 세율을 적용하여 산출한 세액을 대통령령으로 정하는 바에 따라 등록을 하기 전까지 납세지를 관할하는 지방자치단체의 장에게 신고하고 납부하여야 한다.

19
등록면허세 종합문제

「지방세법」상 등록면허세에 관한 설명으로 틀린 것은?

① 근저당권 말소등기의 경우 등록면허세의 납세의무자는 근저당권설정자 또는 말소대상 부동산의 현재 소유자이다.
② 부동산의 등록에 대한 등록면허세의 과세표준은 등록 당시의 가액으로 한다.
③ 부동산등기에 대한 등록면허세액이 3천원 미만일 때에는 3천원으로 한다.
④ 부동산등기에 대한 등록면허세의 납세지는 부동산소재지를 원칙으로 한다.
⑤ 등록을 하려는 자가 신고의무를 다하지 않은 경우 등록면허세 산출세액을 등록하기 전까지 납부하였을 때에는 신고·납부한 것으로 보며, 이 경우 무신고가산세를 부과하지 아니한다.

Point
20

등록면허세 종합문제

「지방세법」상 등록면허세에 관한 설명으로 틀린 것은?

① 甲이 乙소유 부동산에 관해 전세권설정등기를 하는 경우 등록면허세의 납세의무자는 전세권자인 甲이다.

② 지목이 묘지인 토지의 등록에 대하여 등록면허세를 부과하지 아니한다.

③ 부동산가압류에 대한 등록면허세의 세율은 채권금액의 1천분의 2로 한다.

④ 등록하려는 자가 신고의무를 다하지 아니하고 등록면허세 산출세액을 등록하기 전까지 (신고기한이 있는 경우 신고기한까지) 납부하였을 때에는 신고·납부한 것으로 본다.

⑤ 부동산 등록에 대한 신고가 없는 경우 취득 당시 시가표준액의 100분의 110을 등록면허세 과세표준으로 한다.

21

등록면허세 종합문제

「지방세법」상 등록에 대한 등록면허세에 관한 설명으로 틀린 것은 몇 개인가?

> ㉠ 지방자치단체의 장은 채권자대위자의 부동산의 등기에 대한 등록면허세 신고납부가 있는 경우 납세의무자에게 그 사실을 즉시 통보하여야 한다.
> ㉡ 채권금액으로 과세액을 정하는 경우에 일정한 채권금액이 없을 때에는 채권의 목적이 된 것의 가액 또는 처분의 제한의 목적이 된 금액을 그 채권금액으로 본다.
> ㉢ 지목이 묘지인 토지의 등록에 대하여 등록면허세를 부과하지 아니한다.
> ㉣ 「한국은행법」 및 「한국수출입은행법」에 따른 은행업을 영위하기 위하여 대도시에서 법인을 설립함에 따른 등기를 한 법인이 그 등기일부터 2년 이내에 업종 변경이나 업종 추가가 없는 때에는 등록면허세의 세율을 중과하지 아니한다.
> ㉤ 등록을 하려는 자가 법정신고기한까지 등록면허세 산출세액을 신고하지 않은 경우로서 등록 전까지 그 산출세액을 납부한 때에도 「지방세기본법」에 따른 무신고가산세가 부과된다.

① 1개 　　　　② 2개 　　　　③ 3개
④ 4개 　　　　⑤ 5개

22

「지방세법」상 등록에 대한 등록면허세에 관한 설명으로 틀린 것은 몇 개인가?

> ㉠ 근저당권 설정등기의 경우 등록면허세의 납세의무자는 근저당권자이다.
> ㉡ 등록면허세 신고서상 금액과 공부상 금액이 다를 경우 공부상 금액을 과세표준으로 한다.
> ㉢ 대도시 밖에 있는 법인의 본점이나 주사무소를 대도시로 전입함에 따른 등기는 법인등기에 대한 세율의 100분의 200을 적용한다.
> ㉣ 「한국은행법」 및 「한국수출입은행법」에 따른 은행업을 영위하기 위하여 대도시에서 법인을 설립함에 따른 등기를 한 법인이 그 등기일부터 2년 이내에 업종 변경이나 업종 추가가 없는 때에는 등록면허세의 세율을 중과하지 아니한다.
> ㉤ 무덤과 이에 접속된 부속시설물의 부지로 사용되는 토지로서 지적공부상 지목이 묘지인 토지에 관한 등기에 대하여는 등록면허세를 부과하지 아니한다.
> ㉥ 등기 담당 공무원의 착오로 인한 지번의 오기에 대한 경정 등기에 대해서는 등록면허세를 부과하지 아니한다.

① 1개   ② 2개   ③ 3개

④ 4개   ⑤ 5개

23

「지방세법」상 등록에 대한 등록면허세에 관한 설명으로 틀린 것은?

① 근저당권 말소등기의 경우 등록면허세의 납세의무자는 근저당권설정자 또는 말소대상 부동산의 현재 소유자이다.

② 부동산 등기에 대한 등록면허세의 납세지는 부동산 소재지이나 그 납세지가 분명하지 아니한 경우에는 등록관청 소재지로 한다.

③ 부동산을 등기하려는 자는 과세표준에 세율을 적용하여 산출한 세액을 등기를 하기 전까지 납세지를 관할하는 지방자치단체의 장에게 신고하고 납부하여야 한다.

④ 등록을 하려는 자가 신고의무를 다하지 않은 경우 등록면허세 산출세액을 등록하기 전까지 납부하였을 때에는 신고·납부한 것으로 보지만 무신고 가산세가 부과된다.

⑤ 지방세의 체납으로 인하여 압류의 등기를 한 재산에 대하여 압류해제의 등기를 할 경우 등록면허세가 비과세된다.

제 1 절 재산세 과세대상

대표유형

「지방세법」상 재산세 과세대상에 관한 설명으로 옳은 것은?

① 재산세 과세대상 중 토지란 지적공부의 등록대상이 되는 토지뿐만 아니라 그 밖에 사용되고 있는 사실상의 토지를 말하므로 「주택법」 제2조 제1호에 따른 주택의 부속토지를 포함한다.

② 주택의 부속토지의 경계가 명백하지 아니한 경우에는 그 주택의 바닥면적의 5배에 해당하는 토지를 주택의 부속토지로 한다.

③ 재산세 과세대상인 건축물의 범위에는 주택을 포함한다.

④ 건축물에 대한 재산세 과세대상은 종합합산과세대상, 별도합산과세대상 및 분리과세대상으로 구분한다.

⑤ 재산세 과세대상 물건의 공부상 등재현황과 사실상의 현황이 다른 경우 공부상 등재현황에 따라 재산세를 부과하는 경우가 있다.

해설 ⑤ 재산세 과세대상 물건의 공부상 등재현황과 사실상의 현황이 다른 경우 공부상 등재현황에 따라 재산세를 부과하는 경우가 있다(지방세법 제106조 제3항).

▽ **관련 법조문**

재산세의 과세대상 물건이 토지대장, 건축물대장 등 공부상 등재되지 아니하였거나 공부상 등재현황과 사실상의 현황이 다른 경우에는 사실상의 현황에 따라 재산세를 부과한다. 다만, 재산세의 과세대상 물건을 공부상 등재현황과 달리 이용함으로써 재산세 부담이 낮아지는 경우 등 대통령령으로 정하는 경우에는 공부상 등재현황에 따라 재산세를 부과한다.

① 재산세 과세대상 중 토지란 지적공부의 등록대상이 되는 토지뿐만 아니라 그 밖에 사용되고 있는 사실상의 토지를 말하므로 「주택법」 제2조 제1호에 따른 <u>주택의 부속토지를 제외한다.</u>

② 주택의 부속토지의 경계가 명백하지 아니한 경우에는 그 주택의 바닥면적의 10배에 해당하는 토지를 주택의 부속토지로 한다.

③ 재산세 과세대상인 건축물의 범위에는 주택을 포함하지 아니한다.

④ <u>토지에</u> 대한 재산세 과세대상은 종합합산과세대상, 별도합산과세대상 및 분리과세대상으로 구분한다.

▶▶ 정답 ⑤

01 「지방세법」상 재산세의 과세대상과 표준세율 적용에 관한 설명으로 옳은 것은?

재산세 과세대상

① 재산세 과세대상인 건축물의 범위에는 주택을 포함한다.

② 주택 부속토지의 경계가 명백하지 아니한 경우 그 주택의 바닥면적의 20배에 해당하는 토지를 주택의 부속토지로 한다.

③ 토지와 주택에 대한 재산세 과세대상은 종합합산과세대상, 별도합산과세대상 및 분리과세대상으로 구분한다.

④ 납세의무자가 해당 지방자치단체 관할구역에 소유하고 있는 종합합산과세대상 토지의 가액을 모두 합한 금액을 과세표준으로 하여 종합합산과세대상의 세율을 적용한다.

⑤ 납세의무자가 해당 지방자치단체 관할구역에 2개 이상의 주택을 소유하고 있는 경우 그 주택의 가액을 모두 합한 금액을 과세표준으로 하여 주택의 세율을 적용한다.

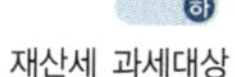

02 「지방세법」상 재산세의 과세대상과 표준세율 적용에 관한 설명으로 틀린 것은?

재산세 과세대상

① 재산세 과세대상 물건이 공부상 등재 현황과 사실상의 현황이 다른 경우에는 사실상의 현황에 따라 재산세를 부과한다.

② 주택에 대한 재산세는 납세의무자별로 해당 지방자치단체의 관할구역에 있는 주택의 과세표준을 합산하여 주택의 세율을 적용한다.

③ 주택의 부속토지의 경계가 명백하지 아니한 경우에는 그 주택의 바닥면적의 10배에 해당하는 토지를 주택의 부속토지로 한다.

④ 1동(棟)의 건물이 주거와 주거 외의 용도로 사용되고 있는 경우에는 주거용으로 사용되는 부분만을 주택으로 본다.

⑤ 주택에 대한 토지와 건물의 소유자가 다를 경우 해당 주택의 토지와 건물의 가액을 합산한 과세표준에 주택의 세율을 적용한다.

제 2 절 토지의 과세대상 구분

대표유형

「지방세법」상 토지에 대한 재산세를 부과함에 있어서 과세대상의 구분(종합합산과세대상, 별도합산과세대상, 분리과세대상)이 잘못된 것은?

① 「도로교통법」에 따라 등록된 자동차운전학원의 자동차운전학원용 토지로서 같은 법에서 정하는 시설을 갖춘 구역 안의 토지 : 별도합산과세대상

② 1990년 5월 31일 이전부터 종중이 소유하고 있는 임야 : 분리과세대상

③ 과세기준일 현재 계속 염전으로 실제 사용하고 있는 토지 : 분리과세대상

④ 「체육시설의 설치·이용에 관한 법률 시행령」에 따른 회원제 골프장이 아닌 골프장용 토지 중 원형이 보전되는 임야 : 분리과세대상

⑤ 일반영업용 건축물로서 건축물의 시가표준액이 해당 부속토지의 시가표준액의 100분의 2에 미달하는 건축물의 부속토지 중 그 건축물의 바닥면적의 토지 : 별도합산과세대상

해설 ④ 「체육시설의 설치·이용에 관한 법률 시행령」에 따른 회원제 골프장이 아닌 골프장용 토지 중 원형이 보전되는 임야 : 별도합산과세대상(0.2%~0.4%) ▶▶ 정답 ④

Point
03
⑧
토지의 과세대상 구분

「지방세법」상 토지에 대한 재산세를 부과함에 있어서 과세대상의 구분(종합합산과세대상, 별도합산과세대상, 분리과세대상)이 잘못된 것은?

① 관계법령에 따른 사회복지사업자가 복지시설이 소비목적으로 사용할 수 있도록 하기 위하여 1990년 5월 1일부터 소유하는 농지 : 분리과세대상

② 1990년 1월부터 소유하는 「수도법」에 따른 상수원보호구역의 임야 : 분리과세대상

③ 과세기준일 현재 계속 염전으로 실제 사용하고 있는 토지 : 분리과세대상

④ 여객자동차운송사업 면허를 받은 자가 그 면허에 따라 사용하는 차고용 토지(자동차운송사업의 최저보유차고면적기준의 1.5배에 해당하는 면적 이내의 토지) : 별도합산과세대상

⑤ 회원제 골프장용 토지(회원제 골프장업의 등록시 구분등록의 대상이 되는 토지) : 종합합산과세대상

04
중
토지의 과세대상 구분

「지방세법」상 토지에 대한 재산세를 부과함에 있어서 과세대상의 구분(종합합산과세대상, 별도합산과세대상, 분리과세대상)이 옳은 것은?

① 회원제 골프장용 토지(회원제 골프장업의 등록시 구분등록의 대상이 되는 토지) : 별도합산과세대상

② 「체육시설의 설치·이용에 관한 법률 시행령」에 따른 회원제 골프장이 아닌 골프장용 토지 중 원형이 보전되는 임야 : 분리과세대상

③ 1990년 1월부터 소유하는 「수도법」에 따른 상수원보호구역의 임야 : 분리과세대상

④ 「도로교통법」에 따라 등록된 자동차운전학원의 자동차운전학원용 토지로서 같은 법에서 정하는 시설을 갖춘 구역 안의 토지 : 분리과세대상

⑤ 「건축법」 등 관계법령에 따라 허가 등을 받아야 할 건축물로서 허가 등을 받지 아니한 건축물의 부속토지 : 별도합산과세대상

05
하
토지의 과세대상 구분

「지방세법」상 재산세 종합합산과세대상 토지는?

① 1990년 5월 31일 이전부터 종중이 소유하고 있는 임야

② 「건축법」 등 관계 법령에 따라 허가 등을 받아야 할 건축물로서 허가 등을 받지 아니한 공장용 건축물의 부속토지

③ 「도로교통법」에 따라 등록된 자동차운전학원의 자동차운전학원용 토지로서 같은 법에서 정하는 시설을 갖춘 구역 안의 토지

④ 국가가 국방상의 목적 외에는 그 사용 및 처분 등을 제한하는 공장 구내의 토지

⑤ 과세기준일 현재 계속 염전으로 실제 사용하고 있는 토지

06
중
토지의 과세대상 구분

다음의 토지 중 재산세에서 분리과세대상이 아닌 것은?

① 「자연공원법」에 따라 지정된 공원자연환경지구의 임야

② 종중이 소유하고 있는 임야

③ 「한국토지주택공사법」에 따라 설립된 한국토지주택공사가 같은 법에 따라 타인에게 토지나 주택을 분양하거나 임대할 목적으로 소유하고 있는 토지(임대한 토지를 포함한다)

④ 과세기준일 현재 계속 염전으로 실제 사용하고 있거나 계속 염전으로 사용하다가 사용을 폐지한 토지

⑤ 「여객자동차 운수사업법」 또는 「화물자동차 운수사업법」에 따라 여객자동차운송사업 또는 화물자동차 운송사업의 면허·등록 또는 자동차대여사업의 등록을 받은 자가 그 면허·등록조건에 따라 사용하는 차고용 토지로서 자동차운송 또는 대여사업의 최저보유차고면적기준의 1.5배에 해당하는 면적 이내의 토지

복습문제 07 중

토지의 과세대상 구분

재산세의 과세대상 토지 중 합산과세대상에 해당하지 않는 것은?

① 시 지역의 공업지역에 공장용 건축물의 부속토지로서 기준면적 이내인 토지
② 시 지역의 개발제한구역 안의 목장용지로서 기준면적을 초과하는 목장용지
③ 시 지역의 산업단지에 있는 기준면적 이내인 무허가 상가 건축물의 부속토지
④ 시 지역의 주거지역에 있는 개인의 자경농지
⑤ 시 지역의 상업지역에 소재하는 상가건축물의 부속토지로서 기준면적 이내인 토지

제 3 절   재산세 과세표준

대표유형

지방세법령상 2026년도에 납세의무가 성립하는 재산세의 과세표준을 산정하는 경우, 지방세법시행령 제110조의2에 따라 1세대 1주택으로 인정되는 주택 중 시가표준액이 3억원 이하인 주택에 적용하는 공정시장가액비율은?

① 시가표준액의 100분의 43
② 시가표준액의 100분의 44
③ 시가표준액의 100분의 45
④ 시가표준액의 100분의 60
⑤ 시가표준액의 100분의 70

해설 주택에 대한 재산세의 과세표준은 시가표준액에 부동산 시장의 동향과 지방재정 여건 등을 고려하여 다음 각 호의 어느 하나에서 정한 범위에서 대통령령으로 정하는 공정시장가액비율을 곱하여 산정한 가액으로 한다(지방세법 제110조 제1항 제2호).

지방세법시행령 제109조【공정시장 가액비율】 ① 2. 주택: 시가표준액의 100분의 60. 다만, 2026년도에 납세의무가 성립하는 재산세의 과세표준을 산정하는 경우 제110조의2에 따라 1세대 1주택으로 인정되는 주택(시가표준액이 9억원을 초과하는 주택을 포함한다)에 대해서는 다음 각 목의 구분에 따른다.
가. 시가표준액이 3억원 이하인 주택: 시가표준액의 100분의 43
나. 시가표준액이 3억원을 초과하고 6억원 이하인 주택: 시가표준액의 100분의 44
다. 시가표준액이 6억원을 초과하는 주택: 시가표준액의 100분의 45

▶ 정답 ①

Point 08
재산세 과세표준

「지방세법」상 재산세 과세표준에 대한 설명이다. 틀린 것은?

① 토지분 재산세 과세표준액을 계산함에 있어서 지방세법이나 기타 법령에 의하여 토지분 재산세가 일정비율만 감면되는 경우에는 그 비율에 해당하는 토지가액을 과세표준에서 공제하여야 한다.

② 지방세법 제110조의2에 따라 1세대 1주택으로 인정되는 주택(시가표준액이 9억원 이하인 주택에 한정한다)에 대해서는 시가표준액이 6억원을 초과하는 경우 시가표준액의 100분의 45로 한다.

③ 고급선박에 대한 재산세의 과세표준은 시가표준액으로 한다.

④ 시가표준액이 6억원을 초과하는 1세대 2주택에 대한 재산세 과세표준은 시가표준액의 100분의 60이다.

⑤ 주택의 재산세 과세표준이 법정 계산식에 따른 과세표준상한액보다 큰 경우에는 해당 주택의 재산세 과세표준은 과세표준상한액으로 한다.

09 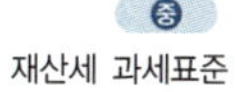
재산세 과세표준

「지방세법」상 재산세의 과세표준에 관한 설명으로 옳은 것은?

① 토지의 재산세 과세표준은 개별공시지가로 한다.

② 토지에 대한 과세표준은 사실상 취득가격이 증명되는 때에는 장부가액으로 한다.

③ 건축물의 재산세 과세표준은 거래가격 등을 고려하여 시장·군수·구청장이 결정한 가액으로 한다.

④ 건축물의 재산세 과세표준은 법인의 경우 법인장부에 의해 증명되는 가격으로 한다.

⑤ 주택이 아닌 건축물에 대한 과세표준은 건축물 시가표준액에 100분의 70의 공정시장가액비율을 곱하여 산정한다.

제 4 절 재산세 세율

대표유형

「지방세법」상 재산세의 세율에 관한 설명으로 틀린 것은 몇 개인가?

㉠ 주택에 대한 재산세의 세율은 4단계 초과누진세율이다.
㉡ 취득세 중과대상인 골프장용 토지에 대한 재산세의 세율은 1천분의 50이다.
㉢ 법령에 따른 고급주택(법령에 정하는 1세대 1주택 아님)은 1천분의 40, 그 밖의 주택은 초과누진세율을 적용한다.
㉣ 광역시(군 지역은 제외) 지역에서 「국토의 계획 및 이용에 관한 법률」과 그 밖의 관계 법령에 따라 지정된 주거지역의 대통령령으로 정하는 공장용 건축물의 재산세 표준세율은 초과누진세율이다.
㉤ 주택에 대한 재산세는 주택별로 표준세율을 적용한다.
㉥ 토지와 건물의 소유자가 다른 주택에 대해 세율을 적용할 때 해당 주택의 토지와 건물의 가액을 소유자별로 구분 계산한 과세표준에 해당 세율을 적용한다.

① 0개 ② 1개 ③ 2개
④ 3개 ⑤ 4개

해설 틀린 것 : ㉡, ㉢, ㉣, ㉥ (4개)
㉡ 취득세 중과대상인 골프장용 토지에 대한 재산세의 세율은 1천분의 40이다.
㉢ 법령에 따른 고급주택과 그 밖의 주택은 동일하게 1,000분의 1부터 1,000분의 4까지 4단계 초과누진세율을 적용한다.
㉣ 광역시(군 지역은 제외) 지역에서 「국토의 계획 및 이용에 관한 법률」과 그 밖의 관계 법령에 따라 지정된 주거지역의 대통령령으로 정하는 공장용 건축물의 재산세 표준세율은 비례세율(1천분의 5 = 0.5%)이다.
㉥ 토지와 건물의 소유자가 다를 경우 해당 주택에 대한 세율을 적용할 때 해당 주택의 토지와 건물의 가액을 합산한 과세표준에 해당 세율을 적용한다.　　　　▶ 정답 ⑤

Point
10 「지방세법」상 다음의 재산세 과세표준에 적용되는 표준세율 중 가장 낮은 것은?
하
재산세 세율

① 과세표준 20억원인 분리과세대상 목장용지
② 과세표준 6천만원인 주택(1세대 2주택에 해당)
③ 과세표준 10억원인 분리과세대상 공장용지
④ 과세표준 2억원인 별도합산과세대상 토지
⑤ 과세표준 5천만원인 종합합산과세대상 토지

11 
재산세 세율

「지방세법」상 재산세의 세율에 관한 설명 중 틀린 것은?

① 수개의 주택을 보유해도 매 1구의 주택을 기준으로 각각 세액을 계산한다.

② 고급오락장용 건축물의 재산세 표준세율은 4%이다.

③ 산림의 보호육성을 위하여 필요한 임야로서 자연공원법에 의하여 지정된 공원자연환경지구 안의 임야에 대한 재산세 표준세율은 0.07%이다.

④ 법령으로 정하는 1세대 1주택이 아닌 고급주택은 1천분의 40, 그 밖의 주택은 누진세율을 적용한다.

⑤ 1980.05.01부터 종중이 소유하고 있는 임야에 대한 재산세 표준세율은 과세표준의 1천분의 0.7이다.

Point
12
재산세 세율

다음은 「지방세법」상 재산세의 세율에 관한 설명이다. 옳은 것은?

① 고급주택(1세대 2주택에 해당) : 1천분의 40

② 일반 건축물 : 0.1%~0.4% 4단계 초과누진세율

③ 특별시·광역시(군 지역은 제외한다)·시(읍·면지역은 제외한다) 지역에서 「국토의 계획 및 이용에 관한 법률」과 그 밖의 관계 법령에 따라 지정된 주거지역 및 해당 지방자치단체의 조례로 정하는 지역의 공장용 건축물 : 1천분의 5

④ 회원제 골프장, 고급오락장용 건축물 : 1천분의 50

⑤ 시가표준액이 9억원을 초과하는 1세대 1주택 : 1,000분의 0.5부터 1,000분의 3.5까지의 4단계 초과누진세율

13
재산세 세율

재산세의 세율에 관한 다음 설명 중 옳지 않은 것은?

① 「수도권정비계획법」 제6조에 따른 과밀억제권역(「산업집적활성화 및 공장설립에 관한 법률」을 적용받는 산업단지 및 유치지역과 「국토의 계획 및 이용에 관한 법률」을 적용받는 공업지역은 제외한다)에서 행정안전부령으로 정하는 공장 신설·증설에 해당하는 경우 그 건축물에 대한 재산세의 세율은 최초의 과세기준일부터 5년간 표준세율의 100분의 500에 해당하는 세율로 한다.

② 분리과세대상 골프장용 토지의 재산세 표준세율은 과세표준의 1천분의 4이다.

③ 「건축법 시행령」에 따른 다가구주택은 1가구가 독립하여 구분사용할 수 있도록 분리된 부분을 1구의 주택으로 보며, 이 경우 그 부속토지는 건물면적의 비율에 따라 각각 나눈 면적을 1구의 부속토지로 본다.

④ 1990년 5월 31일 이전부터 종중이 소유하고 있는 임야의 재산세 표준세율은 0.07%이다.

⑤ 회원제 골프장용토지로서 체육시설의 설치·이용에 관한 법률의 규정에 의한 등록대상이 되는 토지에 대한 재산세 표준세율은 4%이다.

14 다음의 재산세 과세대상 중 세율의 구조가 다른 것은?

재산세 세율

① 항공기
② 골프장·고급오락장용 건축물
③ 과밀억제권역 안에서 공장을 신설 또는 증설하는 경우 공장용 건축물
④ 1세대 2주택인 고급주택
⑤ 고급선박

복습문제
15 지방세법령상 재산세의 표준세율에 관한 설명으로 옳은 것은? (단, 지방세관계법령상 감면 및 특례는 고려하지 않음)

재산세 세율

① 법령에서 정하는 고급선박 및 고급오락장용 건축물의 경우 고급선박의 표준세율이 고급오락장용 건축물의 표준세율보다 낮다.
② 특별시 지역에서 「국토의 계획 및 이용에 관한 법률」과 그 밖의 관계 법령에 따라 지정된 주거지역 및 해당 지방자치단체의 조례로 정하는 지역의 대통령령으로 정하는 공장용 건축물의 표준세율은 과세표준의 1천분의 50이다.
③ 시가표준액이 9억원 이하인 1세대 1주택의 경우 표준세율은 최저 1천분의 0.5에서 최고 1천분의 35까지 4단계 초과누진세율로 적용한다.
④ 항공기의 표준세율은 1천분의 3으로 법령에서 정하는 고급선박을 제외한 그 밖의 선박의 표준세율보다 높다.
⑤ 지방자치단체의 장은 특별한 재정수요나 재해 등의 발생으로 재산세의 세율 조정이 불가피하다고 인정되는 경우 조례로 정하는 바에 따라 표준세율의 100분의 50의 범위에서 가감할 수 있다. 다만, 가감한 세율은 해당 연도를 포함하여 3년간 적용한다.

Point
16 「지방세법」상 재산세의 과세표준과 세율에 관한 설명으로 틀린 것은?

재산세 과세표준과
세율

① 1세대 2주택의 재산세 과세표준은 법령에 따른 시가표준액에 100분의 60을 곱하여 산정한 가액으로 한다.
② 주택이 아닌 건축물에 대한 과세표준은 건축물 시가표준액에 100분의 70의 공정시장가액비율을 곱하여 산정한다.
③ 1세대 1주택으로 시가표준액이 9억원 이하인 주택에 대한 재산세의 세율은 4단계 초과누진세율이다.
④ 항공기의 표준세율은 1천분의 3으로 법령에서 정하는 고급선박을 제외한 그 밖의 선박의 표준세율과 동일하지 않다.
⑤ 읍지역 소재 공장용 건축물의 부속토지에 대한 재산세 표준세율은 1천분의 2이다.

17
재산세 과세표준과
세율

「지방세법」상 재산세의 과세표준과 세율에 관한 설명으로 틀린 것은?

① 토지와 건물의 소유자가 다른 주택에 대해 세율을 적용할 때 해당 주택의 토지와 건물의 가액을 소유자별로 구분계산한 과세표준에 해당 세율을 적용한다.

② 1세대 2주택인 고급주택의 재산세 과세표준은 법령에 따른 시가표준액에 100분의 60을 곱하여 산정한 가액으로 한다.

③ 시가표준액이 9억원 이하인 1세대 1주택에 대한 재산세의 세율은 4단계 초과누진세율이다.

④ 종합합산과세대상 토지에 대한 재산세의 세율은 3단계 초과누진세율이다.

⑤ 1세대 2주택인 고급주택의 재산세 과세표준은 시가표준액에 공정시장가액비율 100분의 60을 곱하여 산정한 가액이며, 재산세 표준세율은 0.1%~0.4%의 4단계 초과누진세율이다.

18
재산세 과세표준과
세율

「지방세법」상 재산세의 과세표준과 세율에 관한 설명으로 옳지 않은 것은?

① 주택은 상시 주거용으로 사용되는 건물로서 주택의 가액에 따라 초과누진세율을 적용한다.

② 과세기준일 현재 특별시지역의 도시지역 안의 녹지지역에서 실제 영농에 사용되고 있는 개인이 소유하는 전(田)의 재산세 표준세율은 0.07%이다.

③ 군(郡)지역에 소재하는 공장용 건축물의 재산세 표준세율은 0.25%이다.

④ 지방자치단체의 장은 세율조정이 불가피하다고 인정되는 경우 조례로 정하는 바에 따라 표준세율의 100분의 50의 범위에서 가감할 수 있으며, 가감한 세율은 5년간 적용한다.

⑤ 건축법 등 관계 법령의 규정에 따라 허가를 받아야 할 건축물로서 허가를 받지 아니한 건축물의 부속토지는 과세표준이 증가함에 따라 재산세 부담이 누진적으로 증가할 수 있다.

제 5 절 재산세 납세의무자

대표유형

지방세법상 재산세의 과세기준일 현재 납세의무자에 관한 설명으로 틀린 것은 몇 개인가?

㉠ 공유재산인 경우 그 지분에 해당하는 부분(지분의 표시가 없는 경우에는 지분이 균등한 것으로 봄)에 대해서는 재산세를 부과하지 않는다.

㉡ 재산세 과세기준일 현재 공부상의 소유자가 매매 등의 사유로 소유권이 변동되었는데도 신고하지 아니하여 사실상의 소유자를 알 수 없을 때에는 재산세를 부과하지 않는다.

㉢ 상속이 개시된 재산으로서 상속등기가 이행되지 아니하고 사실상의 소유자를 신고하지 아니하였을 때에는 재산세를 부과하지 않는다.

㉣ 재산세 과세기준일 현재 공부상에 개인 등의 명의로 등재되어 있는 사실상의 종중재산으로서 종중소유임을 신고하지 아니하였을 때에는 재산세를 부과하지 않는다.

㉤ 재산세 과세기준일 현재 소유권의 귀속이 분명하지 아니하여 사실상의 소유자를 확인할 수 없는 경우에는 재산세를 부과하지 않는다.

① 1개 ② 2개 ③ 3개
④ 4개 ⑤ 5개

해설 모두 틀린 설명이다.

㉠ 공유재산인 경우 그 지분에 해당하는 부분(지분의 표시가 없는 경우에는 지분이 균등한 것으로 봄)에 대해서는 그 <u>지분권자</u>가 재산세를 납부할 의무가 있다.

㉡ 재산세 과세기준일 현재 공부상의 소유자가 매매 등의 사유로 소유권이 변동되었는데도 신고하지 아니하여 사실상의 소유자를 알 수 없을 때에는 <u>공부상 소유자</u>는 재산세를 납부할 의무가 있다.

㉢ 상속이 개시된 재산으로서 상속등기가 이행되지 아니하고 사실상의 소유자를 신고하지 아니하였을 때에는 <u>주된 상속자</u>가 재산세를 납부할 의무를 진다.

㉣ 재산세 과세기준일 현재 공부상에 개인 등의 명의로 등재되어 있는 사실상의 종중재산으로서 종중소유임을 신고하지 아니하였을 때에는 <u>공부상 소유자</u>는 재산세를 납부할 의무가 있다.

㉤ 재산세 과세기준일 현재 소유권의 귀속이 분명하지 아니하여 사실상의 소유자를 확인할 수 없는 경우에는 그 <u>사용자가 재산세를 납부할 의무가 있다.</u>

▶▶ 정답 ⑤

Point 19
재산세 납세의무자

다음은 재산세의 납세의무자에 관한 설명이다. 틀린 것은?

① 재산세 과세기준일 현재 재산을 사실상 소유하고 있는 자는 재산세를 납부할 의무가 있다.

② 甲이 乙에게 토지를 매도한 후 乙이 소유권이전등기를 이행하지 않았더라도 사실상의 소유자는 乙이므로 甲의 소유권변동신고 여부에 관계없이 재산세 납세의무자는 乙이다.

③ 지방자치단체와 재산세 과세대상 토지를 연부로 매매계약을 체결하고 그 토지의 사용수익권을 무상으로 부여받은 경우에 그 매수계약자는 재산세를 납부할 의무가 있다.

④ 개인의 명의로 등기되어 있는 사실상의 종중토지는 이 사실을 신고하지 아니한 경우 공부상의 소유자가 납세의무자가 된다.

⑤ 「신탁법」 제2조에 따른 수탁자의 명의로 등기 또는 등록된 신탁재산의 경우에는 위탁자는 재산세를 납부할 의무가 있다.

20
재산세 납세의무자

다음은 재산세의 납세의무자에 관한 설명이다. 옳지 않은 것은?

① 재산세 과세기준일 현재 소유권의 귀속이 분명하지 아니하여 소유권자를 알 수 없을 경우에는 그 사용자가 재산세를 납부할 의무가 있다.

② 「도시개발법」에 따라 시행하는 환지(換地) 방식에 의한 도시개발사업 및 「도시 및 주거환경정비법」에 따른 정비사업(재개발사업만 해당한다)의 시행에 따른 환지계획에서 일정한 토지를 환지로 정하지 아니하고 체비지 또는 보류지로 정한 경우에는 사업시행자가 재산세를 납부할 의무가 있다.

③ 등기부상 甲 개인 소유로 등재되어 있는 토지는 甲이 사실상의 종중 소유임을 과세관청에 신고하더라도 재산세 납세의무자는 甲이다.

④ 주택의 건물과 부속토지의 소유자가 다를 경우에는 그 주택에 대한 산출세액을 건축물과 그 부속토지의 시가표준액 비율로 안분계산한 부분에 대하여 그 소유자를 납세의무자로 본다.

⑤ 국가, 지방자치단체 및 지방자치단체조합이 선수금을 받아 조성하는 매매용 토지로서 사실상 조성이 완료된 토지의 사용권을 무상으로 받은 자가 있는 경우에는 그 자를 매수계약자로 본다.

21 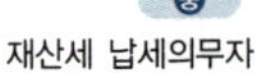
재산세 납세의무자

「지방세법」상 과세기준일 현재 재산세의 납세의무자에 대한 설명 중 틀린 것은?

① 상속이 개시된 토지로서 상속등기가 이행되지 아니하고 사실상의 소유자를 신고하지 아니한 때에는 「민법」상 상속지분이 가장 높은 상속자가 재산세를 납부할 의무가 있다.

② 「신탁법」 제2조에 따른 수탁자의 명의로 등기 또는 등록된 신탁재산의 경우 재산세 납세의무자는 수탁자이다.

③ 「사실상 소유하고 있는 자」라 함은 취득세에 규정된 취득의 시기가 도래되어 당해 토지를 취득한 자를 말한다.

④ 연부취득에 의하여 무상사용권을 부여받은 토지는 국가ㆍ지방자치단체조합 등으로부터 연부취득한 것에 한하므로 일반법인으로부터 연부취득 중인 때에는 매수인이 무상사용권을 부여 받았다 하더라도 매도법인이 납세의무자가 된다.

⑤ 「소유권의 귀속이 분명하지 아니하여 사실상의 소유자를 확인할 수 없는 경우」라 함은 소유권의 귀속 자체에 분쟁이 생겨 소송 중에 있거나 공부상 소유자의 행방불명 또는 생사불명으로 장기간 그 소유자가 관리하고 있지 않는 경우 등을 의미한다.

22  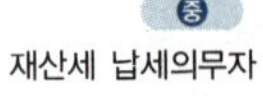
재산세 납세의무자

「지방세법」상 과세기준일 현재 재산세의 납세의무자에 대한 설명 중 틀린 것은?

① 지방자치단체와 재산세 과세대상 재산을 연부로 매매계약을 체결하고 그 재산의 사용권을 무상으로 부여받은 경우, 그 매수계약자를 납세의무자로 한다.

② 재산세 과세대상 재산을 여러 사람이 공유하는 경우, 관할 지방자치단체가 지정하는 공유자 중 1인을 납세의무자로 본다.

③ 「신탁법」 제2조에 따른 수탁자의 명의로 등기 또는 등록된 신탁재산의 경우에는 위탁자(「주택법」 제2조 제11호 가목에 따른 지역주택조합 및 같은 호 나목에 따른 직장주택조합이 조합원이 납부한 금전으로 매수하여 소유하고 있는 신탁재산의 경우에는 해당 지역주택조합 및 직장주택조합을 말한다)를 재산세 납세의무자로 한다.

④ 재산세 과세기준일 현재 소유권의 귀속이 분명하지 아니하여 사실상의 소유자를 확인할 수 없는 경우 그 사용자가 재산세를 납부할 의무가 있다.

⑤ 소유권의 귀속 자체에 분쟁이 생겨 소송 중에 있거나 공부상 소유자의 행방불명 또는 생사불명으로 장기간 그 소유자가 관리하고 있지 않는 경우에는 그 사용자가 재산세를 납부할 의무가 있다.

제 6 절 재산세 부과 · 징수

대표유형

지방세법령상 재산세 징수에 관한 설명으로 틀린 것은 몇 개인가?

㉠ 지방자치단체의 장은 재산세 납부세액이 1천만원을 초과하는 경우 납세의무자의 신청을 받아 해당 지방자치단체의 관할구역에 있는 부동산에 대하여만 대통령령으로 정하는 바에 따라 물납을 허가할 수 있다.

㉡ 지방자치단체의 장은 재산세 납부세액이 250만원을 초과하는 경우 대통령령으로 정하는 바에 따라 납부할 세액의 일부를 납부기한이 지난 날부터 3개월 이내에 분할납부하게 할 수 있다.

㉢ 고지서 1장당 재산세로 징수할 세액이 2천원 미만인 경우 해당 재산세를 징수하지 아니한다.

㉣ 「지방세법」 제118조의2에 따른 주택 재산세의 납부유예를 신청한 납세의무자는 그 유예할 주택 재산세에 상당하는 담보를 제공하여야 한다.

㉤ 신탁재산의 수탁자는 신탁 설정일 전에 법정기일이 도래한 위탁자의 재산세에 대하여 그 신탁재산으로써 납부할 의무가 있다.

① 1개   ② 2개   ③ 3개

④ 4개   ⑤ 5개

해설 ㉤ 신탁재산의 수탁자는 신탁 설정일 전에 법정기일이 도래한 위탁자의 재산세에 대하여 그 신탁재산으로써 납부할 의무가 없다.

> **지방세법 제119조의2【신탁재산 수탁자의 물적납세의무】** ① 신탁재산의 위탁자가 다음 각 호의 어느 하나에 해당하는 재산세 · 납부지연가산세 또는 체납처분비(이하 "재산세 등"이라 한다)를 체납한 경우로서 그 위탁자의 다른 재산에 대하여 체납처분을 하여도 징수할 금액에 미치지 못할 때에는 해당 신탁재산의 수탁자는 그 신탁재산(해당 신탁재산의 관리, 처분, 운용 또는 개발 등을 통하여 수탁자가 얻은 재산으로서 「신탁법」 제27조에 따라 신탁재산에 속하는 재산을 포함한다. 이하 제5항 및 제6항에서 같다)으로써 위탁자의 재산세 등을 납부할 의무가 있다.
>
> 1. 신탁 설정일 이후에 「지방세기본법」 제71조 제1항에 따른 법정기일이 도래하는 재산세 또는 납부지연가산세(재산세에 대한 납부지연가산세로 한정한다)으로서 해당 신탁재산과 관련하여 발생한 것. 다만, 제113조 제1항 제1호 및 제2호에 따라 신탁재산과 다른 토지를 합산하여 과세하는 경우에는 신탁재산과 관련하여 발생한 재산세 등을 제4조에 따른 신탁재산과 다른 토지의 시가표준액 비율로 안분계산한 부분 중 신탁재산 부분에 한정한다.
> 2. 제1호의 금액에 대한 체납처분 과정에서 발생한 체납처분비

▶▶ **정답** ①

Point
23
재산세 부과 · 징수

「지방세법」상 재산세 부과 · 징수에 관한 설명으로 틀린 것은?

① 재산세를 물납하려는 자는 납부기한 10일 전까지 납세지를 관할하는 시장 · 군수 · 구청장에게 물납을 신청하여야 한다.

② 해당 연도에 주택에 부과할 세액이 50만원인 경우 납기를 7월 16일부터 7월 31일까지로 하여 한꺼번에 부과 · 징수한다.

③ 재산세는 관할 지방자치단체의 장이 세액을 산정하여 보통징수의 방법으로 부과 · 징수한다.

④ 지방자치단체의 장은 재산세 납부세액이 1천만원을 초과하는 경우에는 납세의무자의 신청을 받아 해당 지방자치단체의 관할구역에 있는 부동산에 대해서만 법령으로 정하는 바에 따라 물납을 허가할 수 있다.

⑤ 고지서 1장당 징수할 세액이 2천원 미만인 경우에는 해당 재산세를 징수하지 아니한다.

24
재산세 부과 · 징수

「지방세법」상 재산세 부과 · 징수에 관한 설명으로 틀린 것은?

① 해당 연도에 부과할 토지분 재산세액이 20만원 이하인 경우, 조례로 정하는 바에 따라 납기를 7월 16일부터 7월 31일까지로 하여 한꺼번에 부과 · 징수할 수 있다.

② 재산세를 물납하려는 자는 납부기한 10일 전까지 납세지를 관할하는 시장 · 군수 · 구청장에게 물납을 신청하여야 한다.

③ 재산세는 관할지방자치단체의 장이 세액을 산정하여 보통징수의 방법으로 부과 · 징수한다.

④ 지방자치단체의 장은 재산세 납부세액이 1천만원을 초과하는 경우 납세의무자의 신청을 받아 관할구역에 있는 부동산에 대해서만 법령으로 정하는 바에 따라 물납을 허가할 수 있다.

⑤ 고지서 1장당 재산세로 징수할 세액이 2천원 미만인 경우에는 해당 재산세를 징수하지 아니한다.

25 _하
재산세 부과 · 징수

「지방세법」상 재산세 부과 · 징수에 관한 설명으로 옳은 것은?

① 해당 연도에 주택에 부과할 세액이 100만원인 경우 납기를 7월 16일부터 7월 31일까지로 하여 한꺼번에 부과 · 징수한다.

② 해당 연도에 부과할 토지분 재산세액이 10만원 이하인 경우, 조례로 정하는 바에 따라 납기를 7월 16일부터 7월 31일까지로 하여 한꺼번에 부과 · 징수할 수 있다.

③ 지방자치단체의 장은 재산세의 납부세액이 500만원을 초과하는 경우에는 납세의무자의 신청을 받아 해당 지방자치단체의 관할구역에 있는 부동산에 대해서만 물납을 허가할 수 있다.

④ 고지서 1장당 재산세로 징수할 세액이 6천원 미만인 경우에는 해당 재산세를 징수하지 아니한다.

⑤ 재산의 소유권 변동 또는 과세대상 재산의 변동 사유가 발생하였으나 과세기준일까지 그 등기 · 등록이 되지 아니한 재산의 공부상 소유자는 과세기준일부터 15일 이내에 그 소재지를 관할하는 지방자치단체의 장에게 그 사실을 알 수 있는 증거자료를 갖추어 신고하여야 한다.

26 복습문제 _중
재산세 부과 · 징수

「지방세법」상 재산세 부과 · 징수에 관한 설명으로 틀린 것은 몇 개인가?

㉠ 지방자치단체의 장은 과세대상의 누락 등으로 이미 부과한 재산세액을 변경하여야 할 사유가 발생하더라도 수시로 부과 · 징수할 수 없다.

㉡ 재산세를 징수하려면 토지, 건축물, 주택, 선박 및 항공기로 각각 구분된 납세고지서에 과세표준과 세액을 적어 늦어도 납기개시 5일 전까지 발급하여야 한다.

㉢ 토지에 대한 재산세는 납세의무자별로 한 장의 납세고지서로 발급하여야 한다.

㉣ 사실상 종중재산으로서 공부상에는 개인 명의로 등재되어 있는 재산의 공부상 소유자는 과세기준일부터 15일 이내에 그 소재지를 관할하는 지방자치단체의 장에게 그 사실을 알 수 있는 증거자료를 갖추어 신고하여야 한다.

㉤ 지방자치단체의 장은 재산세의 납부세액이 250만원을 초과하는 경우에는 대통령령으로 정하는 바에 따라 납부할 세액의 일부를 납부기한이 지난 날부터 6개월 이내에 분할납부하게 할 수 있다.

① 1개　　　　　② 2개　　　　　③ 3개

④ 4개　　　　　⑤ 5개

27 〈중〉
재산세 부과·징수

「지방세법」상 재산세 부과·징수에 관한 설명으로 틀린 것은?

① 토지분 재산세의 납기는 매년 9월 16일부터 9월 30일까지이다.

② 재산세는 관할 지방자치단체의 장이 세액을 산정하여 보통징수의 방법으로 부과·징수한다.

③ 지방자치단체의 장은 재산세의 납부세액이 250만원을 초과하는 경우에는 대통령령으로 정하는 바에 따라 납부할 세액의 일부를 납부기한이 지난 날부터 6개월 이내에 분할납부하게 할 수 있다.

④ 주택에 대한 재산세(해당 연도에 부과할 세액이 20만원을 초과함)의 납기는 해당 연도에 부과·징수할 세액의 2분의 1은 매년 7월 16일부터 7월 31일까지, 나머지 2분의 1은 9월 16일부터 9월 30일까지이다.

⑤ 재산세를 징수하려면 토지, 건축물, 주택, 선박 및 항공기로 구분한 납세고지서에 과세표준과 세액을 적어 늦어도 납기개시 5일 전까지 발급하여야 한다.

복습문제 28 〈중〉
재산세 부과·징수

「지방세법」상 재산세 부과·징수에 관한 설명으로 틀린 것은?

① 재산의 소유권 변동 또는 과세대상 재산의 변동 사유가 발생하였으나 과세기준일까지 그 등기가 되지 아니한 재산의 공부상 소유자는 과세기준일부터 15일 이내에 그 소재지를 관할하는 지방자치단체의 장에게 그 사실을 알 수 있는 증거자료를 갖추어 신고하여야 한다.

② 재산세 납부세액이 250만원을 초과하여 재산세를 분할납부하려는 자는 재산세의 납부기한까지 법령으로 정하는 신청서를 시장·군수·구청장에게 제출하여야 한다.

③ 재산세의 납기에도 불구하고 지방자치단체의 장은 과세대상 누락, 위법 또는 착오 등으로 인하여 이미 부과한 세액을 변경하거나 수시부과하여야 할 사유가 발생하면 수시로 부과·징수할 수 없다.

④ 신탁재산의 위탁자가 법정 사유에 해당하는 재산세등을 체납한 경우로서 그 위탁자의 다른 재산에 대하여 체납처분을 하여도 징수할 금액에 미치지 못할 때에는 해당 신탁재산의 수탁자는 그 신탁재산으로써 위탁자의 재산세등을 납부할 의무가 있다.

⑤ 시장·군수·구청장은 납세고지서를 발급하는 경우 토지에 대한 재산세는 한 장의 납세고지서로 발급하며, 토지 외의 재산에 대한 재산세는 건축물·주택·선박 및 항공기로 구분하여 과세대상 물건마다 각각 한 장의 납세고지서로 발급하거나, 물건의 종류별로 한 장의 고지서로 발급할 수 있다.

29 

재산세 부과·징수

「지방세법」상 재산세의 부과·징수에 대한 설명 중 옳은 것은?

① 재산세 물납을 허가하는 부동산의 가액은 매년 12월 31일 현재의 시가로 평가한다.

② 지방자치단체의 장은 재산세의 납부세액이 1천만원을 초과하는 경우에는 납세의무자의 신청을 받아 해당 지방자치단체의 관할구역에 관계없이 해당 납세자의 부동산에 대하여 법령으로 정하는 바에 따라 물납을 허가할 수 있다.

③ 재산세 납부세액이 1천만원을 초과하여 재산세를 물납하려는 자는 행정안전부령으로 정하는 서류를 갖추어 그 납부기한 10일 전까지 납세지를 관할하는 시장·군수·구청장에게 신청하여야 한다.

④ 甲은 토지공시가격이 6억원인 토지를 소유하고 있다. 동 토지에 2025년 고지된 재산세가 1,000,000원이고 2026년도 재산세의 산출세액이 1,840,000원이라고 가정한다. 이 경우 甲이 2026년도에 납부하여야 할 재산세는 1,100,000원이다.

⑤ 재산세의 과세기준일은 매년 12월 1일로 한다.

제7절 재산세 비과세

대표유형

「지방세법」상 재산세의 비과세에 대한 설명이다. 틀린 것은? (단, 아래의 답항별로 주어진 자료 외의 비과세요건은 충족된 것으로 가정함)

① 국가, 지방자치단체, 지방자치단체조합, 외국정부 및 주한국제기구의 소유에 속하는 재산에 대하여는 재산세를 부과하지 아니한다.

② 대한민국 정부기관의 재산에 대하여 과세하는 외국정부의 재산에 대하여는 재산세를 부과한다.

③ 국가, 지방자치단체 또는 지방자치단체조합이 1년 이상 공용 또는 공공용으로 사용(1년 이상 사용할 것이 계약서 등에 의하여 입증되는 경우를 포함한다)하는 재산에 대하여는 재산세를 부과하지 아니한다.

④ 국가, 지방자치단체 또는 지방자치단체조합이 소유권의 유상이전을 약정한 경우로서 그 재산을 취득하기 전에 미리 1년 이상 공용 또는 공공용으로 사용하는 재산에 대하여는 재산세를 부과한다.

⑤ 임시로 사용하기 위하여 건축된 건축물로서 재산세 과세기준일 현재 1년 초과의 것에 대하여는 재산세를 부과하지 아니한다.

해설 ⑤ 임시로 사용하기 위하여 건축된 건축물로서 재산세 과세기준일 현재 1년 미만의 것에 대하여는 재산세를 부과하지 아니한다.

▶ 정답 ⑤

30 다음의 토지 중 재산세가 과세되는 토지는?

재산세 비과세

① 무덤과 이에 접속된 부속시설물의 부지로 사용되는 토지로서 지적공부상 지목이 묘지인 토지
② 농업용 및 발전용에 제공하는 댐·저수지·소류지와 자연적으로 형성된 호수·늪
③ 「자연공원법」에 따른 공원자연보존지구의 임야
④ 「산림보호법」에 따라 지정된 산림보호구역 및 「산림자원의 조성 및 관리에 관한 법률」에 따라 지정된 채종림·시험림
⑤ 「군사기지 및 군사시설 보호법」에 따른 군사기지 및 군사시설 보호구역 중 통제보호구역에 있는 전·답·과수원 및 대지

제8절 재산세 종합문제

대표유형

「지방세법」상 재산세에 관한 설명으로 틀린 것은 몇 개인가?

㉠ 「지방세법」 또는 관계법령에 따라 재산세가 경감되는 토지의 경감비율에 해당하는 토지는 별도합산과세대상으로 본다.
㉡ 임시로 사용하기 위하여 건축된 건축물로서 재산세 과세기준일 현재 1년 미만의 법령에 따른 고급오락장은 재산세를 부과하지 아니한다.
㉢ 재산세 납세의무는 6월 1일에 성립한다.
㉣ 재산세 납세의무는 과세표준과 세액을 지방자치단체에 신고하여 확정된다.
㉤ 재산세 납부세액이 1천만원을 초과하는 경우에는 물납신청이 가능하다.

① 1개   ② 2개   ③ 3개
④ 4개   ⑤ 5개

해설 틀린 것: ㉠, ㉡, ㉣ (3개)
㉠ 「지방세법」 또는 관계법령에 따라 재산세가 경감되는 토지의 <u>경감비율에 해당하는 토지</u>는 재산세가 경감되기 때문에 <u>별도합산과세대상으로 보지 않는다</u>. 또한 경감비율에 해당하는 토지는 종합합산과세대상으로 보지 아니한다.
㉡ <u>임시로 사용하기 위하여 건축된 건축물</u>로서 재산세 과세기준일 현재 1년 미만의 법령에 따른 <u>고급오락장</u>은 사치성 재산으로 재산세를 <u>부과한다</u>.
㉣ 재산세 납세의무는 과세표준과 세액을 지방자치단체에 신고하는 때에 확정되는 것이 아니라 <u>해당 재산세의 과세표준과 세액을 해당 지방자치단체가 결정하는</u> 때에 그 세액이 확정된다.   ▶▶ 정답 ③

Point 31 (중)
재산세 종합문제

「지방세법」상 재산세에 관한 설명으로 틀린 것은?

① 소유권의 귀속이 분명하지 아니하여 사실상의 소유자를 확인할 수 없는 경우에는 그 사용자가 납부할 의무가 있다.

② 서울특별시 강남구와 경기도 성남시에 부동산을 소유하고 있는 자의 성남시 소재 부동산에 대하여 부과된 재산세의 물납은 성남시 내에 소재하는 부동산만 가능하다.

③ 농업용 구거와 자연유수의 배수처리에 제공하는 구거에 대하여는 재산세를 부과하지 아니한다.

④ 상속이 개시된 재산으로서 상속등기가 이행되지 아니하고 사실상의 소유자를 신고하지 아니하였을 때에는 공동상속인 각자가 받았거나 받을 재산에 따라 납부할 의무를 진다.

⑤ 행정기관으로부터 철거명령을 받은 건축물 등 재산세를 부과하는 것이 적절하지 아니한 건축물 또는 주택(「건축법」 제2조 제1항 제2호에 따른 건축물 부분으로 한정한다)으로서 대통령령으로 정하는 것에 대하여는 재산세를 부과하지 아니한다.

32 (중)
재산세 종합문제

「지방세법」상 재산세에 관한 설명으로 틀린 것은 몇 개인가?

㉠ 주택에 대한 토지와 건물의 소유자가 다를 경우 해당 주택의 토지와 건물의 가액을 합산한 과세표준에 주택의 세율을 적용한다.

㉡ 과세표준이 5천만원인 종합합산과세대상 토지의 재산세 표준세율은 1천분의 2이다.

㉢ 재산세 물납신청을 받은 시장·군수·구청장이 물납을 허가하는 경우 물납을 허가하는 부동산의 가액은 물납 허가일 현재의 시가로 한다.

㉣ 지방자치단체의 장은 재산세의 납부세액(재산세 도시지역분 제외)이 1천만원을 초과하는 경우에는 납세의무자의 신청을 받아 해당 지방자치단체의 관할구역에 있는 부동산에 대하여만 대통령령으로 정하는 바에 따라 물납을 허가할 수 있다.

㉤ 「건축법 시행령」 제80조의2에 따른 대지 안의 공지는 재산세를 부과하지 아니한다.

① 1개   ② 2개   ③ 3개
④ 4개   ⑤ 5개

Point

33

재산세 종합문제

「지방세법」상 재산세에 관한 설명으로 옳은 것은?

① 「지방세법」 또는 관계 법령에 따라 재산세를 경감할 때에는 과세표준에서 경감대상 토지의 과세표준액에 경감비율(비과세 또는 면제의 경우에는 이를 100분의 100으로 본다)을 곱한 금액을 공제하여 세율을 적용한다.

② 1구(構)의 건물이 주거와 주거 외의 용도로 사용되고 있는 경우에는 주거용으로 사용되는 부분만을 주택으로 본다.

③ 재산세 과세기준일 현재 공부상에 개인 등의 명의로 등재되어 있는 사실상의 종중재산으로서 종중소유임을 신고하지 아니하였을 때에는 종중은 재산세를 납부할 의무가 있다.

④ 재산세 물납신청을 받은 시장·군수·구청장이 물납을 허가하는 경우 물납을 허가하는 부동산의 가액은 물납허가일 현재의 시가로 한다.

⑤ 지방자치단체가 1년 이상 공용으로 사용하는 재산에 대하여는 소유권의 유상이전을 약정한 경우로서 그 재산을 취득하기 전에 미리 사용하는 경우 재산세를 부과하지 아니한다.

34

재산세 종합문제

「지방세법」상 재산세에 관한 설명으로 틀린 것은?

① 지방자치단체가 유료로 공공용에 사용하는 개인 소유의 토지에는 재산세를 부과한다.

② 법령에 따른 고급주택(법령으로 정하는 1세대 1주택 아님)의 재산세 과세표준은 시가표준액에 공정시장가액비율 100분의 60을 곱하여 산정한 가액이다.

③ 주택에 대한 재산세는 납세의무자별로 해당 지방자치단체의 관할구역에 있는 주택의 과세표준을 합산하여 주택의 세율을 적용한다.

④ 주택의 정기분 납부세액이 50만원인 경우 세액의 2분의 1은 7월 16일부터 7월 31일까지, 나머지 2분의 1은 9월 16일부터 9월 30일까지를 납기로 한다.

⑤ 과세기준일 현재 상속이 개시된 재산으로서 상속등기가 이행되지 아니하고 사실상의 소유자를 신고하지 아니한 때에는 법령이 정하는 주된 상속자가 재산세를 납부할 의무가 있다.

35 중
재산세 종합문제

「지방세법」상 재산세에 관한 설명으로 틀린 것은?

① 국가가 선수금을 받아 조성하는 매매용 토지로서 사실상 조성이 완료된 토지의 사용권을 무상으로 받은 자는 재산세를 납부할 의무가 있다.

② 재산세 과세표준을 시가표준액에 공정시장가액비율을 곱하여 산정할 수 있는 대상은 토지와 주택에 한한다.

③ 지방자치단체의 장은 과세대상 누락, 위법 또는 착오 등으로 인하여 이미 부과한 세액을 변경하거나 수시부과하여야 할 사유가 발생하면 수시로 부과·징수할 수 있다.

④ 1구(構)의 건물이 주거와 주거 외의 용도로 사용되고 있는 경우에는 주거용으로 사용되는 면적이 전체의 100분의 50 이상인 경우에는 주택으로 본다.

⑤ 항공기와 고급선박을 제외한 일반선박에 대한 재산세 표준세율은 1천분의 3이다.

복습문제
36 중
재산세 종합문제

「지방세법」상 재산세에 관한 설명으로 틀린 것은?

① 1동(棟)의 건물이 주거와 주거 외의 용도로 사용되고 있는 경우에는 주거용으로 사용되는 부분만을 주택으로 본다.

② 재산세의 납기에도 불구하고 지방자치단체의 장은 과세대상 누락, 위법 또는 착오 등으로 인하여 이미 부과한 세액을 변경하거나 수시부과하여야 할 사유가 발생하면 수시로 부과·징수할 수 있다.

③ 재산세 과세기준일 현재 소유권의 귀속이 분명하지 아니하여 사실상의 소유자를 확인할 수 없는 경우에는 그 사용자가 재산세를 납부할 의무가 있다.

④ 지방자치단체가 1년 이상 공용으로 사용하는 재산으로서 유료로 사용하는 경우에는 재산세를 부과한다.

⑤ 지방자치단체의 장은 재산세의 납부세액이 500만원을 초과하는 경우 250만원을 초과하는 금액을 납부기한이 지난 날부터 3개월 이내에 분납하게 할 수 있다.

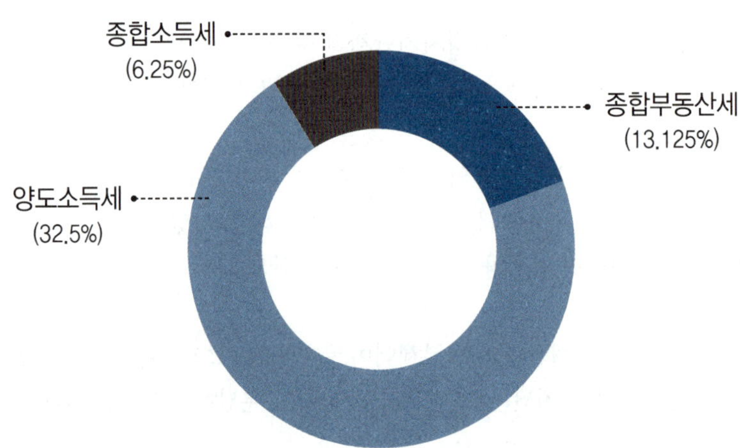

📎 최근 5개년 출제경향 분석

종합부동산세의 출제비중은 최근 2문제 정도 출제되고 있다. 종합부동산세 과세구분, 신고·납부 등을 종합문제 형태로 출제하고 있다. 여기에 재산세와 종합부동산세를 비교하는 문제까지 출제하고 있다.

소득세 총설에서는 부동산임대업의 사업소득이 1문제 정도 출제되고 있다. 부동산임대업의 범위, 비과세, 주택수의 계산, 소득금액 계산(간주임대료) 등이 종합적으로 출제되고 있다.

양도소득세의 출제비중은 5문제 정도이다. 양도의 정의, 과세대상, 양도·취득시기, 양도소득 과세표준과 세액의 계산, 양도소득세의 신고와 납부, 국외자산양도에 대한 양도소득세, 비과세 양도소득, 이월과세, 부당행위계산부인 등이 종합적으로 골고루 출제되고 있다. 여기에 계산문제가 1문제 정도 출제되고 있다.

PART

03

국세

제1장 종합부동산세
제2장 소득세 총설
제3장 양도소득세

제1절 종합부동산세 특징

대표유형

「종합부동산세법」상 종합부동산세에 관한 설명 중 옳은 것은? (단, 감면과 비과세와 「지방세특례제한법」 또는 「조세특례제한법」은 고려하지 않음)

① 1세대 1주택자는 주택의 공시가격을 합산한 금액에서 12억원을 공제한 금액을 과세표준으로 한다.

② 종합부동산세의 분납은 허용되지 않는다.

③ 주택분 종합부동산세액에서 공제되는 재산세액은 재산세 표준세율의 100분의 50의 범위에서 가감된 세율이 적용된 경우에는 그 세율이 적용되기 전의 세액으로 하고, 재산세 세부담 상한을 적용받은 경우에는 그 상한을 적용받기 전의 세액으로 한다.

④ 과세기준일 현재 토지분 재산세 납세의무자로서 「자연공원법」에 따라 지정된 공원자연환경지구의 임야를 소유하는 자는 토지에 대한 종합부동산세를 납부할 의무가 있다.

⑤ 종합부동산세의 납세의무자가 비거주자인 개인으로서 국내사업장이 없고 국내원천소득이 발생하지 아니하는 1주택을 소유한 경우 그 주택 소재지를 납세지로 정한다.

해설 ① 1세대 1주택자는 주택의 공시가격을 합산한 금액에서 12억원을 공제한 금액에 <u>공정시장가액비율을 곱한 금액</u>을 과세표준으로 한다.
② 종합부동산세의 <u>분납은 허용된다</u>.
③ 주택분 종합부동산세액에서 공제되는 재산세액은 재산세 표준세율의 100분의 50의 범위에서 가감된 세율이 적용된 경우에는 그 세율이 <u>적용된 세액</u>으로 하고, 재산세 세부담 상한을 적용받은 경우에는 그 상한을 <u>적용받은 세액</u>으로 한다.
④ 과세기준일 현재 토지분 재산세 납세의무자로서 「자연공원법」에 따라 지정된 공원자연환경지구의 <u>임야</u>를 소유하는 자는 토지에 대한 종합부동산세를 납부할 의무가 없다. ▶ 정답 ⑤

Point 01 (중)
종합부동산세 특징

「종합부동산세법」상 종합부동산세에 관한 설명 중 옳은 것은? (단, 감면 및 비과세와 「지방세특례제한법」 또는 「조세특례제한법」은 고려하지 않음)

① 납세자에게 부정행위가 없으며 특례제척기간에 해당하지 않는 경우 원칙적으로 납세의무 성립일부터 3년이 지나면 종합부동산세를 부과할 수 없다.

② 과세기준일 현재 토지분 재산세의 납세의무자로서 국내에 소재하는 종합합산과세대상 토지의 공시가격을 합한 금액이 3억원을 초과하는 자는 해당 토지에 대한 종합부동산세를 납부할 의무가 있다.

③ 별도합산과세대상인 토지의 재산세로 부과된 세액이 세부담 상한을 적용받는 경우 그 상한을 적용받기 전의 세액을 별도합산과세대상 토지분 종합부동산세액에서 공제한다.

④ 주택에 대한 세부담 상한의 기준이 되는 직전 연도에 해당 주택에 부과된 주택에 대한 총세액상당액은 납세의무자가 해당 연도의 과세표준합산주택을 직전 연도 과세기준일에 실제로 소유하였는지의 여부를 불문하고 직전 연도 과세기준일 현재 소유한 것으로 보아 계산한다.

⑤ 납세의무자는 선택에 따라 신고·납부할 수 있으나, 신고를 함에 있어 납부세액을 과소하게 신고한 경우라도 과소신고가산세가 적용되지 않는다.

복습문제 02 (중)
종합부동산세 특징

「종합부동산세법」상 종합부동산세에 관한 설명으로 틀린 것은? (단, 감면 및 비과세와 「지방세특례제한법」 또는 「조세특례제한법」은 고려하지 않음)

① 재산세 과세재산 중 분리과세대상토지는 종합부동산세 과세대상이 아니다.

② 지방세법상 별도합산과세대상 토지에 대한 해당 연도 종합부동산세의 세부담 상한액은 직전년도에 부과된 종합부동산세액의 100분의 300으로 한다.

③ 지방세법상 별도합산과세대상인 국내에 소재하는 당해 과세대상 토지의 공시가격을 합한 금액이 250억원을 초과하는 법인은 종합부동산세 납세의무자에 해당한다.

④ 관할세무서장은 종합부동산세로 납부하여야 할 세액이 250만원을 초과하는 경우에는 대통령령으로 정하는 바에 따라 그 세액의 일부를 납부기한이 지난 날부터 6개월 이내에 분납하게 할 수 있다.

⑤ 법정요건을 충족하는 1세대 1주택자(단독소유자)는 과세기준일 현재 보유기간이 5년 이상이면 보유기간에 따른 세액공제를 받을 수 있다.

제 2 절   **재산세와 종합부동산세 비교**

대표유형

「종합부동산세법」상 종합부동산세의 과세대상인 것은?

① 상업용 건축물(오피스텔 제외)

② 「건축법」 등 관계법령에 따라 허가 등을 받아야 할 건축물로서 허가 등을 받지 아니한 건축물의 부속토지

③ 고급오락장용 건축물과 그 부속토지

④ 시의 도시지역 밖의 일정한 기준면적 이내의 목장용지

⑤ 일반 영업용 건축물

> **해설** ② 「건축법」 등 관계법령에 따라 허가 등을 받아야 할 건축물로서 허가 등을 받지 아니한 건축물의 부속토지는 재산세에서 종합합산과세대상으로 종합부동산세 과세대상이다.
> ① 상업용 건축물(오피스텔 제외): 재산세는 과세하지만 종합부동산세 과세대상은 아니다.
> ③ 고급오락장용 건축물과 그 부속토지: 재산세는 과세하지만 종합부동산세 과세대상은 아니다.
> ④ 시의 도시지역 밖의 일정한 기준면적 이내의 목장용지: 재산세에서 분리과세대상으로 종합부동산세 과세대상은 아니다.
> ⑤ 일반 영업용 건축물: 재산세는 과세하지만 종합부동산세 과세대상은 아니다.   ▶▶ 정답 ②

03

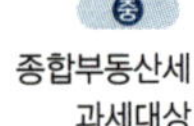

종합부동산세
과세대상

「종합부동산세법」상 종합부동산세의 과세대상인 것은?

① 취득세 중과대상인 고급오락장용 건축물

② 1990년 1월부터 소유하는 「수도법」에 따른 상수원보호구역의 임야

③ 「건축법」 등 관계법령에 따라 허가 등을 받아야 할 건축물로서 허가 등을 받지 아니한 건축물의 부속토지

④ 관계법령에 따른 사회복지사업자가 복지시설이 소비목적으로 사용할 수 있도록 하기 위하여 1990년 5월 1일부터 소유하는 농지

⑤ 공장용 건축물

04
종
종합부동산세
과세대상

종합부동산세의 과세기준일 현재 과세대상은 몇 개인가? (단, 주어진 조건 외에는 고려하지 않음)

> ㉠ 회원제 골프장용 토지(회원제 골프장업의 등록시 구분등록의 대상이 되는 토지)
> ㉡ 상업용 건축물(오피스텔 제외)
> ㉢ 관계법령에 따른 사회복지사업자가 복지시설이 소비목적으로 사용할 수 있도록 하기 위하여 1990년 5월 1일부터 소유하는 농지
> ㉣ 취득세 중과세대상인 고급오락장
> ㉤ 여객자동차운송사업 면허를 받은 자가 그 면허에 따라 사용하는 차고용 토지(자동차운송사업의 최저보유차고면적기준의 1.5배에 해당하는 면적 이내의 토지)
> ㉥ 「지방세법」에 따라 재산세가 비과세되는 토지

① 1개 ② 2개 ③ 3개
④ 4개 ⑤ 5개

05
종합부동산세
과세대상

「종합부동산세법」상 종합부동산세의 과세대상은? (단, 주어진 조건 외에는 고려하지 않음)

① 공장용 건축물
② 「건축법」 등 관계법령에 따라 허가 등을 받아야 할 건축물로서 허가 등을 받지 아니한 건축물의 부속토지
③ 1990년 1월부터 소유하는 「수도법」에 따른 상수원보호구역의 임야
④ 종중이 1990년 1월부터 소유하는 농지
⑤ 취득세 중과대상인 고급오락장용 건축물

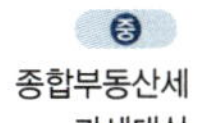

06
종합부동산세
과세대상

다음 중 종합부동산세가 과세될 수 있는 것으로서 가장 옳은 것은?

① 취득세 중과세대상인 골프장 건축물과 그 부속토지
② 상가나 사무실 등의 사업용 건물
③ 취득세 중과세대상인 고급오락장용 건축물과 그 부속토지
④ 개인소유농지
⑤ 취득세 중과세대상인 고급주택과 그 부속토지

제 3 절 주택에 대한 과세

대표유형

「종합부동산세법」상 주택에 대한 과세에 대한 설명 중 틀린 것은?

① 과세기준일 현재 주택분 재산세의 납세의무자는 종합부동산세를 납부할 의무가 있다.

② 「신탁법」 제2조에 따른 수탁자의 명의로 등기 또는 등록된 신탁재산으로서 신탁주택의 경우에는 위탁자(「주택법」 제2조 제11호 가목에 따른 지역주택조합, 같은 호 나목에 따른 직장주택조합 등 위탁자별로 구분 과세가 곤란한 조합으로서 대통령령으로 정하는 지역주택조합 등이 조합원이 납부한 금전으로 매수하여 소유하고 있는 신탁주택의 경우에는 해당 지역주택조합등을 말한다)가 종합부동산세를 납부할 의무가 있다. 이 경우 위탁자가 신탁주택을 소유한 것으로 본다.

③ 「민간임대주택에 관한 특별법」에 따른 민간임대주택, 「공공주택 특별법」에 따른 공공임대주택 또는 대통령령으로 정하는 다가구 임대주택으로서 임대기간, 주택의 수, 가격, 규모 등을 고려하여 대통령령으로 정하는 주택은 법령에 따라 해당 주택의 보유현황을 신고한 경우 종합부동산세 과세표준 합산의 대상이 되는 주택의 범위에 포함되지 아니하는 것으로 본다.

④ 과세표준 합산의 대상에 포함되지 아니하는 주택을 보유한 납세의무자는 해당연도 12월 1일부터 12월 15일까지 대통령령으로 정하는 바에 따라 납세지관할세무서장에게 해당 주택의 보유현황을 신고하여야 한다.

⑤ 2주택을 소유하여 1천분의 27의 세율이 적용되는 법인의 경우 해당 연도에 납부하여야 할 주택에 대한 총세액상당액으로서 세부담의 상한을 초과하는 세액에 대해서는 이를 없는 것으로 보지 아니한다.

해설 ④ 과세표준 합산의 대상에 포함되지 아니하는 주택을 보유한 납세의무자는 해당연도 9월 16일부터 9월 30일까지 대통령령으로 정하는 바에 따라 납세지관할세무서장에게 해당 주택의 보유현황을 신고하여야 한다.

▶▶ 정답 ④

07 「종합부동산세법」상 주택에 대한 과세에 대한 설명 중 틀린 것은?

주택에 대한 과세

① 주택분 과세표준 금액에 대하여 해당 과세대상주택의 주택분 재산세로 부과된 세액(「지방세법」 제111조 제3항에 따라 가감조정된 세율이 적용된 경우에는 그 세율이 적용된 세액을 말한다)은 주택분 종합부동산세액에서 이를 공제한다.

② 개인이 조정대상지역 내 소재하는 A주택과 조정대상지역 외 소재하는 B주택을 소유한 경우 과세표준이 3억원인 경우 1천분의 5의 세율을 적용한다.

③ 주택분 종합부동산세액을 계산할 때 1주택을 여러 사람이 공동으로 매수하여 소유한 경우 공동 소유자 각자가 그 주택을 소유한 것으로 본다.

④ 법인(일반 누진세율이 적용되는 법인 등이 아님)이 2주택 이하를 소유한 경우 종합부동산세 세율은 1천분의 27을 적용한다.

⑤ 법인(일반 누진세율이 적용되는 법인 등이 아님)이 3주택 이상을 소유한 경우 종합부동산세 세부담의 상한은 100분의 300으로 한다.

08 「종합부동산세법」상 주택에 대한 과세에 대한 설명 중 틀린 것은 몇 개인가?

주택에 대한 과세

> ㉠ 공익법인등이 직접 공익목적사업에 사용하는 1주택만을 보유한 경우 종합부동산세의 세율은 1천분의 50을 적용한다.
>
> ㉡ 신탁주택의 위탁자가 법정 사유에 해당하는 종합부동산세 또는 강제징수비를 체납한 경우로서 그 위탁자의 다른 재산에 대하여 강제징수를 하여도 징수할 금액에 미치지 못할 때에는 해당 신탁주택의 수탁자는 그 신탁주택(해당 신탁주택의 관리, 처분, 운용 또는 개발 등을 통하여 수탁자가 얻은 재산으로서 「신탁법」 제27조에 따라 신탁재산에 속하는 재산을 포함한다)으로써 위탁자의 종합부동산세등을 납부할 의무가 있다.
>
> ㉢ 1주택(주택의 부속토지만을 소유한 경우는 제외한다)과 다른 주택의 부속토지(주택의 건물과 부속토지의 소유자가 다른 경우의 그 부속토지를 말한다)를 함께 소유하고 있는 경우에는 1세대 1주택자로 본다.
>
> ㉣ 과세기준일 현재 세대원 중 1인이 그 배우자만이 공동으로 1주택을 소유하고 해당 세대원 및 다른 세대원이 다른 주택을 소유하지 아니한 경우 당해 연도 9월 16일부터 9월 30일까지 대통령령으로 정하는 바에 따라 관할세무서장에게 신청한 경우에만 공동명의 1주택자를 해당 1주택에 대한 납세의무자로 할 수 있다.
>
> ㉤ 1세대가 일반 주택과 합산배제 신고한 임대주택을 각각 1채씩 소유한 경우 해당 일반 주택에 그 주택소유자가 과세기준일 현재 그 주택에 주민등록이 되어 있고 실제로 거주하고 있는 경우에 한정하여 1세대 1주택자에 해당한다(종합부동산세법시행령 제2조의3 제2항).

① 1개   ② 2개   ③ 3개
④ 4개   ⑤ 5개

제 4 절 토지에 대한 과세

대표유형

토지에 대한 종합부동산세 과세에 관한 설명 중 틀린 것은?

① 토지에 대한 종합부동산세는 국내에 소재하는 토지에 대하여 「지방세법」 제106조 제1항 제1호에 따른 종합합산과세대상과 같은 법 제106조 제1항 제2호에 따른 별도합산과세대상으로 구분하여 과세한다.

② 과세기준일 현재 토지분 재산세의 납세의무자로서 종합합산과세대상인 경우에는 국내에 소재하는 해당 과세대상토지의 공시가격을 합한 금액이 6억원을 초과하는 자는 해당 토지에 대한 종합부동산세를 납부할 의무가 있다.

③ 과세기준일 현재 토지분 재산세의 납세의무자로서 별도합산과세대상인 경우에는 국내에 소재하는 해당 과세대상토지의 공시가격을 합한 금액이 80억원을 초과하는 자는 해당 토지에 대한 종합부동산세를 납부할 의무가 있다.

④ 종합합산과세대상인 토지의 과세표준 금액에 대하여 해당 과세대상토지의 토지분 재산세로 부과된 세액(「지방세법」 제111조 제3항에 따라 가감조정된 세율이 적용된 경우에는 그 세율이 적용된 세액, 같은법 제122조에 따라 세부담 상한을 적용받은 경우에는 그 상한을 적용받은 세액을 말한다)은 토지분 종합합산세액에서 이를 공제한다.

⑤ 별도합산과세대상인 토지에 대한 종합부동산세의 과세표준은 납세의무자별로 해당 과세대상토지의 공시가격을 합산한 금액에서 80억원을 공제한 금액에 공정시장가액비율을 곱한 금액으로 한다.

해설 ② 과세기준일 현재 토지분 재산세의 납세의무자로서 종합합산과세대상인 경우에는 국내에 소재하는 해당 과세대상토지의 공시가격을 합한 금액이 5억원을 초과하는 자는 해당 토지에 대한 종합부동산세를 납부할 의무가 있다.

▶▶ 정답 ②

다음은 토지에 대한 종합부동산세 설명이다. 틀린 것은?

① 종합합산과세대상인 토지에 대한 종합부동산세의 세액은 과세표준에 1%~3%의 3단계 초과누진세율 적용하여 계산한 금액으로 한다.

② 별도합산과세대상인 토지에 대한 종합부동산세의 세액은 과세표준에 0.5%~0.7%의 3단계 초과누진세율을 적용하여 계산한 금액으로 한다.

③ 별도합산과세대상인 토지의 과세표준 금액에 대하여 해당 과세대상토지의 토지분 재산세로 부과된 세액(「지방세법」 제111조 제3항에 따라 가감조정된 세율이 적용된 경우에는 그 세율이 적용된 세액, 같은법 제122조에 따라 세부담 상한을 적용받은 경우에는 그 상한을 적용받은 세액을 말한다)은 토지분 별도합산세액에서 이를 공제한다.

④ 지방세법상 별도합산과세대상인 국내에 소재하는 해당 과세대상 토지의 공시가격을 합한 금액이 250억원을 초과하는 법인은 종합부동산세 납세의무자에 해당한다.

⑤ 종합합산과세대상인 토지에 대한 종합부동산세의 과세표준은 납세의무자별로 해당 과세대상토지의 공시가격을 합산한 금액에서 5억원을 공제한 금액으로 한다.

「종합부동산세법」상 토지에 대한 과세의 설명 중 틀린 것은?

① 재산세가 분리과세되는 토지에 대하여는 종합부동산세를 과세하지 아니한다.

② 지방세법상 별도합산과세대상 토지에 대한 해당 연도 종합부동산세의 세부담 상한액은 전년도에 부과된 종합부동산세액의 300%로 한다.

③ 지방세법상 종합합산과세대상인 국내에 소재하는 해당 과세대상 토지의 공시가격을 합한 금액이 5억원을 초과하는 개인은 종합부동산세 납세의무자에 해당한다.

④ 별도합산과세대상인 토지의 과세표준 금액에 대하여 해당 과세대상토지의 토지분 재산세로 부과된 세액은 토지분 별도합산세액에서 이를 공제한다.

⑤ 별도합산과세대상인 토지에 대한 종합부동산세의 과세표준은 납세의무자별로 해당 과세대상토지의 공시가격을 합산한 금액에서 80억원을 공제한 금액에 공정시장가액비율을 곱한 금액으로 한다.

제 5 절   종합부동산세 신고 · 납부 등

대표유형

「종합부동산세법」상 신고 · 납부 등에 대한 설명 중 틀린 것은?

① 관할세무서장은 납부하여야 할 종합부동산세의 세액을 결정하여 해당 연도 12월 1일부터 12월 15일("납부기간"이라 한다)까지 부과 · 징수한다.

② 종합부동산세의 과세기준일은 「지방세법」 제114조에 따른 재산세의 과세기준일로 한다.

③ 종합부동산세의 납세의무자가 비거주자인 개인 또는 외국법인으로서 국내사업장이 없고 국내원천소득이 발생하지 아니하는 주택 및 토지를 소유한 경우에는 그 주택 또는 토지의 소재지(주택 또는 토지가 둘 이상인 경우에는 공시가격이 가장 높은 주택 또는 토지의 소재지를 말한다)를 납세지로 정한다.

④ 관할세무서장은 종합부동산세로 납부하여야 할 세액이 150만원을 초과하는 경우에는 대통령령으로 정하는 바에 따라 그 세액의 일부를 납부기한이 지난 날부터 1개월 이내에 분납하게 할 수 있다.

⑤ 관할세무서장 또는 납세지관할지방국세청장은 과세대상 누락, 위법 또는 착오 등으로 인하여 종합부동산세를 새로 부과할 필요가 있거나 이미 부과한 세액을 경정할 경우에는 다시 부과 · 징수할 수 있다.

해설 ④ 관할세무서장은 종합부동산세로 납부하여야 할 세액이 250만원을 초과하는 경우에는 대통령령으로 정하는 바에 따라 그 세액의 일부를 납부기한이 지난 날부터 6개월 이내에 분납하게 할 수 있다. ▶▶ 정답 ④

Point 11

종합부동산세
신고 · 납부 등

다음은 종합부동산세 신고 · 납부 등에 관한 내용이다. 틀린 것은?

① 「지방세법」, 「지방세특례제한법」 또는 「조세특례제한법」에 의한 재산세의 비과세 · 과세면제 또는 경감에 관한 규정은 종합부동산세를 부과하는 경우에 준용한다.

② 관할세무서장은 종합부동산세로 납부하여야 할 세액이 250만원을 초과하는 경우에는 대통령령으로 정하는 바에 따라 그 세액의 일부를 납부기한이 지난 날부터 6개월 이내에 분납하게 할 수 있다.

③ 관할세무서장은 납부하여야 할 종합부동산세의 세액을 결정하여 해당 연도 12월 1일부터 12월 15일까지 부과 · 징수한다.

④ 관할세무서장은 종합부동산세로 납부하여야 할 세액이 1천만원을 초과하는 경우에는 대통령령이 정하는 바에 의하여 물납을 허가할 수 있다.

⑤ 재산세의 감면규정을 준용하는 경우 그 감면대상인 주택 또는 토지의 공시가격에서 그 공시가격에 재산세 감면비율(비과세 또는 과세면제의 경우에는 이를 100분의 100으로 본다)을 곱한 금액을 공제한 금액을 공시가격으로 본다.

12 종합부동산세의 신고 · 납부 등에 관한 설명으로 틀린 것은?

종합부동산세
신고 · 납부 등

① 관할세무서장은 납부하여야 할 종합부동산세의 세액을 결정하여 해당 연도 12월 1일부터 12월 15일까지 부과 · 징수한다.

② 관할세무서장은 종합부동산세를 징수하려면 납부고지서에 주택 및 토지로 구분한 과세표준과 세액을 기재하여 납부기간 개시 5일 전까지 발급하여야 한다.

③ 종합부동산세를 신고납부방식으로 납부하고자 하는 납세의무자는 종합부동산세의 과세표준과 세액을 해당 연도 12월 1일부터 12월 15일까지 대통령령으로 정하는 바에 따라 관할세무서장에게 신고하여야 한다. 이 경우 관할세무서장의 결정은 없었던 것으로 본다.

④ 관할세무서장은 종합부동산세로 납부하여야 할 세액이 250만원을 초과하는 경우에는 대통령령으로 정하는 바에 따라 그 세액의 일부를 납부기한이 지난 날부터 6개월 이내에 분납하게 할 수 있다.

⑤ 관할세무서장은 법정 요건을 모두 충족하는 납세의무자가 토지분 종합부동산세액의 납부유예를 그 납부기한 만료 3일 전까지 신청하는 경우 이를 허가할 수 있다. 이 경우 납부유예를 신청한 납세의무자는 그 유예할 토지분 종합부동산세액에 상당하는 담보를 제공하여야 한다.

제6절 종합부동산세 종합문제

대표유형

종합부동산세에 관한 설명 중 틀린 것은?

① 재산세 과세재산 중 별도합산과세대상토지는 개인의 경우 세대별로 합산하여 과세하지 아니한다.

② 관할세무서장은 법령에 따른 주택분 종합부동산세의 납부유예 신청을 받은 경우 납부기한 만료일까지 대통령령으로 정하는 바에 따라 납세의무자에게 납부유예 허가 여부를 통지하여야 한다.

③ 「민간임대주택에 관한 특별법」에 따른 민간임대주택으로서 임대기간, 주택의 수, 가격, 규모 등을 고려하여 대통령령으로 정하는 주택은 법령에 따라 해당 주택의 보유현황을 신고한 경우 종합부동산세 과세표준 합산의 대상이 되는 주택의 범위에 포함되지 아니하는 것으로 본다.

④ 과세기준일 현재 만 60세 이상인 자가 보유하고 있는 종합부동산세 과세대상인 토지에 대하여는 연령에 따른 세액공제를 받을 수 있다.

⑤ 지방세법상 종합합산과세대상인 국내에 소재하는 당해 과세대상 토지의 공시가격을 합한 금액이 5억원을 초과하는 개인은 종합부동산세 납세의무자에 해당한다.

해설 ④ 과세기준일 현재 만 60세 이상인 자가 보유하고 있는 1세대 1주택(단독소유)에 대하여는 연령에 따른 세액공제를 받을 수 있다.　　　　　▶▶ 정답 ④

Point 13

종합부동산세
종합문제

「종합부동산세법」상 종합부동산세에 관한 설명으로 틀린 것은? (단, 감면 및 비과세와 「지방세특례제한법」 또는 「조세특례제한법」은 고려하지 않음)

① 관할세무서장은 종합부동산세를 징수하려면 납부고지서에 주택 및 토지로 구분한 과세표준과 세액을 기재하여 납부기간 개시 5일 전까지 발급하여야 한다.

② 주택분 종합부동산세액에서 공제되는 재산세액은 재산세 표준세율의 100분의 50의 범위에서 가감된 세율이 적용된 경우에는 그 세율이 적용되기 전의 세액으로 하고, 재산세 세부담 상한을 적용받은 경우에는 그 상한을 적용받기 전의 세액으로 한다.

③ 개인인 납세의무자가 2주택 이하를 소유한 경우 과세표준이 3억원인 경우 적용될 세율은 1천분의 5이다.

④ 과세기준일은 6월 1일이다.

⑤ 종합부동산세는 부과·징수가 원칙이며 납세의무자의 선택에 의하여 신고납부도 가능하다.

14 
종합부동산세
종합문제

「종합부동산세법」상 종합부동산세에 관한 설명으로 틀린 것은?

① 지방세법상 종합합산과세대상인 국내에 소재하는 당해 과세대상 토지의 공시가격을 합한 금액이 5억원을 초과하는 법인은 종합부동산세 납세의무자에 해당한다.

② 「지방세법」, 「지방세특례제한법」 또는 「조세특례제한법」에 의한 재산세의 비과세·과세면제 또는 경감에 관한 규정은 종합부동산세를 부과하는 경우에 준용한다.

③ 재산세가 분리과세되는 토지에 대하여는 종합부동산세를 과세하지 아니한다.

④ 재산세 과세재산 중 별도합산과세대상토지의 공시가격을 합한 금액이 80억원을 초과하는 자는 종합부동산세를 납부할 의무가 있다.

⑤ 재산세 과세재산 중 별도합산과세대상토지는 개인의 경우 세대별로 합산하여 과세한다.

15 복습문제
상
종합부동산세
종합문제

종합부동산세에 관한 설명으로 틀린 것은?

① 개인인 납세의무자가 2주택 이하를 소유한 경우 과세표준이 3억원 이하인 경우 세율은 1천분의 5이다.

② 개인인 납세의무자가 3주택 이상을 소유한 경우 과세표준이 3억원인 경우 세율은 1천분의 5이다.

③ 과세기준일 현재 만 75세인 1세대 1주택자(단독 소유)로서 과세기준일 현재 해당 주택을 15년 보유한 경우 공제율은 100분의 80이다.

④ 관할세무서장은 종합부동산세로 납부하여야 할 세액이 250만원을 초과하는 경우에는 대통령령으로 정하는 바에 따라 그 세액의 일부를 납부기한이 지난 날부터 6개월 이내에 분납하게 할 수 있다.

⑤ 종합부동산세의 부가세인 농어촌특별세는 분납할 수 없다.

16

종합부동산세법령상 토지에 대한 과세 및 부과·징수 등에 관한 설명으로 틀린 것은 몇 개인가?
(단, 2026년도 납세의무 성립분임)

㉠ 토지에 대한 종합부동산세는 국내에 소재하는 토지에 대하여 종합합산과세대상과 별도합산과세대상으로 구분하여 과세한다.

㉡ 별도합산과세대상인 토지에 대한 종합부동산세의 과세표준은 납세의무자별로 해당 과세대상토지의 공시가격을 합산한 금액에서 80억원을 공제한 금액에 100분의 100의 공정시장가액비율을 곱한 금액(영보다 작은 경우에는 영으로 본다)으로 한다.

㉢ 종합부동산세를 신고납부방식으로 납부하고자 하는 납세의무자는 종합부동산세의 과세표준과 세액을 해당 연도 12월 1일부터 12월 15일까지 대통령령으로 정하는 바에 따라 관할세무서장에게 신고하여야 한다.

㉣ 납세의무자가 토지분 종합부동산세의 납부유예를 그 납부기한 만료일까지 신청하는 경우 관할세무서장은 이를 허가할 수 있다.

㉤ 관할세무서장은 법령에 따른 주택분 종합부동산세의 납부유예 신청을 받은 경우 납부기한 만료일까지 대통령령으로 정하는 바에 따라 납세의무자에게 납부유예 허가 여부를 통지하여야 한다.

① 1개   ② 2개   ③ 3개
④ 4개   ⑤ 5개

Point 17

거주자인 개인 甲은 국내에 주택 2채(다가구주택 아님) 및 상가건물 1채를 각각 보유하고 있다. 甲의 재산세 및 종합부동산세에 관한 설명으로 옳은 것은? (단, 甲의 주택은 「종합부동산세법」상 합산배제주택에 해당하지 아니하며, 지방세관계법상 재산세 특례 및 감면은 없음)

① 甲의 주택에 대한 종합부동산세가 20만원을 초과하는 경우 납기는 2분의 1은 7월 16일부터 7월 31일까지이고 나머지 2분의 1은 9월 16일부터 9월 30일까지이다.

② 甲의 상가건물에 대한 재산세는 시가표준액을 과세표준으로 하여 비례세율을 과세한다.

③ 납세자에게 부정행위가 없으며 특례제척기간에 해당하지 않는 경우, 원칙적으로 납세의무 성립일부터 5년이 지나면 재산세를 부과할 수 없다.

④ 주택분 종합부동산세액에서 공제되는 재산세액은 재산세 표준세율의 100분의 50의 범위에서 가감된 세율이 적용된 경우에는 그 세율이 적용되기 전의 세액으로 한다.

⑤ 종합부동산세 납부할 세액이 800만원인 경우, 250만원을 초과하는 세액의 50% 이하의 금액을 납부기한이 지난 날부터 6개월 이내에 분납할 수 있다.

18 ⑧ 재산세와 종합부동산세

거주자인 개인 **甲의 재산세 및 종합부동산세에 관한 설명으로 옳은 것은?** (단, 甲의 주택은 종합부동산세법상 합산배제주택에 해당하지 아니하며, 지방세관계법상 재산세 특례 및 감면은 없음)

① 재산세 및 종합부동산세의 과세기준일은 매년 7월 1일이다.

② 서울특별시 강남구와 경기도 성남시에 주택을 소유하고 있는 경우 성남시 소재 주택에 대하여 부과된 종합부동산세의 물납은 성남시 내에 소재하는 주택만 가능하다.

③ 甲의 주택에 대한 종합부동산세는 甲이 보유한 주택의 공시가격을 합산한 금액에서 9억 원을 공제한 금액을 과세표준으로 하여 누진세율로 과세한다.

④ 1주택(주택의 부속토지만을 소유한 경우는 제외)과 다른 주택의 부속토지(주택의 건물과 부속토지의 소유자가 다른 경우의 그 부속토지)를 함께 소유하고 있는 경우는 1세대 1주택자로 본다.

⑤ 납세자에게 부정행위가 없으며 특례제척기간에 해당하지 않는 경우 원칙적으로 납부기한부터 5년이 지나면 종합부동산세를 부과할 수 없다.

19 ⑧ 재산세와 종합부동산세

다음 **재산세와 종합부동산세에 관한 설명으로 틀린 것은?** (단, 주택은 종합부동산세법상 합산배제주택에 해당하지 아니하며, 지방세관계법상 재산세 특례 및 감면은 없음)

① 「지방세법」, 「지방세특례제한법」 또는 「조세특례제한법」에 의하여 재산세가 비과세·과세면제 또는 경감되는 경우, 시·군의 감면조례에 의하여 재산세가 감면되는 경우 그 감면대상인 주택 또는 토지의 공시가격에서 그 공시가격에 재산세 감면비율(비과세 또는 과세면제는 100분의 100)을 곱한 금액을 공제한 금액을 종합부동산세의 공시가격으로 본다.

② 농어촌특별세는 종합부동산세 분납금액의 비율에 의하여 종합부동산세의 분납에 따라 분납할 수 있다.

③ 과세기준일 현재 종합합산과세대상 토지분 재산세의 납세의무자는 종합부동산세를 납부할 의무가 있다.

④ 물납은 재산세의 납부세액이 1천만원을 초과하는 경우에만 가능하다. 분납과 달리 소방분 지역자원시설세는 물납대상이 아니다. 지방교육세도 물납대상이 아니다. 다만, 재산세 도시지역분은 재산세로 과세되기 때문에 물납이 된다.

⑤ 재산세가 분납대상에 해당할 경우 지방교육세도 함께 분납 처리한다.

제1절 소득의 구분

대표유형

다음은 「소득세법」에 대한 설명이다. 틀린 것은?

① 주택의 임대로 인하여 얻은 과세대상 소득은 사업소득으로서 해당 거주자의 종합소득금액에 합산된다.

② 양도소득에 대한 과세표준은 종합소득 및 퇴직소득에 대한 과세표준과 구분하여 계산한다.

③ 비주거용 건물 임대업에서 발생한 결손금은 종합소득 과세표준을 계산할 때 공제한다.

④ 거주자는 국내에 있는 토지의 양도로 발생하는 소득에 대하여 양도소득세 납세의무가 있다.

⑤ 거주자가 국내 상가건물을 양도한 경우 거주자의 주소지와 상가건물의 소재지가 다르다면 양도소득세 납세지는 거주자의 주소지이다.

해설 ③ 비주거용 건물 임대업에서 발생한 결손금은 종합소득 과세표준을 계산할 때 공제하지 아니한다.

▶▶ 정답 ③

Point

01 다음은 「소득세법」에 대한 설명이다. 틀린 것은?

소득세법

① 주택을 임대하면서 받은 임대료는 기타소득으로 과세된다.

② 비거주자가 국내 주택을 양도한 경우 양도소득세 납세지는 국내 사업장의 소재지이다.

③ 자기소유의 부동산을 타인의 담보로 사용하게 하고 그 사용대가를 받는 것은 사업소득이다.

④ 비거주자가 국외 토지를 양도한 경우 양도소득세 납세의무가 없다.

⑤ 거주자가 국외토지를 양도한 경우 양도일까지 계속해서 10년간 국내에 주소를 두었다면 양도소득 과세표준을 예정신고하여야 한다.

02 
소득세법

다음은 「소득세법」에 대한 설명이다. 틀린 것은?

① 공동으로 소유한 자산에 대한 양도소득금액을 계산하는 경우에는 해당 자산을 공동으로 소유하는 각 거주자가 납세의무를 진다.

② 현행 「소득세법」은 기본적으로 소득원천설의 입장을 취하고 있으면서, 순자산증가설의 입장도 일부 수용하고 있다.

③ "거주자"란 국내에 주소를 두거나 183일 이상의 거소(居所)을 둔 개인을 말하며, "비거주자"란 거주자가 아닌 개인을 말한다.

④ 거주자의 소득세 납세지는 그 주소지로 한다. 다만, 주소지가 없는 경우에는 그 거소지로 한다.

⑤ 부동산임대업에 관련된 사업소득의 경우 과세소득을 부부단위로 합산하여 과세한다.

03 
소득세법

현행 「소득세법」에 관한 설명 중 틀린 것은?

① 현행 「소득세법」은 8가지의 소득 중 이자소득·배당소득·사업소득·근로소득·연금소득·기타소득은 그 소득의 종류에 관계없이 다른 소득과 합산하여 1년 단위로 통합하여 과세한다.

② 소득세에서 '분류과세'란 일정한 소득을 기간별로 합산하지 않고 그 소득이 지급될 때 소득세를 원천징수함으로써 과세를 종결하는 것을 말한다.

③ 부동산임대업에서 발생하는 사업소득이 있는 자가 사업장 소재지를 납세지로 신청한 경우 국세청장 또는 관할지방국세청장은 대통령령으로 정하는 바에 따라 사업장 소재지를 납세지로 지정할 수 있다.

④ "거주자"란 국내에 주소를 두거나 1과세기간 중 183일 이상 거소(居所)를 둔 개인을 말하며, "비거주자"는 거주자가 아닌 개인을 말하는 것으로 국적이나 외국영주권 취득여부와는 관련이 없으며 거주기간, 직업, 국내에 생계를 같이하는 가족 및 국내 소재 자산의 유무 등 생활관계의 객관적인 사실에 따라 판단한다.

⑤ 거주자가 사망한 경우의 과세기간은 1월 1일부터 사망한 날까지로 한다.

복습문제 04 중 소득세법

「소득세법」에 관한 설명 중 틀린 것은?

① 공동으로 소유한 자산에 대한 양도소득금액을 계산하는 경우에는 해당 자산을 공동으로 소유하는 각 거주자가 납세의무를 진다.

② 양도자산의 소유자가 사망한 후 상속인이 상속절차를 이행하지 아니하고 피상속인 명의로 그 상속자산을 양도한 경우에 상속인은 상속개시일로부터 양도일까지 발생된 양도소득에 대한 소득세를 납부할 의무를 진다.

③ 거주자의 소득세 납세지는 그 주소지로 한다. 다만, 주소지가 없는 경우에는 그 거소지로 한다.

④ 비거주자의 소득세 납세지는 제120조에 따른 국내사업장의 소재지로 한다. 다만, 국내사업장이 둘 이상 있는 경우에는 주된 국내사업장의 소재지로 하고, 국내사업장이 없는 경우에는 국내원천소득이 발생하는 장소로 한다.

⑤ 2026년 3월 1일에 신규로 사업을 개시하여 2026년 10월 31일에 폐업한 거주자의 소득세 과세기간은 2026년 3월 1일부터 2026년 10월 31일까지이다.

제 2 절 납세의무자, 납세지

대표유형

다음은 「소득세법」에 대한 설명이다. 틀린 것은 몇 개인가?

> ㉠ 비거주자가 국외 토지를 양도한 경우 양도소득세 납부의무가 있다.
> ㉡ 국외자산 양도시 양도소득세의 납세의무자는 국외자산의 양도일까지 계속하여 3년간 국내에 주소를 둔 거주자이다.
> ㉢ 거주자가 국외 토지를 양도한 경우 양도일까지 계속해서 10년간 국내에 주소를 두었다면 양도소득과세표준을 예정신고하여야 한다.
> ㉣ 거주자가 국내 상가건물을 양도한 경우 거주자의 주소지와 상가건물의 소재지가 다르다면 양도소득세 납세지는 상가건물의 소재지이다.
> ㉤ 비거주자가 국내 주택을 양도한 경우 양도소득세 납세지는 비거주자의 국외 주소지이다.

① 1개 　　　　② 2개 　　　　③ 3개
④ 4개 　　　　⑤ 5개

해설 1. 틀린 것: ㉠, ㉡, ㉣, ㉤
㉠ 비거주자가 국외 토지를 양도한 경우 양도소득세 납부의무가 없다.
㉡ 국외자산 양도시 양도소득세의 납세의무자는 국외자산의 양도일까지 계속하여 5년 이상 국내에 주소를 둔 거주자이다.
㉣ 거주자가 국내 상가건물을 양도한 경우 거주자의 주소지와 상가건물의 소재지가 다르다면 양도소득세 납세지는 거주자의 주소지이다.
㉤ 비거주자가 국내 주택을 양도한 경우 양도소득세 납세지는 국내주택 소재지이다.
2. 옳은 것: ㉢
㉢ 거주자가 국외 토지를 양도한 경우 양도일까지 계속해서 10년간 국내에 주소를 두었다면 양도소득과세표준을 예정신고하여야 한다.

▶ 정답 ④

05 다음은 「소득세법」에 대한 설명이다. 틀린 것은?

① 양도소득에 대한 과세표준은 종합소득 및 퇴직소득에 대한 과세표준과 구분하여 계산한다.
② 해당 과세기간의 주거용 건물 임대업을 제외한 부동산임대업에서 발생한 결손금은 그 과세기간의 종합소득과세표준을 계산할 때 공제하지 아니한다.
③ 해당 과세기간의 종합소득금액이 있는 거주자(종합소득과세표준이 없거나 결손금이 있는 거주자를 포함한다)는 그 종합소득과세표준을 그 과세기간의 다음 연도 5월 1일부터 5월 31일까지 대통령령으로 정하는 바에 따라 납세지 관할 세무서장에게 신고하여야 하며, 해당 과세기간에 분리과세 주택임대소득이 있는 경우에도 이를 적용한다.
④ 공장재단을 대여하는 사업은 부동산임대업에 해당한다.
⑤ 주택을 임대하여 얻은 소득은 거주자가 사업자등록을 한 경우에 한하여 소득세 납세의무가 있다.

복습문제 06 다음은 「소득세법」에 대한 설명이다. 틀린 것은?

소득세법

① 주거용 건물 임대업에서 발생한 결손금은 종합소득 과세표준을 계산할 때 공제한다.
② 주택의 임대로 인하여 얻은 과세대상 소득은 사업소득으로서 해당 거주자의 종합소득금액에 합산된다.
③ 양도소득에 대한 과세표준은 종합소득 및 퇴직소득에 대한 과세표준과 구분하여 계산한다.
④ 거주자 甲의 부동산 양도에 따른 소득세의 납세지는 甲의 주소지를 원칙으로 한다.
⑤ 비거주자가 국외 토지를 양도한 경우 양도소득세 납부의무가 있다.

제3절 부동산임대업

대표유형

소득세법령상 거주자의 부동산임대 등에 관한 설명으로 옳은 것은 몇 개인가?

㉠ 해당 과세기간의 주거용 건물 임대업을 제외한 부동산임대업에서 발생한 결손금은 그 과세기간의 종합소득 과세표준을 계산할 때 공제하지 아니한다.
㉡ 광업재단을 대여하는 사업은 부동산임대업에 해당되지 않는다.
㉢ 국외에 소재하는 주택 1개만을 소유하는 자의 해당 주택 임대소득은 비과세소득이다.
㉣ 사업소득에 부동산임대업에서 발생한 소득이 포함되어 있는 사업자는 그 소득별로 구분하여 회계처리하여야 한다.
㉤ 해당 과세기간에 분리과세 주택임대소득이 있는 거주자(종합소득 과세표준이 없거나 결손금이 있는 거주자 포함)는 그 종합소득 과세표준을 그 과세기간의 다음 연도 5월 1일부터 5월 31일까지 신고하여야 한다.

① 1개   ② 2개   ③ 3개
④ 4개   ⑤ 5개

해설 1. 옳은 것: ㉠, ㉣, ㉤
2. 틀린 것: ㉡, ㉢
㉡ 광업재단을 대여하는 사업은 <u>부동산임대업에 해당한다</u>(소득세법 제45조 제2항 제2호).
㉢ 국외에 소재하는 주택 1개만을 소유하는 자의 해당 주택 임대소득은 <u>과세소득</u>이다(소득세법 제12조 제2호 나목).

▶▶ 정답 ③

Point 07 (중)

부동산과 관련된
사업소득

「소득세법」상 거주자의 부동산과 관련된 사업소득에 관한 설명으로 틀린 것은 몇 개인가?

㉠ 공익사업을 위한 토지 등의 취득 및 보상에 관한 법률에 따른 공익사업과 관련하여 지역권을 대여함으로써 발생하는 소득은 부동산업에서 발생하는 소득으로 한다.

㉡ 국내에 소재하는 논·밭을 작물 생산에 이용하게 함으로써 발생하는 사업소득은 소득세를 과세하지 아니한다.

㉢ 임대보증금의 간주임대료를 계산하는 과정에서 금융수익을 차감할 때 그 금융수익은 수입이자와 할인료, 수입배당금, 유가증권처분이익으로 한다.

㉣ 주택을 임대하여 얻은 소득은 거주자가 사업자등록을 한 경우에 한하여 소득세 납세의무가 있다.

㉤ 거주자의 보유주택 수를 계산함에 있어서 다가구주택은 1개의 주택으로 보되, 구분등기된 경우에는 각각을 1개의 주택으로 계산한다.

㉥ 주택 1채만을 소유한 거주자가 과세기간 종료일 현재 기준시가 13억원인 해당 주택을 전세금을 받고 임대하여 얻은 소득에 대해서는 소득세가 과세된다.

① 0개 ② 1개 ③ 2개
④ 3개 ⑤ 4개

08 (중)

부동산 임대업

「소득세법」상 거주자의 부동산임대업에서 발생하는 소득에 관한 설명으로 옳은 것은? (해당 과세기간에 주거용 건물 임대업에서 발생한 수입금액의 합계액이 2천만원 초과라 가정함) (각 지문은 별개의 상황이라 가정)

① 미등기부동산을 임대하고 그 대가로 받는 것은 사업소득이 아니다.

② 지역권·지상권을 설정하거나 대여함으로써 발생하는 소득은 기타소득이다. 다만, 「공익사업을 위한 토지 등의 취득 및 보상에 관한 법률」 제4조에 따른 공익사업과 관련하여 지역권·지상권(지하 또는 공중에 설정된 권리를 포함한다)을 설정하거나 대여함으로써 발생하는 소득은 사업소득이다.

③ 자기소유의 부동산을 타인의 담보로 사용하게 하고 그 사용대가로 받는 것은 기타소득이다.

④ 주택의 임대로 인하여 얻은 과세대상 소득은 사업소득으로서 해당 거주자의 종합소득금액에 합산된다.

⑤ 지상권을 양도함으로써 발생하는 소득은 기타소득이다.

09
중
부동산 임대업

「소득세법」상 거주자가 부동산 등을 임대하여 발생하는 소득에 관한 설명으로 틀린 것은?

① 부부가 각각 주택을 1채씩 보유한 상태에서 그중 1주택을 임대하고 연간 2,800만원의 임대료를 받았을 경우 주택임대에 따른 과세소득은 있다.

② 거주자의 보유주택 수를 계산함에 있어서 다가구주택은 1개의 주택으로 보되, 구분등기된 경우에는 각각을 1개의 주택으로 계산한다.

③ 주택을 임대하여 얻은 소득은 거주자가 사업자등록을 한 경우에 한하여 소득세 납세의무가 있다.

④ 국외에 소재하는 임대주택은 주택 수에 관계없이 과세된다.

⑤ 주택임대소득이 과세되는 고가주택은 과세기간 종료일 현재 기준시가 12억원을 초과하는 주택을 말한다.

복습문제
10
중
부동산 임대업

「소득세법」상 거주자의 부동산임대업에서 발생하는 소득에 관한 설명으로 옳은 것은? (해당 과세기간에 주거용 건물 임대업에서 발생한 수입금액의 합계액이 2천만원 초과라 가정함) (각 지문은 별개의 상황이라 가정)

① 지역권·지상권을 설정하거나 대여함으로써 발생하는 소득은 사업소득이다. 다만, 「공익사업을 위한 토지 등의 취득 및 보상에 관한 법률」 제4조에 따른 공익사업과 관련하여 지역권·지상권을 설정하거나 대여함으로써 발생하는 소득은 제외한다.

② 미등기부동산을 임대하고 그 대가로 받는 것은 사업소득이 아니다.

③ 본인과 배우자가 각각 국내소재 주택을 소유한 경우, 이를 합산하지 아니하고 각 거주자별 소유 주택을 기준으로 주택임대소득 비과세 대상인 1주택 여부를 판단한다.

④ 2주택(법령에 따른 고가주택 아님)과 2개의 상업용 건물을 소유하는 자가 보증금을 받은 경우 2주택과 2개의 상업용 건물에 대하여 법령으로 정하는 바에 따라 계산한 간주임대료를 사업소득 총수입금액에 산입한다.

⑤ 甲과 乙이 고가주택이 아닌 공동소유 1주택(甲 지분율 40%, 乙 지분율 60%)을 임대하는 경우, 주택임대소득의 비과세 여부를 판정할 때 甲과 乙이 각각 1주택을 소유한 것으로 보아 주택 수를 계산한다.

대표유형

「소득세법」상 양도에 해당하는 것으로 옳은 것은?

① 「도시개발법」에 따라 토지의 일부가 보류지로 충당되는 경우

② 부동산의 부담부증여에 있어서 수증자가 인수하는 채무액 상당액

③ 매매원인 무효의 소에 의하여 그 매매사실이 원인무효로 판시되어 환원될 경우

④ 이혼으로 인하여 혼인 중에 형성된 부부공동재산을 「민법」 제839조의2에 따라 재산분할하는 경우

⑤ 공동소유의 토지를 공유자지분 변경없이 2개 이상의 공유토지로 분할하였다가 공동지분의 변경없이 그 공유토지를 소유지분별로 단순히 재분할하는 경우

해설 ① 「도시개발법」에 따라 토지의 일부가 <u>보류지로 충당</u>되는 경우(양도 ×)
③ 매매원인 <u>무효</u>의 소에 의하여 그 매매사실이 원인무효로 판시되어 환원될 경우(양도 ×)
④ <u>이혼</u>으로 인하여 혼인 중에 형성된 부부공동재산을 「민법」 제839조의2에 따라 <u>재산분할</u>하는 경우(양도 ×)
⑤ 공동소유의 토지를 공유자<u>지분 변경없이</u> 2개 이상의 공유토지로 분할하였다가 공동<u>지분의 변경없이</u> 그 공유토지를 소유<u>지분별로 단순히 재분할</u>하는 경우(양도 ×) ▶▶ 정답 ②

01 다음 중 양도소득세가 과세되는 양도에 해당하지 않는 것은?

양도

㉠ 소유한 임대부동산을 법인에 현물출자하는 경우
㉡ 「도시개발법」이나 그 밖의 법률에 따른 환지처분으로 지목 또는 지번이 변경되거나 보류지(保留地)로 충당되는 경우
㉢ 공동소유의 토지를 공유자 지분 변경없이 2개 이상의 공유토지로 분할한 경우
㉣ 법정요건을 갖춘 양도담보계약에 의하여 소유권을 이전한 후 채무불이행으로 변제에 충당한 경우
㉤ 부동산의 부담부증여에 있어서 수증자가 인수하는 채무액 상당액

① ㉠   ② ㉡, ㉢   ③ ㉠, ㉣

④ ㉣, ㉤   ⑤ ㉤

02 
중
양도

「소득세법」상 양도에 해당하는 것으로 옳은 것은?

① 매매원인 무효의 소에 의하여 그 매매사실이 원인무효로 판시되어 환원될 경우
② 공동소유의 토지를 공유자지분 변경없이 2개 이상의 공유토지로 분할하였다가 공동지분의 변경없이 그 공유토지를 소유지분별로 단순히 재분할하는 경우
③ 배우자의 부동산을 취득한 경우로서 그 취득대가를 지급한 사실을 증명한 경우
④ 법원의 확정판결에 의하여 신탁해지를 원인으로 소유권 이전등기를 하는 경우
⑤ 본인 소유자산을 경매·공매로 인하여 자기가 재취득하는 경우

03 
중
양도

다음은 양도소득세가 과세되는 양도에 대한 설명이다. 틀린 것은?

① 조합에 토지를 현물출자한 경우는 양도로 보되, 출자자의 조합지분비율에 해당하는 부분은 과세대상에서 제외한다.
② 담보제공을 위한 소유권의 이전등기는 양도에 해당한다.
③ 등기·등록에 관계없이 매도·교환 등 자산이 유상으로 이전되는 경우 양도소득세가 과세된다.
④ 甲, 乙, 丙이 균등으로 공동소유한 토지를 甲 40%, 乙 30%, 丙 30% 지분으로 분할한 경우 양도에 해당한다.
⑤ 소유한 임대부동산을 법인에 현물출자하는 경우 양도에 해당한다.

04 복습문제
중
양도

다음은 양도소득세가 과세되는 양도에 대한 설명이다. 틀린 것은?

① 협의이혼의 위자료로 토지의 소유권을 이전해 준 경우는 양도에 해당한다.
② 손해배상에 있어 당사자 간의 합의에 의하여 부동산으로 대물변제한 경우는 양도에 해당한다.
③ 양도담보로 된 자산에 대하여 채무불이행으로 변제에 충당한 경우는 양도에 해당한다.
④ 부동산을 동등가치로 대금수수가 없이 상호 교환하는 경우 양도에 해당한다.
⑤ 임의경매절차에는 국가기관이 개입되어 있으므로 이에 의한 토지의 유상이전은 양도에 해당하지 아니한다.

Point 05 중
부담부증여

부담부증여의 경우 다음 자료에 의하여 양도차익을 산출하면?

> ㉠ 소유한 토지를 100,000,000원의 부담부조건으로 甲에게 양도하였다.
> ㉡ 취득시 실지거래가는 100,000,000원이다.
> ㉢ 부담부증여시 시가는 200,000,000원이다(「상속세 및 증여세법」 규정에 따라 평가한 가액).
> ㉣ 등기된 토지이며, 취득시 부대비용은 500만원이다.

① 35,000,000원　　　　　　　　② 40,000,000원
③ 42,000,000원　　　　　　　　④ 45,000,000원
⑤ 47,500,000원

06 중
부담부증여

다음과 같은 부담부증여가 발생하였다. 이에 관한 다음의 설명 중 틀린 것은?

> ㉠ 증여당시 부동산가액 : 5억원
> ㉡ 당해 부동산에 담보된 채무액 : 2억원
> ㉢ 증여조건 : 증여자의 채무액을 수증자가 인수함
> ㉣ 증여자 : 甲
> ㉤ 수증자 : 乙

① 수증자의 채무인수액 2억원에 대하여는 증여자 甲에게 양도소득세가 과세된다.
② 증여자와 수증자가 배우자 또는 직계존비속이 아닌 경우 증여재산가액에서 수증자의 채무인수액을 공제한 3억원에 대하여는 수증자 乙에게 증여세가 과세된다.
③ 단순증여 또는 부담부증여 구분 없이 수증자 乙은 증여당시 재산가액 5억원 전액에 대하여 취득세 납세의무가 있다.
④ 증여자와 수증자가 배우자 또는 직계존비속간인 경우에도 채무인수를 객관적으로 입증하는 경우에는 부담부증여로 본다.
⑤ 증여자 甲과 수증자 乙이 배우자 또는 직계존비속인 경우에는 항상 채무를 인수하지 않은 것으로 본다.

제 **2** 절　**양도세 과세대상**

대표유형

「소득세법」상 양도소득의 과세대상자산이 아닌 것은? (단, 거주자가 국내 자산을 양도한 것으로 한정함)

① 지상권

② 전세권

③ 등기된 부동산임차권

④ 영업권(사업용 고정자산과 분리되어 양도되는 것)

⑤ 골프 회원권

해설　④ 사업용 고정자산(토지·건물·부동산에 관한 권리)과 함께 양도하는 영업권은 양도소득세 과세대상이다. 반면, 사업용 고정자산과 분리되어 양도하는 영업권은 종합소득 중 기타소득으로 과세한다.　▶▶ **정답 ④**

Point 07 ⟨중⟩

양도소득세 과세대상

「소득세법」상 거주자의 양도소득세 과세대상이 아닌 것은? (단, 국내 자산을 가정함)

① 사업에 사용하는 토지·건물 및 부동산에 관한 권리와 함께 영업권의 양도

② 등기된 부동산임차권의 양도

③ 건물이 완성되는 때에 그 건물과 이에 딸린 토지를 취득할 수 있는 권리

④ 이혼으로 인하여 혼인 중에 형성된 부부공동재산을 「민법」 제839조의2에 따라 재산분할하는 경우

⑤ 개인의 토지를 법인에 현물출자

08 ⟨하⟩

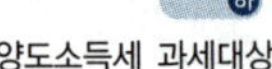

양도소득세 과세대상

「소득세법」상 거주자의 양도소득세 과세대상은 몇 개인가? (단, 국내 자산을 가정함)

ⓗ 지역권
〭 건물이 완성되는 때에 그 건물과 이에 딸린 토지를 취득할 수 있는 권리
〮 「도시개발법」에 따라 토지의 일부가 보류지로 충당되는 경우
〯 이혼으로 인하여 혼인 중에 형성된 부부공동재산을 「민법」 제839조의2에 따라 재산분할하는 경우

① 0개　　　② 1개　　　③ 2개
④ 3개　　　⑤ 4개

복습문제 09 중
양도소득세 과세대상

소득세법령상 다음의 국내자산 중 양도소득세 과세대상에 해당하는 것은 몇 개인가? (단, 비과세와 감면은 고려하지 않음)

> ㉠ 지역권
> ㉡ 조합원입주권
> ㉢ 부동산매매계약을 체결한 자가 계약금만 지급한 상태에서 양도하는 권리
> ㉣ 전세권
> ㉤ 등기되지 않은 부동산임차권
> ㉥ 사업에 사용하는 토지 및 건물과 함께 양도하는 영업권
> ㉦ 토지 및 건물과 함께 양도하는 「개발제한구역의 지정 및 관리에 관한 특별조치법」에 따른 이축권(해당 이축권의 가액을 대통령령으로 정하는 방법에 따라 별도로 평가하여 신고함)
> ㉧ 비사업용 토지
> ㉨ 고가주택

① 4개   ② 5개   ③ 6개
④ 7개   ⑤ 8개

PART 03

제 3 절   양도 또는 취득시기

대표유형

「소득세법」상 양도차익 계산시 취득 및 양도시기로 틀린 것은?

① 상속에 의하여 취득한 자산: 피상속인의 취득일
② 대금을 청산한 날이 분명하지 아니한 경우: 등기부·등록부 또는 명부 등에 기재된 등기·등록접수일 또는 명의개서일
③ 대금을 청산하기 전에 소유권이전등기(등록 및 명의개서 포함)을 한 경우: 등기부·등록부 또는 명부 등에 기재된 등기접수일
④ 증여에 의하여 취득한 자산: 증여를 받은 날
⑤ 「공익사업을 위한 토지 등의 취득 및 보상에 관한 법률」에 따라 공익사업을 위하여 수용되는 경우: 대금을 청산한 날, 수용의 개시일 또는 소유권이전등기접수일 중 **빠른** 날. 다만, 소유권에 관한 소송으로 보상금이 공탁된 경우에는 소유권 관련 소송 판결 확정일로 한다.

해설 ① 상속에 의하여 취득한 자산: 상속개시일   ▶▶ 정답 ①

Point 10 중
양도 및 취득의 시기

현행 「소득세법」에서 규정하는 양도 및 취득의 시기에 관하여 틀린 것은?

① 상속에 의하여 취득한 토지는 상속이 개시한 날
② 대금청산 전에 소유권이전등기를 한 토지는 등기부에 기재된 등기접수일
③ 장기할부조건의 경우에는 소유권이전등기접수일·인도일 또는 사용수익일 중 빠른 날
④ 「민법」 제245조 제1항의 규정에 의하여 20년간의 점유로 취득한 토지의 경우에는 당해 토지에 대한 소유권이전등기접수일
⑤ 건축 허가를 받지 아니하고 건축하는 건축물에 있어서는 그 사실상의 사용일

11 중
양도 또는 취득의 시기

다음 중 자산의 양도차익을 계산함에 있어서 그 자산의 양도 또는 취득시기로서 틀린 것은?

① 토지의 유상 양도 및 취득시기는 원칙적으로 사실상 대금을 청산한 날이다.
② 「도시개발법」 또는 그 밖의 법률에 따른 환지처분으로 인하여 취득한 토지의 취득시기는 환지처분을 받은 날로 한다.
③ 대금을 청산하기 전에 소유권이전등기를 한 경우에는 등기부에 기재된 등기접수일로 한다.
④ 경매에 의하여 자산을 취득하는 경우에는 경매인이 매각조건에 의하여 경매대금을 완납한 날을 취득시기로 한다.
⑤ 자기가 건설한 건축물에 있어서는 「건축법」 제22조 제2항에 따른 사용승인서 교부일. 다만, 사용승인서 교부일 전에 사실상 사용하거나 같은 조 제3항 제2호에 따른 임시사용승인을 받은 경우에는 그 사실상의 사용일 또는 임시사용승인을 받은 날 중 빠른 날로 하고 건축 허가를 받지 아니하고 건축하는 건축물에 있어서는 그 사실상의 사용일로 한다.

12 중
양도 또는 취득의 시기

소득세법령상 양도차익 계산시 양도 또는 취득의 시기에 대한 설명 중 틀린 것은?

① 증여에 의하여 취득한 토지는 증여를 받은 날이 된다.
② 부동산의 소유권이 타인에게 이전되었다가 법원의 무효판결에 의하여 당해 자산의 소유권이 환원되는 경우 당해 자산의 취득시기는 법원의 확정판결일로 한다.
③ 대금을 청산한 날이 분명하지 아니한 경우에는 등기·등록접수일 또는 명의개서일이다.
④ 대금을 어음으로 받은 경우에는 어음을 받은 날이 아니라 실제로 어음이 결제된 날이 대금청산일이 된다.
⑤ 완성 또는 확정되지 아니한 자산을 양도 또는 취득한 경우로서 해당 자산의 대금을 청산한 날까지 그 목적물이 완성 또는 확정되지 아니한 경우에는 그 목적물이 완성 또는 확정된 날이다.

다음은 양도소득세의 양도 또는 취득의 시기에 대한 설명이다. 틀린 것은?

① 환지처분으로 권리면적이 증가한 경우의 취득시기는 환지처분의 공고가 있은 날의 다음 날이다.

② 「공익사업을 위한 토지 등의 취득 및 보상에 관한 법률」이나 그 밖의 법률에 따라 공익사업을 위하여 수용되는 경우에는 대금을 청산한 날, 수용의 개시일 또는 소유권이전등기접수일 중 빠른 날이다. 다만, 소유권에 관한 소송으로 보상금이 공탁된 경우에는 소유권 관련 소송 판결 확정일로 한다.

③ 완성 또는 확정되지 아니한 자산을 양도 또는 취득한 경우로서 해당 자산의 대금을 청산한 날까지 그 목적물이 완성 또는 확정되지 아니한 경우에는 그 목적물이 완성 또는 확정된 날로 한다.

④ 1984년 12월 31일 이전에 취득한 부동산에 관한 권리는 1986년 1월 1일에 취득한 것으로 본다.

⑤ 자기가 건설한 건축물에 있어서는 「건축법」 제22조 제2항에 따른 사용승인서 교부일. 다만, 사용승인서 교부일 전에 사실상 사용하거나 임시사용승인을 받은 경우에는 그 사실상의 사용일 또는 임시사용승인을 받은 날 중 빠른 날로 하고 건축 허가를 받지 아니하고 건축하는 건축물에 있어서는 그 사실상의 사용일로 한다.

현행 「소득세법」에서 규정하는 토지의 양도 및 취득의 시기에 관하여 틀린 것은?

① 토지의 양도 및 취득시기는 원칙적으로 토지의 대금을 청산한 날

② 환지처분에 의하여 취득한 토지의 취득시기는 토지의 환지처분을 받은 날

③ 자기가 건설한 건축물에 있어서는 「건축법」 제22조 제2항에 따른 사용승인서 교부일. 다만, 사용승인서 교부일 전에 사실상 사용하거나 같은 조 제3항 제2호에 따른 임시사용승인을 받은 경우에는 그 사실상의 사용일 또는 임시사용승인을 받은 날 중 빠른 날로 하고 건축 허가를 받지 아니하고 건축하는 건축물에 있어서는 그 사실상의 사용일로 한다.

④ 「민법」 제245조 제1항의 규정에 의하여 부동산의 소유권을 취득하는 경우에는 당해 부동산의 점유를 개시한 날

⑤ 장기할부조건의 경우에는 소유권이전등기접수일·인도일 또는 사용수익일 중 빠른 날

15
양도 또는 취득의 시기

다음 중 자산의 양도차익을 계산함에 있어서 그 자산의 양도 또는 취득시기로서 틀린 것은?

① 대금청산 전에 소유권이전등기를 한 토지의 양도 및 취득시기는 등기부에 기재된 등기접수일

② 대금청산일은 실제로 청산할 대금의 전부를 주고 받은 날

③ 완성되지 않은 자산을 취득한 경우 당해 자산의 대금을 완납하였다면 대금완납일을 취득시기로 본다.

④ 대금을 청산한 날이 분명하지 아니한 경우에는 등기·등록접수일 또는 명의개서일

⑤ 상속에 의하여 취득한 부동산의 경우 취득시기는 상속개시일

복습문제
16
양도 또는 취득의 시기

소득세법령상 양도 또는 취득의 시기에 관한 규정이다. 틀린 것은?

① 대금청산일은 원칙적으로 거래대금의 전부를 지급한 날을 의미하지만 그 전부를 이행하지 않았어도 사회통념상 거의 지급되었다고 볼만한 정도의 대금지급이 이행된 날을 포함한다.

② 매매계약서 등에 기재된 잔금지급약정일보다 앞당겨 잔금을 받거나 늦게 받는 경우에는 실지로 받은 날이 잔금청산일이 된다.

③ 법원의 확정판결에 의하여 소유권을 이전한 경우 그 취득시기는 대금청산일을 확인하여 판정하는 것이며, 대금청산일이 불분명한 경우에는 소유권이전등기 접수일로 한다.

④ 부동산의 분양계약을 체결한 자가 해당 계약에 관한 모든 권리를 양도하는 경우 그 권리에 대한 취득시기는 해당 부동산을 분양 받을 수 있는 권리가 확정되는 날(아파트 당첨권은 당첨일)이고 타인으로부터 그 권리를 인수받은 때에는 잔금청산일이 취득시기가 된다.

⑤ 경매에 의하여 자산을 취득하는 경우에는 경락인의 소유권이전등기일이 취득의 시기가 된다.

제4절 양도소득과세표준과 세액의 계산

대표유형

양도소득과세표준 계산에서 그 공제순위가 제일 나중인 것은?

① 양도소득기본공제액

② 자본적지출액

③ 장기보유특별공제액

④ 양도비용

⑤ 설비비, 개량비

해설
　　양도가액
　－ 취득가액
　－ 기타필요경비
　＝ 양도차익
　－ 장기보유특별공제
　＝ 양도소득금액
　－ 양도소득기본공제
　＝ <u>양도소득과세표준</u>

▶ 정답 ①

Point 17

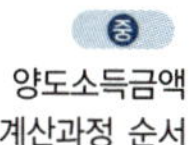

양도소득금액
계산과정 순서

「소득세법」상 국내자산의 양도시 양도소득금액을 감소시킬 수 있는 항목에 해당하지 않는 것은?

① 자산의 취득에 소요된 실지거래가액

② 자산을 양도하기 위하여 직접 지출한 비용

③ 장기보유특별공제

④ 양도소득기본공제

⑤ 기타필요경비

18

양도차익 계산과정
순서

소득세법상 국내자산의 양도시 실지거래가액에 의한 양도차익 계산시 양도차익을 감소시킬 수 있는 항목에 해당하지 않는 것은?

① 자산의 취득에 소요된 실지거래가액

② 자산을 양도하기 위하여 직접 지출한 비용

③ 장기보유특별공제액

④ 취득세

⑤ 자본적지출액

제 4-1 절 양도차익의 계산

대표유형

「소득세법」상 거주자가 국내소재 주택의 양도가액과 취득가액을 실지 거래된 금액을 기준으로 양도차익을 산정하는 경우에 관한 설명 중 틀린 것은 몇 개인가? (단, 지출액은 양도주택과 관련된 것으로 전액 양도자가 부담함)

㉠ 양도와 취득시의 실지거래가액을 확인할 수 있는 경우에는 양도가액과 취득가액을 실지거래가액으로 산정한다.
㉡ 양도소득의 총수입금액은 양도가액으로 한다.
㉢ 취득가액을 실지거래가액으로 계산하는 경우 자본적 지출액은 필요경비에 포함된다.
㉣ 주택의 취득대금에 충당하기 위한 대출금의 이자지급액은 필요경비에 해당하지 않는다.
㉤ 취득시 법령의 규정에 따라 매입한 국민주택채권을 만기 전에 법령이 정하는 금융기관에 양도함으로써 발생하는 매각차손은 필요경비에 해당한다.
㉥ 양도 전 주택의 이용편의를 위한 방 확장 공사비용(이로 인해 주택의 가치가 증가됨)은 필요경비에 해당한다.
㉦ 양도소득세 과세표준 신고서 작성비용은 필요경비에 해당한다.
㉧ 공인중개사에게 지출한 중개수수료는 필요경비에 해당한다.

① 0개 　② 1개 　③ 2개
④ 3개 　⑤ 4개

해설 모두 옳은 설명이다. 　▶ 정답 ①

Point 19
실지거래가액 필요경비

「소득세법」상 거주자가 양도가액과 취득가액을 실지 거래된 금액을 기준으로 양도차익을 산정하는 경우, 양도소득의 필요경비에 해당하지 않는 것은? (단, 지출액은 양도주택과 관련된 것으로 전액 양도자가 부담하고 법령에 따른 증명서류가 수취 · 보관되어 있음)

① 개발부담금과 수익적지출액
② 취득가액
③ 취득에 관한 쟁송이 있는 자산에 대하여 그 소유권확보를 위하여 직접 소요된 소송비용 (다만, 지출한 연도의 각 소득금액 계산상 필요경비에 산입된 것은 제외)
④ 취득시 법령의 규정에 따라 매입한 국민주택채권을 만기 전에 법령이 정하는 금융기관에 양도함으로써 발생하는 매각차손
⑤ 「공인중개사법」에 따른 공인중개사에게 지급한 중개보수

20
(중)
실지거래가액
필요경비

「소득세법」상 거주자가 양도가액과 취득가액을 실지 거래된 금액을 기준으로 양도차익을 산정하는 경우, 양도소득의 필요경비에 해당하지 않는 것은? (단, 지출액은 양도주택과 관련된 것으로 전액 양도자가 부담함)

① 장기보유특별공제액
② 양도 전 주택의 이용편의를 위한 방 확장 공사비용(이로 인해 주택의 가치가 증가됨)
③ 공인중개사에게 지출한 중개보수
④ 양도소득세 과세표준 신고서 작성비용
⑤ 취득가액

21
(중)
실지거래가액
필요경비

양도차익을 실지거래된 금액을 기준으로 산정하는 경우 필요경비에 해당하지 않는 것은? [다만, 자본적 지출에 관한 적격증명서류(세금계산서 · 계산서 · 신용카드매출전표 · 현금영수증)를 수취 · 보관한 경우라 가정함]

① 양도자산의 취득 후 소유권확보를 위한 쟁송에 직접 소요된 비용
② 자본적지출액
③ 소득세법상의 부당행위계산에 의한 시가초과액과 주택의 취득대금에 충당하기 위한 대출금의 이자지급액
④ 양도 전 주택의 이용편의를 위한 방 확장 공사비용(이로 인해 주택의 가치가 증가됨)
⑤ 자산 취득시 매입한 국민주택채권을 만기 전 금융기관에 양도하여 발생하는 매각차손

22
(중)
실지거래가액
필요경비

「소득세법」상 사업소득이 있는 거주자가 실지거래가액에 의해 부동산의 양도차익을 계산하는 경우 양도가액에서 공제할 필요경비에 포함되는 것은? [다만, 자본적 지출에 관한 적격증명서류(세금계산서 · 계산서 · 신용카드매출전표 · 현금영수증)를 수취 · 보관한 경우라 가정함]

① 취득에 관한 쟁송이 있는 자산에 대하여 그 소유권 등을 확보하기 위하여 직접 소요된 소송비용 · 화해비용 등의 금액으로서 그 지출한 연도의 각 소득금액의 계산에 있어서 필요경비에 산입한 금액
② 당사자 약정에 의한 대금지급방법에 따라 취득원가에 이자상당액을 가산하여 거래가액을 확정하는 경우 당해 이자상당액
③ 양도자산의 보유기간 중에 그 자산의 감가상각비로서 사업소득금액의 계산시에 필요경비로 산입한 금액
④ 매입시 기업회계기준에 따라 발생한 현재가치할인차금 중 보유기간 동안 사업소득의 필요경비로 산입된 금액
⑤ 소득세법상의 부당행위계산에 의한 시가초과액과 주택의 취득대금에 충당하기 위한 대출금의 이자지급액

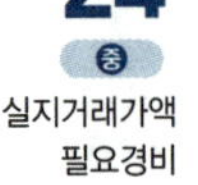

복습문제

23
중
실지거래가액
자본적지출액 또는
양도비

「소득세법」상 사업소득이 있는 거주자가 실지거래가액에 의해 부동산의 양도차익을 계산하는 경우 양도가액에서 공제할 자본적지출액 또는 양도비에 포함되지 않는 것은? (단, 자본적지출액에 대해서는 법령에 따른 증명서류가 수취·보관되어 있음)

① 양도자산의 이용편의를 위하여 지출한 비용

② 자산을 양도하기 위하여 직접 지출한 공증비용

③ 양도자산의 취득 후 쟁송이 있는 경우 그 소유권을 확보하기 위하여 직접 소요된 소송비용으로서 그 지출한 연도의 각 사업소득금액 계산시 필요경비에 산입된 것을 제외한 금액

④ 취득 후 본래의 용도를 유지하기 위해 소요된 수익적 지출액

⑤ 감가상각자산의 내용연수를 연장시키거나 당해 자산의 가치를 현실적으로 증가시키기 위하여 지출한 수선비

24
중
실지거래가액
필요경비

「소득세법」상 사업소득이 있는 거주자가 실지거래가액에 의해 부동산의 양도차익을 계산하는 경우 필요경비에 관한 설명으로 틀린 것은?

① 취득에 관한 쟁송이 있는 자산에 대하여 그 소유권 등을 확보하기 위하여 직접 소요된 소송비용(다만, 지출한 연도의 사업소득금액 계산상 필요경비에 산입된 것은 제외)은 취득가액에 포함한다.

② 당사자 약정에 의한 대금지급방법에 따라 취득원가에 이자상당액을 가산하여 거래가액을 확정한 경우 당해 이자상당액은 취득원가에 포함한다.

③ 양도자산의 보유기간 중에 그 자산의 감가상각비로서 사업소득금액의 계산시에 필요경비로 산입한 금액은 취득가액에서 공제한다.

④ 주택의 취득대금에 충당하기 위한 대출금의 이자지급액은 취득원가에 포함한다.

⑤ 취득가액을 실지거래가액에 의하는 경우 당초 약정에 의한 지급기일의 지연으로 인하여 추가로 발생하는 이자상당액은 취득원가에 포함하지 아니한다.

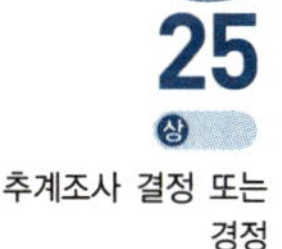

Point 25 상
추계조사 결정 또는 경정

「소득세법」상 거주자의 양도소득세가 과세되는 부동산의 양도가액 또는 취득가액을 추계조사하여 양도소득 과세표준 및 세액을 결정 또는 경정하는 경우에 관한 설명으로 틀린 것은 몇 개인가? (단, 매매사례가액과 감정가액은 특수관계인과의 거래가액이 아님)

> ㉠ 양도 또는 취득당시의 실지거래가액의 확인을 위하여 필요한 장부·매매계약서·영수증 기타 증빙서류가 없거나 그 중요한 부분이 미비된 경우 추계결정 또는 경정의 사유에 해당한다.
>
> ㉡ 취득당시 실지거래가액을 확인할 수 없는 경우에는 매매사례가액, 환산가액, 감정가액, 기준시가를 순차로 적용하여 산정한 가액을 취득가액으로 한다.
>
> ㉢ 매매사례가액은 양도일 또는 취득일 전후 각 3개월 이내에 해당 자산과 동일성 또는 유사성이 있는 자산의 매매사례가 있는 경우 그 가액을 말한다.
>
> ㉣ 감정가액은 해당 자산에 대하여 감정평가기준일이 양도일 또는 취득일 전후 각 3개월 이내이고 둘 이상의 감정평가법인 등이 평가한 것으로서 신빙성이 있는 것으로 인정되는 경우 그 감정가액의 평균액으로 한다(다만, 기준시가가 10억원 이하인 경우에는 하나).
>
> ㉤ 환산가액은 양도가액을 추계할 경우에는 적용되지만 취득가액을 추계할 경우에는 적용되지 않는다.
>
> ㉥ 취득가액을 매매사례가액으로 계산하는 경우 취득당시 기준시가에 3/100을 곱한 금액이 필요경비에 포함된다.

① 1개
② 2개
③ 3개
④ 4개
⑤ 5개

26 추계결정에 의한 양도·취득가액과 기타의 필요경비에 대한 설명이다. 틀린 것은?

중
추계결정

① 취득당시의 실지거래가액을 확인할 수 없는 경우 취득가액은 매매사례가액, 감정가액 및 환산가액을 적용한다.

② 기준시가 및 실지거래가액을 확인할 수 없어 매매사례가액, 감정가액 및 환산가액에 의하여 양도차익을 계산하는 경우 필요경비는 취득당시의 기준시가에 매입부대비용 등을 감안하여 자산별로 정한 일정한 율에 의하여 계산한 금액(개산공제액)을 필요경비로 공제한다.

③ 매매사례가액과 감정가액을 적용함에 있어 특수관계인과의 거래에 따른 가액 등으로서 객관적으로 부당하다고 인정되는 경우에는 해당 가액을 적용하지 아니한다.

④ 취득가액을 실지거래가액이 아닌 추계결정하는 경우 사업소득금액 계산시 필요경비로 산입한 감가상각비는 취득가액에서 공제하지 않는다.

⑤ 취득가액을 환산가액으로 하는 경우로서 환산가액과 개산공제액의 합계액이 자본적지출액과 양도비용의 합계액보다 적은 경우에는 자본적지출액과 양도비용의 합계액을 필요경비로 할 수 있다.

27 「소득세법」상 거주자 甲이 2021년 5월 2일 취득하여 2026년 9월 8일 등기한 상태로 양도한 건물에 대한 자료이다. 甲의 양도소득세 부담을 최소화하기 위한 양도차익은?

상
양도소득세 부담을
최소화하기 위한
양도차익

⑦ 취득과 양도당시 실지거래가액은 확인되지 않는다.
ⓒ 취득당시 매매사례가액과 감정가액은 없으며, 기준시가는 1억원이다.
ⓒ 양도당시 매매사례가액은 3억원이고 감정가액은 없으며, 기준시가는 2억원이다.
ⓔ 자본적 지출액(본래의 용도를 변경하기 위한 개조비)은 1억4천만원, 양도비 지출액(공증비용·인지대·소개비)은 1천만원이다.

① 1억4천만원
② 1억4천2백만원
③ 1억4천3백만원
④ 1억4천7백만원
⑤ 1억4천9백만원

복습문제
28
양도차익 계산

거주자 甲이 등기한 국내 토지를 양도한 경우, 「소득세법」상 토지의 양도차익계산에 관한 설명으로 틀린 것은? (단, 특수관계자와의 거래가 아님)

① 양도 또는 취득당시의 실지거래가액의 확인을 위하여 필요한 장부·매매계약서·영수증 기타 증빙서류가 없거나 그중요한 부분이 미비된 경우 추계결정 또는 경정의 사유에 해당한다.

② 양도자산의 취득 후 쟁송이 있는 경우 그 소유권을 확보하기 위하여 직접 소요된 소송비용으로서 그 지출한 연도의 각 사업소득금액 계산시 필요경비에 산입된 금액은 실지거래가액에 의해 부동산의 양도차익을 계산하는 경우 자본적지출액에 포함되지 않는다.

③ 취득당시 실지거래가액을 확인할 수 없는 경우에는 매매사례가액, 환산가액, 감정가액, 기준시가를 순차로 적용하여 산정한 가액을 취득가액으로 한다.

④ 취득가액을 실지거래가액으로 계산하는 경우 자본적 지출액은 필요경비에 포함되고, 취득가액을 매매사례가액으로 계산하는 경우 취득당시 개별공시지가에 3/100을 곱한 금액이 필요경비에 포함된다.

⑤ 환산가액은 양도가액을 추계할 경우에는 적용되지 않지만 취득가액을 추계할 경우에는 적용된다.

29
기준시가

다음은 양도소득세의 기준시가에 대한 설명이다. 틀린 것은?

① 토지의 경우 개별공시지가를 기준시가로 한다.

② 개발사업 등으로 지가가 급등하거나 우려가 있는 지정지역의 토지는 개별공시지가에 배율을 곱한 가액으로 한다.

③ 건물에 부수되는 토지를 공유로 하고 건물을 구분소유하는 것으로서 건물의 용도·면적 및 구분소유하는 건물의 수 등을 감안하여 국세청장이 지정하는 지역 안에 있는 오피스텔 및 상업용 건물은 건물의 종류·규모·거래상황·위치 등을 참작하여 매년 1회 이상 국세청장이 토지와 건물에 대하여 일괄하여 산정·고시하는 가액으로 한다.

④ 국세청장 지정 지역의 공동주택과 오피스텔, 상업용 건물을 제외한 일반건물에 대한 기준시가는 건물의 신축가격·구조·용도·위치·신축연도 등을 참작하여 매년 1회 이상 국세청장이 산정·고시하는 가액으로 한다.

⑤ 부동산을 취득할 수 있는 권리는 양도자산의 종류·규모·거래상황 등을 감안하여 취득일 또는 양도일까지 불입한 금액으로 한다.

제 **4-2** 절 장기보유특별공제 · 양도소득기본공제

대표유형

「소득세법」상 양도소득금액의 계산에 있어서 장기보유특별공제에 대한 설명 중 틀린 것은?

① 장기보유특별공제는 단계별 초과누진세율제도하에서 장기간 축적된 보유이익이 양도시점에 일시에 실현됨으로 인하여 발생하는 과도한 세부담을 완화하는 효과가 있다.

② 법령의 규정에 의하여 양도소득세가 과세되는 3년 이상 보유한 등기된 비사업용 토지에 대하여는 장기보유특별공제를 적용한다.

③ 3년 이상 보유한 1세대 1주택에 해당하는 등기된 고가주택을 양도하는 경우에는 장기보유특별공제의 적용이 배제된다.

④ 미등기 양도자산에 대하여는 원칙적으로 장기보유특별공제를 적용하지 아니한다.

⑤ 장기보유특별공제는 3년 이상 보유한 등기된 토지 · 건물 및 조합원입주권에 대하여만 적용한다.

해설 ③ 1세대 1주택에 해당하는 등기된 고가주택을 양도하는 경우에도 장기보유특별공제는 적용된다.

▶ 정답 ③

Point 30 중
장기보유특별공제

다음은 양도소득세의 장기보유특별공제에 대한 설명이다. 틀린 것은?

① 장기보유특별공제는 장기간 보유한 자산을 세제상 지원하기 위한 제도이다.

② 미등기양도자산(법령이 정하는 자산은 제외)에 대하여는 장기보유특별공제의 적용이 배제된다.

③ 장기보유특별공제는 양도소득세가 과세되는 1세대 1주택인 경우 양도차익의 80%까지 공제될 수 있다.

④ 15년 이상 보유한 상가건물은 양도가액의 30%에 상당하는 금액을 장기보유특별공제로서 공제한다.

⑤ 장기보유특별공제액의 계산을 위한 자산의 보유기간은 당해 자산의 취득일부터 양도일까지로 한다.

31 
장기보유특별공제

소득세법상 장기보유특별공제에 관한 설명으로 틀린 것은? (다만, 양도자산은 비과세되지 아니함)

① 장기보유특별공제는 보유기간 동안의 명목소득에 대한 세부담 경감과 과중한 세부담으로 인한 부동산 시장의 동결효과를 방지하는데 그 의의가 있다.

② 「소득세법」 제104조 제3항에 따른 미등기 양도자산에 대하여는 장기보유특별공제를 적용하지 아니한다.

③ 장기보유특별공제는 취득가액에 공제율을 곱하여 구하는 금액으로 한다.

④ 양도소득금액은 양도차익에서 장기보유특별공제를 공제한 금액으로 한다.

⑤ 법원의 결정에 의하여 양도당시 취득에 관한 등기가 불가능한 부동산은 미등기양도에서 제외되어 장기보유특별공제를 적용받을 수 있다.

32 종
장기보유특별공제

다음의 자산 중 「소득세법」상 장기보유특별공제가 적용되는 것은?

① 3년 보유한 등기된 부동산임차권

② 2년 보유한 상가

③ 4년 보유한 미등기된 토지

④ 4년 6개월 보유한 1세대 3주택에 해당하는 등기된 주택(양도가액 10억원, 조정대상지역이 아님)

⑤ 5년 보유한 골프 회원권

33 종
양도소득기본공제

다음은 「소득세법」상 양도소득기본공제에 대한 설명이다. 틀린 것은?

① 종중을 1거주자로 보는 경우 양도소득기본공제는 연 1회 250만원을 적용하며 비거주자의 경우에는 양도소득기본공제를 적용하지 않는다.

② 과세소득과 감면소득이 있는 경우 양도소득기본공제는 과세소득금액에서 먼저 공제하고, 미공제분은 감면소득금액에서 공제한다.

③ 양도소득기본공제는 그룹별로 각각 연 250만원을 공제하며, 같은 그룹의 자산을 연중 2회 이상 양도하였을 경우에는 먼저 양도한 자산의 양도소득금액에서부터 공제한다.

④ 미등기양도자산인 경우에도 「소득세법 시행령」의 규정에 따라 미등기양도자산에서 제외되는 것은 양도소득기본공제가 가능하다.

⑤ 2 이상의 토지를 동시에 양도한 경우 납세자의 선택에 따라 양도소득기본공제액의 차감 순서를 지정할 수 있다.

34
⑧
장기보유특별공제와
양도소득기본공제

「소득세법」상 장기보유특별공제와 양도소득기본공제에 관한 설명으로 틀린 것은?

① 100분의 70의 양도소득세 세율이 적용되는 미등기 양도자산에 대해서는 양도소득 과세 표준 계산시 양도소득기본공제는 적용되지 않는다.

② 등기된 비사업용 토지를 양도한 경우 양도소득기본공제 대상이 된다.

③ 장기보유특별공제액은 해당 자산의 양도가액에 보유기간별 공제율을 곱하여 계산한다.

④ 1세대 2주택을 3년 이상 보유한 자가 등기된 주택(조정대상지역이 아님)을 양도한 경우 장기보유특별공제를 적용받을 수 있다.

⑤ 보유기간이 17년인 등기된 상가건물의 장기보유특별공제 적용시 보유기간별 공제율은 100분의 30이다.

Point
35
⑧
양도소득금액의 계산

다음은 양도소득세에 있어서 양도소득금액의 계산에 관한 설명이다. 틀린 것은?

① 국내 토지의 양도로 발생한 양도차손은 동일한 과세기간에 국내 전세권의 양도로 발생한 양도소득금액에서 공제할 수 있다.

② 양도소득금액을 계산할 때 국내 부동산을 취득할 수 있는 권리에서 발생한 양도차손은 국내 토지에서 발생한 양도소득금액에서 공제할 수 있다.

③ 국내 부동산에 관한 권리의 양도로 발생한 양도차손은 국내 토지의 양도에서 발생한 양도소득금액에서 공제할 수 있다.

④ 국내 자산의 소득별로 소득금액을 계산할 때 양도차손이 발생한 자산이 있는 경우에는 양도차손이 발생한 자산과 같은 세율을 적용받는 자산의 양도소득금액에서 그 양도차손을 공제한다.

⑤ 국외 부동산을 양도하여 발생한 양도차손은 동일한 과세기간에 국내 부동산을 양도하여 발생한 양도소득금액에서 통산할 수 있다.

제 4-3 절 양도소득세 세율

대표유형

「소득세법」상 등기된 국내 부동산에 대한 양도소득 과세표준의 세율 중 가장 높은 것은?

① 1년 6개월 보유한 1주택(과세표준이 1천만원인 경우)

② 2년 1개월 보유한 상가건물(과세표준이 1천4백만원인 경우)

③ 6개월 보유한 1주택(과세표준이 1천만원인 경우)

④ 10개월 보유한 상가건물(과세표준이 1천만원인 경우)

⑤ 1년 8개월 보유한 상가건물(과세표준이 1천만원인 경우)

해설 ③ 6개월 보유한 1주택(과세표준이 1천만원인 경우) : 100분의 70

① 1년 6개월 보유한 1주택(과세표준이 1천만원인 경우) : 100분의 60

② 2년 1개월 보유한 상가건물(과세표준이 1천4백만원인 경우) : 6~45% ▷ 과세표준이 1천4백만원인 경우 6%

④ 10개월 보유한 상가건물(과세표준이 1천만원인 경우) : 100분의 50

⑤ 1년 8개월 보유한 상가건물(과세표준이 1천만원인 경우) : 100분의 40 ▶▶ 정답 ③

Point 36

양도소득세 세율

다음은 양도소득세의 세율에 관한 내용이다. 틀린 것은?

① 등기되고 2년 이상 보유한 토지와 건물 및 부동산에 관한 권리를 양도한 경우에는 초과누진세율이 적용된다.

② 세율 적용시 보유기간은 해당 자산의 취득일부터 양도일까지로 한다. 다만, 이월과세에 해당하는 자산은 증여자가 그 자산을 취득한 날을 그 자산의 취득일로 본다.

③ 2년 이상 보유한 비사업용 토지를 양도함으로써 발생하는 소득에 대해서는 기본세율에 100분의 10을 더한 세율을 적용한다.

④ 기타자산에 대한 세율은 보유기간이 2년 이상이면 6% ~ 45%의 8단계 초과누진세율을 적용하고, 1년 미만이면 50%의 비례세율을 적용한다.

⑤ 조정대상지역 밖 주택의 입주자로 선정된 지위를 양도한 경우 보유기간이 1년 미만인 경우에는 70%를, 2년 이상 보유한 경우에는 60%의 비례세율을 적용한다.

37 「소득세법」상 국내 부동산에 대한 양도소득과세표준의 세율에 관한 내용으로 옳은 것은?

양도소득세 세율

① 1년 6개월 보유한 미등기된 상가 건물 : 60%

② 1년 6개월 보유한 부동산과 함께 양도하는 영업권 : 40%

③ 6개월 보유한 등기된 1세대 1주택 : 40%

④ 6개월 보유하고 미등기 전매한 분양권(조정대상지역이 아님) : 70%

⑤ 3년 보유한 등기된 1세대 2주택(조정대상지역이 아님) : 50%

제 4-4 절 미등기양도

대표유형

「소득세법」상 거주자가 국내에 소재하는 주택을 취득에 관한 등기를 하지 아니하고 양도하는 경우 적용될 수 있는 것은? (단, 주택은 「소득세법」상 미등기양도제외자산 및 고가주택에 해당하지 아니함)

① 1세대 1주택(양도일 현재 5년 보유·거주)을 양도하는 경우 양도소득세 비과세

② 양도소득기본공제

③ 주택을 3년 이상 보유한 경우의 장기보유특별공제

④ 취득가액을 실지거래가액에 의하지 않는 경우 주택 취득당시 법령이 정하는 가격에 일정비율을 곱한 금액을 필요경비로 공제

⑤ 「소득세법」 및 「조세특례제한법」상의 감면

해설 ④ 필요경비개산공제로서 미등기양도인 경우에도 적용한다. ▶▶ 정답 ④

Point
38 「소득세법」상 미등기양도제외자산을 모두 고른 것은?

미등기양도제외자산

〈 장기할부조건으로 취득한 자산으로서 그 계약조건에 의하여 양도당시 그 자산의 취득에 관한 등기가 불가능한 자산

〈 1세대가 1주택을 보유하는 경우로서 대통령령으로 정하는 요건을 충족하는 주택으로서 「건축법」에 따른 건축허가를 받지 아니하여 등기가 불가능한 자산

〈 건설사업자가 「도시개발법」에 따라 공사용역 대가로 취득한 체비지를 토지구획환지처분 공고 전에 양도하는 토지

① ㉠   ② ㉡   ③ ㉠, ㉡

④ ㉡, ㉢   ⑤ ㉠, ㉡, ㉢

복습문제 39 중
미등기양도자산

「소득세법」상 미등기양도자산에 관한 설명으로 틀린 것은?

① 건설사업자가 「도시개발법」에 따라 공사용역 대가로 취득한 체비지를 토지구획환지처분공고 전에 양도하는 토지는 미등기양도자산에 해당하지 않는다.

② 미등기양도자산인 경우 양도차익이 양도소득 과세표준이 된다.

③ 법률의 규정 또는 법원의 결정에 의하여 양도당시 그 자산의 취득에 관한 등기가 불가능한 자산은 미등기양도자산에 해당하지 않는다.

④ 미등기로 자산을 양도한 경우 필요경비개산공제를 적용한다.

⑤ 미등기양도자산에 대하여는 양도소득세 산출세액에 70%의 세율을 적용하여 양도소득세를 산출한다.

PART 03

제 5 절　양도소득세의 신고와 납부

대표유형

甲이 등기된 국내소재 토지를 양도한 경우, 양도소득 과세표준 예정신고 및 확정신고에 관한 설명으로 틀린 것은? (단, 과세기간 중 당해 거래 이외에 다른 양도거래는 없고, 답지항은 서로 독립적이며 주어진 조건 외에는 고려하지 않음)

① 2026년 3월 15일에 양도한 경우, 예정신고기한은 2026년 5월 31일이다.

② 예정신고납부를 할 때 양도차익에서 장기보유특별공제와 양도소득기본공제를 한 금액에 해당 양도소득세 세율을 적용하여 계산한 금액을 그 산출세액으로 한다.

③ 확정신고 기간은 양도일이 속한 연도의 다음 연도 6월 1일부터 6월 30일까지이다.

④ 예정신고하는 경우 양도소득세의 분할납부가 가능하다.

⑤ 거주자가 양도소득세 확정신고에 따라 납부할 세액이 4천만원인 경우 최대 2천만원까지 분할납부할 수 있다.

해설 ③ 확정신고 기간은 양도일이 속한 연도의 <u>다음 연도 5월 1일부터 5월 31일까지</u>이다.　　▶ 정답 ③

Point 40 
양도소득 과세표준 및
세액의 신고 · 납부

「소득세법」상 거주자의 양도소득 과세표준 및 세액의 신고 · 납부에 관한 설명으로 옳은 것은?

① 토지 또는 건물을 양도한 경우에는 그 양도일이 속하는 분기의 말일부터 2개월 이내에 양도소득 과세표준을 신고해야 한다.

② 법령에 따른 부담부증여의 채무액에 해당하는 부분으로서 양도로 보는 경우 그 양도일부터 3개월 이내에 양도소득 과세표준을 납세지 관할 세무서장에게 신고하여야 한다.

③ 양도차익이 없거나 양도차손이 발생한 경우에도 양도소득 과세표준의 예정신고를 하여야 한다.

④ 양도소득 과세표준 예정신고시에는 납부할 세액이 1천만원을 초과하더라도 그 납부할 세액의 일부를 분할납부할 수 없다.

⑤ 당해연도에 누진세율의 적용대상 자산에 대한 예정신고를 2회 이상 한 자가 법령에 따라 이미 신고한 양도소득금액과 합산하여 신고하지 아니한 경우에는 양도소득 과세표준의 확정신고를 할 필요가 없다.

41
양도소득 과세표준 및
세액의 신고 · 납부

「소득세법」상 거주자의 양도소득 과세표준 및 세액의 신고 · 납부에 관한 설명으로 옳은 것은 몇 개인가?

> ⊙ 법령에 따른 부담부증여의 채무액에 해당하는 부분으로서 양도로 보는 경우 그 양도일이 속하는 달의 말일부터 3개월 이내에 양도소득 과세표준을 납세지 관할 세무서장에게 신고하여야 한다.
> ⓒ 양도차익이 없거나 양도차손이 발생한 경우에도 양도소득 과세표준의 예정신고를 하여야 한다.
> ⓒ 당해연도에 누진세율의 적용대상 자산에 대한 예정신고를 2회 이상 한 자가 법령에 따라 이미 신고한 양도소득금액과 합산하여 신고하지 아니한 경우에는 양도소득 과세표준의 확정신고를 하여야 한다.
> ⓔ 예정신고납부할 세액이 5천만원인 자는 2천만원을 초과하는 금액을 납부기한이 지난 후 2개월 이내에 분할납부할 수 있다.
> ⓜ 건물을 신축하고 그 취득일부터 3년 이내에 양도하는 경우로서 감정가액을 취득가액으로 하는 경우에는 그 감정가액의 100분의 3에 해당하는 금액을 양도소득 결정세액에 가산한다.

① 1개   ② 2개   ③ 3개
④ 4개   ⑤ 5개

42

양도소득 과세표준 예정신고

甲이 등기된 국내소재 공장(건물)을 양도한 경우, 양도소득 과세표준 예정신고에 관한 설명으로 옳은 것은? (단, 甲은 소득세법상 부동산매매업을 영위하지 않는 거주자이며 국세기본법상 기한 연장 사유는 없음)

① 2026년 3월 31일에 양도한 경우, 예정신고납부기한은 2026년 5월 31일이다.
② 예정신고 기간은 양도일이 속한 연도의 다음 연도 5월 1일부터 5월 31일까지이다.
③ 양도차손이 발생한 경우 예정신고할 의무는 없다.
④ 예정신고시 예정신고납부세액공제(산출세액의 10%)가 적용된다.
⑤ 예정신고를 하지 않은 경우 확정신고를 하면, 예정신고에 대한 가산세는 부과되지 아니한다.

복습문제
43
양도소득세 신고 및 납부

다음은 양도소득세의 신고 및 납부에 관련된 설명이다. 틀린 것은?

① 소득세법상 거주자인 개인이 국내소재 부동산을 2026년 10월 24일 양도한 경우 양도소득과세표준 예정신고납부기한은 2026년 12월 31일이고 관할관청은 양도인의 주소지 관할 세무서장으로 한다.
② 양도차익이 없거나 양도차손이 발생한 경우에도 양도소득과세표준 예정신고를 하여야 한다.
③ 복식부기의무자가 아닌 거주자가 매매계약서의 조작을 통하여 양도소득세 과세표준을 과소신고한 경우에는 부정행위로 인한 과소신고납부세액등의 100분의 40(국제거래에서 발생한 부정행위로 과소신고한 경우에는 100분의 60)에 상당하는 금액을 가산세로 한다.
④ 거주자가 건물을 신축 또는 증축(증축의 경우 바닥면적 합계가 85제곱미터를 초과하는 경우에 한정한다)하고 그 건물의 취득일 또는 증축일부터 5년 이내에 해당 건물을 양도하는 경우로서 감정가액 또는 환산취득가액을 그 취득가액으로 하는 경우에는 해당 건물의 감정가액(증축의 경우 증축한 부분에 한정한다) 또는 환산취득가액(증축의 경우 증축한 부분에 한정한다)의 100분의 3에 해당하는 금액을 양도소득 결정세액에 더한다.
⑤ 예정신고납부시 납부할 세액이 1천 8백만원인 경우 8백만원을 납부기한이 지난 후 2개월 이내에 분납할 수 있다.

44

지방소득세

「지방세기본법」 및 「지방세법」상 지방소득세에 관한 설명으로 틀린 것은?

① 양도소득에 대한 개인지방소득세 과세표준은 「소득세법」 제92조에 따라 계산한 소득세의 과세표준(「조세특례제한법」 및 다른 법률에 따라 과세표준 산정과 관련된 조세감면 또는 중과세 등의 조세특례가 적용되는 경우에는 이에 따라 계산한 소득세의 과세표준)과 동일한 금액으로 한다.

② 양도소득에 대한 개인지방소득세의 공제세액 또는 감면세액이 산출세액을 초과하는 경우에는 그 초과금액은 환급한다.

③ 거주자가 양도소득에 대한 개인지방소득세 과세표준과 세액을 납세지 관할 지방자치단체의 장 외의 지방자치단체의 장에게 신고한 경우에도 그 신고의 효력에는 영향이 없다.

④ 거주자가 「소득세법」 제110조에 따라 양도소득과세표준 확정신고를 하는 경우에는 해당 신고기한에 2개월을 더한 날까지 양도소득에 대한 개인지방소득세 과세표준과 세액을 대통령령으로 정하는 바에 따라 납세지 관할 지방자치단체의 장에게 확정신고 · 납부하여야 한다.

⑤ 지방소득세로 징수할 세액이 고지서 1장당 2천원 미만인 경우에는 그 지방소득세를 징수하지 아니한다.

제 6 절 국외자산양도에 대한 양도소득세

대표유형

「소득세법」상 국외자산 양도에 관한 설명으로 틀린 것은?

① 국외자산 양도시 양도소득세의 납세의무자는 국외자산의 양도일까지 계속하여 5년간 국내에 주소를 둔 거주자이다.

② 장기보유특별공제는 국외자산의 보유기간이 3년 이상인 경우에만 적용된다.

③ 양도차익 계산시 필요경비의 외화환산은 지출일 현재 「외국환거래법」에 의한 기준환율 또는 재정환율에 의한다.

④ 미등기 국외토지에 대한 양도소득세율은 6%~45%이다.

⑤ 국외주택 양도소득에 대하여 납부하였거나 납부할 국외주택 양도소득세액은 해당 과세기간의 국외주택 양도소득금액 계산상 필요경비에 산입할 수 있다.

해설 ② 국외자산 양도에 대하여는 <u>장기보유특별공제를 적용하지 아니한다.</u>   ▶ 정답 ②

Point 45 (중)
국외자산 양도

「소득세법」상 국외자산 양도에 관한 설명으로 틀린 것은 몇 개인가?

> ㉠ 국외자산 양도시 양도소득세의 납세의무자는 국외자산의 양도일까지 계속하여 3년간 국내에 주소를 둔 거주자이다.
> ㉡ 국외자산의 양도가액은 실지거래가액이 있더라도 양도당시 현황을 반영한 시가에 의하는 것이 원칙이다.
> ㉢ 장기보유특별공제는 국외자산의 보유기간이 3년 이상인 경우에만 적용된다.
> ㉣ 국외주택의 양도에 대하여는 연 250만원의 양도소득기본공제를 적용받을 수 있다.
> ㉤ 양도차익 계산시 필요경비의 외화환산은 지출일 현재 「외국환거래법」에 의한 기준환율 또는 재정환율에 의한다.
> ㉥ 미등기 국외토지에 대한 양도소득세율은 70%이다.
> ㉦ 국외주택 양도소득에 대하여 납부하였거나 납부할 국외주택 양도소득세액은 해당 과세기간의 국외주택 양도소득금액 계산상 필요경비에 산입할 수 있다.

① 0개　　　　　② 1개　　　　　③ 3개
④ 4개　　　　　⑤ 6개

46 (하)
국외자산 양도

「소득세법」상 거주자가 국외자산을 양도한 경우에 관한 설명으로 틀린 것은? (단, 해당 과세기간에 다른 자산의 양도는 없음)

① 국외 자산의 양도에 대하여 양도소득세 납세의무는 양도일 직전 5년 중 일정기간(3개월) 동안 출국한 경우를 포함한다.

② 국외자산의 양도가액은 그 자산의 양도 당시의 실지거래가액으로 한다. 다만, 양도 당시의 실지거래가액을 확인할 수 없는 경우에는 양도자산이 소재하는 국가의 양도 당시 현황을 반영한 시가에 따르되, 시가를 산정하기 어려울 때에는 그 자산의 종류, 규모, 거래상황 등을 고려하여 대통령령으로 정하는 방법에 따른다.

③ 국외자산의 보유기간이 3년 이상인 경우 장기보유특별공제를 적용한다.

④ 양도차익을 계산함에 있어서는 양도가액 및 필요경비를 수령하거나 지출한 날 현재 「외국환거래법」에 의한 기준환율 또는 재정환율에 의하여 계산한다.

⑤ 국외에서 외화를 차입하여 취득한 자산을 양도하여 발생하는 소득으로서 환율변동으로 인하여 외화차입금으로부터 발생하는 환차익을 포함하고 있는 경우에는 해당 환차익을 양도소득의 범위에서 제외한다.

제 7 절 비과세 양도소득

대표유형

「소득세법」상 거주자의 양도소득세 비과세에 관한 설명으로 틀린 것은?

① 법령의 규정에 따라 경작상 필요에 의해 甲 소유의 A농지(가액 12억원)를 乙 소유의 B농지(가액 10억원)와 교환한 후 새로이 취득한 농지를 3년 이상 농지소재지에서 거주하면서 경작하는 경우 양도소득세가 비과세된다.

② 국내에 1주택을 소유한 1세대가 종전의 주택을 양도하기 전에 신규 주택을 취득함으로써 일시적으로 2주택이 된 경우 종전의 주택을 취득한 날부터 1년 이상이 지난 후 신규 주택을 취득하고 신규 주택을 취득한 날부터 5년 이내에 종전의 주택을 양도하는 경우에는 이를 1세대 1주택으로 보아 소득세법시행령 제154조 제1항을 적용한다.

③ 소유하고 있던 공부상 주택인 1세대 1주택을 거주용이 아닌 영업용 건물(점포·사무소 등)로 사용하다가 양도하는 때에는 1세대 1주택으로 보지 아니한다.

④ 1세대 1주택을 분할하여 양도하거나 이에 부수되는 토지로서 건물이 정착되지 아니한 부분만을 분할하여 양도하는 경우에는 이를 1세대 1주택과 이에 부수되는 토지로 보지 아니한다.

⑤ 법원의 결정에 의하여 양도 당시 취득에 관한 등기가 불가능한 미등기주택은 양도소득세 비과세가 배제되는 미등기양도자산에 해당하지 않는다.

해설 ② 국내에 1주택을 소유한 1세대가 종전의 주택을 양도하기 전에 신규 주택을 취득함으로써 일시적으로 2주택이 된 경우 종전의 주택을 취득한 날부터 1년 이상이 지난 후 신규 주택을 취득하고 신규 주택을 취득한 날부터 3년 이내에 종전의 주택을 양도하는 경우에는 이를 1세대 1주택으로 보아 소득세법시행령 제154조 제1항을 적용한다.

▶▶ 정답 ②

Point 47 (중)
농지교환

「소득세법」상 농지교환으로 인한 양도소득세와 관련하여 (   )에 들어갈 내용으로 옳은 것은?

> • 농지란 논밭이나 과수원으로서 지적공부의 지목과 관계없이 실제로 경작에 사용되는 토지를 말하며, 농지의 경영에 직접 필요한 농막, 퇴비사, 양수장, 지소(池沼), 농도(農道) 및 수로(水路) 등에 사용되는 토지를 (㉠).
> • 「국토의 계획 및 이용에 관한 법률」에 따른 주거지역·상업지역·공업지역 외에 있는 농지(환지예정지 아님)를 경작상 필요에 의하여 교환함으로써 발생한 소득은 쌍방 토지가액의 차액이 가액이 큰 편의 (㉡) 이하이고 새로이 취득한 농지를 (㉢) 이상 농지소재지에 거주하면서 경작하는 경우 비과세한다.
> • 「국토의 계획 및 이용에 관한 법률」에 따른 개발제한구역에 있는 농지는 (㉣)에 해당하지 아니한다(단, 소유기간 중 개발제한구역 지정·변경은 없음).

번호	㉠	㉡	㉢	㉣
①	포함한다.	4분의 1	3년	비사업용 토지
②	포함한다.	4분의 1	5년	비사업용 토지
③	포함하지 아니한다.	4분의 1	3년	사업용 토지
④	포함하지 아니한다.	4분의 1	3년	비사업용 토지
⑤	포함한다.	3분의 1	1년	비사업용 토지

48 (중)
1세대

다음은 비과세 양도소득의 내용 중 '1세대'에 대한 설명이다. 옳지 않은 것은?

① 거주자(주택을 양도한 자)와 그 배우자가 그들과 동일한 주소 또는 거소에서 생계를 같이하는 가족을 1세대라고 하며, 이 경우 가족은 거주자와 그 배우자의 직계존비속(그 배우자를 포함한다) 및 형제자매를 말하며, 취학·질병의 요양, 근무상 또는 사업상의 형편으로 본래의 주소 또는 거소를 일시퇴거한 자를 포함하지 않는다.

② 1세대 1주택 비과세의 1세대에 해당하는지 여부는 주택 양도일 현재를 기준으로 판정하는 것이며, 같은 장소에서 생계를 같이하는 가족의 주민등록상 현황과 사실상 현황이 다른 경우에는 사실상 현황에 의한다.

③ 부부가 각각 단독세대를 구성하거나 가정불화로 별거 중이라도 법률상 배우자는 같은 세대로 본다.

④ 1주택을 소유한 거주자가 1세대 구성요건을 갖춘 아들과 함께 1세대를 구성하여 생계를 같이하고 있는 경우로서 아들이 주택을 보유한 경우 1세대 2주택에 해당된다.

⑤ 부부가 이혼한 경우에는 각각 다른 세대를 구성한다. 다만, 법률상 이혼을 하였으나 생계를 같이하는 등 사실상 이혼한 것으로 보기 어려운 경우에는 동일한 세대로 본다.

49

주택

다음은 1세대 1주택 양도소득 비과세에서 주택에 대한 내용이다. 틀린 것은?

① 주택 양도일 현재 공실로 보유하는 오피스텔의 경우 내부시설 및 구조 등을 주거용으로 사용할 수 있도록 변경하지 아니하고 건축법상의 업무용으로 사용승인된 형태를 유지하고 있는 경우에는 주택으로 보지 않으며, 내부시설 및 구조 등을 주거용으로 변경하여 항상 주거용으로 사용 가능한 경우에는 주택으로 본다.

②「건축법 시행령」에 해당하는 다가구주택은 한 가구가 독립하여 거주할 수 있도록 구획된 부분을 각각 하나의 주택으로 본다. 다만, 해당 다가구주택을 구획된 부분별로 분양하지 아니하고 하나의 매매단위로 하여 양도하는 경우에는 그 전체를 하나의 주택으로 본다.

③ 주택에 부수되는 토지면적은 주택정착면적의 10배(도시지역 내의 토지는 5배)를 초과하지 아니하는 것으로 주택일부의 무허가 정착면적도 포함하여 계산한다.

④ 한 울타리 내에 주택이 본채, 사랑채 2개 동이 있는 경우 주택건물은 2개이므로 2주택에 해당된다.

⑤ 1주택을 여러 사람이 공동으로 소유하는 경우에는 각 개인이 1주택을 소유하는 것으로 본다.

50

겸용주택

1세대 1주택 비과세요건을 충족하는 거주자 甲이 다음과 같은 건물(수도권 내 녹지지역에 소재)을 취득한 후 7억원에 양도하였을 경우 양도소득세의 과세 범위로 옳은 것은?

> ㉠ 대지면적 : 2,400㎡
> ㉡ 건물 연면적 : 400㎡
> ㉢ 주거용으로 사용되는 건물면적 : 300㎡
> ㉣ 상업용으로 사용되는 건물면적 : 100㎡

① 대지 2,000㎡, 건물 400㎡ ② 대지 1,800㎡, 건물 400㎡
③ 대지 400㎡, 건물 0㎡ ④ 대지 400㎡, 건물 100㎡
⑤ 대지 0㎡, 건물 0㎡

Point 51 중 고가주택

갑(甲)은 7억원에 취득한 주택을 2년 이상 보유·거주하다가 15억원에 양도하였다. 이 경우 과세되는 양도차익은 얼마인가? [단, 갑(甲)은 다른 주택이 없고, 취득가액 등 총 필요경비는 10억원으로 가정한다]

① 2천만원   ② 3천만원

③ 4천만원   ④ 8천만원

⑤ 1억원

52 하 1세대 1주택의 특례

「소득세법 시행령」 제155조 '1세대 1주택의 특례'에 관한 조문의 내용 중 틀린 것은?

① 국내에 1주택을 소유한 1세대가 종전의 주택을 양도하기 전에 신규 주택을 취득함으로써 일시적으로 2주택이 된 경우 종전의 주택을 취득한 날부터 1년 이상이 지난 후 신규 주택을 취득하고 신규 주택을 취득한 날부터 5년 이내에 종전의 주택을 양도하는 경우에는 이를 1세대 1주택으로 보아 제154조 제1항을 적용한다.

② 1주택을 보유하고 1세대를 구성하는 자가 1주택을 보유하고 있는 60세 이상의 직계존속(배우자의 직계존속을 포함하며, 직계존속 중 어느 한 사람이 60세 미만인 경우를 포함)을 동거봉양하기 위하여 세대를 합침으로써 1세대가 2주택을 보유하게 되는 경우 합친 날부터 10년 이내에 먼저 양도하는 주택은 이를 1세대 1주택으로 보아 제154조 제1항을 적용한다.

③ 1주택을 보유하는 자가 1주택을 보유하는 자와 혼인함으로써 1세대가 2주택을 보유하게 되는 경우 또는 1주택을 보유하고 있는 60세 이상의 직계존속을 동거봉양하는 무주택자가 1주택을 보유하는 자와 혼인함으로써 1세대가 2주택을 보유하게 되는 경우 각각 혼인한 날부터 10년 이내에 먼저 양도하는 주택은 이를 1세대 1주택으로 보아 제154조 제1항을 적용한다.

④ 영농의 목적으로 취득한 귀농주택으로서 수도권 밖의 지역 중 읍지역(도시지역안의 지역을 제외한다) 또는 면지역에 소재하는 농어촌주택과 일반주택을 국내에 각각 1개씩 소유하고 있는 1세대가 귀농주택을 취득한 날부터 5년 이내에 일반주택을 양도하는 경우에는 국내에 1개의 주택을 소유하고 있는 것으로 보아 제154조 제1항을 적용한다.

⑤ 재정경제부령으로 정하는 취학, 근무상의 형편, 질병의 요양, 그 밖에 부득이한 사유로 취득한 수도권 밖에 소재하는 주택과 일반주택을 국내에 각각 1개씩 소유하고 있는 1세대가 부득이한 사유가 해소된 날부터 3년 이내에 일반주택을 양도하는 경우에는 국내에 1개의 주택을 소유하고 있는 것으로 보아 제154조 제1항을 적용한다.

53

양도소득세 비과세

소득세법상 거주자의 양도소득세 비과세에 관한 설명으로 틀린 것은?

① 1세대가 양도일 현재 국내에 1주택을 보유하고 있는 경우로서 해당 주택의 보유기간이 2년(비거주자가 거주자로 전환된 경우에 해당하는 거주자의 주택인 경우는 3년) 이상인 것[취득 당시에 조정지역에 있는 주택의 경우에는 해당 주택의 보유기간이 2년(비거주자가 거주자로 전환된 경우에 해당하는 거주자의 주택인 경우에는 3년) 이상이고 그 보유기간 중 거주기간이 2년 이상인 것]을 말한다.

② 거주하거나 보유하는 중에 소실·무너짐·노후 등으로 인하여 멸실되어 재건축한 주택인 경우에는 그 멸실된 주택과 재건축한 주택에 대한 거주기간 및 보유기간을 통산한다.

③ 「해외이주법」에 따른 해외이주로 세대전원이 출국하는 경우에는 보유기간 및 거주기간의 제한을 받지 아니한다. 다만, 출국일 현재 1주택을 보유하고 있는 경우로서 출국일부터 3년 이내에 양도하는 경우에 한한다.

④ 농지를 교환할 때 쌍방 토지가액의 차액이 가액이 큰 편의 4분의 1인 경우로서 사유요건을 충족한 경우 양도소득세가 비과세된다.

⑤ 「민간임대주택에 관한 특별법」 제2조 제2호에 따른 민간건설임대주택 또는 「공공주택 특별법」 제2조 제1호의 2에 따른 공공건설임대주택을 취득하여 양도하는 경우로서 해당 건설임대주택의 임차일부터 해당 주택의 양도일까지의 기간 중 세대전원이 거주(재정경제부령으로 정하는 취학, 근무상의 형편, 질병의 요양, 그 밖에 부득이한 사유로 세대의 구성원 중 일부가 거주하지 못하는 경우를 포함한다)한 기간이 5년 이상인 경우에는 그 보유기간 및 거주기간의 제한을 받지 아니한다.

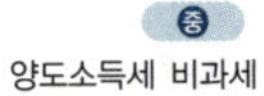

54

양도소득세 비과세

「소득세법」상 거주자의 양도소득세 비과세에 관한 설명으로 틀린 것은?

① 법령의 규정에 따라 경작상 필요에 의해 甲 소유의 A농지(가액 12억원)를 乙 소유의 B농지(가액 10억원)와 교환한 후 새로이 취득한 농지를 3년 이상 농지소재지에서 거주하면서 경작하는 경우 양도소득세가 비과세된다.

② 1세대 1주택 비과세규정을 적용하는 경우 부부가 각각 세대를 달리 구성하는 경우에도 동일한 세대로 본다.

③ 배우자가 사망하거나 이혼한 경우에는 배우자가 없는 때에도 이를 1세대로 본다.

④ 국내에 주택 1채와 토지를, 국외에 1채의 주택을 소유하고 있는 거주자 甲이 국내주택을 먼저 양도하는 경우 2년 이상 보유한 경우라도 1세대 2주택에 해당하므로 양도소득세가 과세된다.

⑤ 소유하고 있던 공부상 주택인 1세대 1주택을 거주용이 아닌 영업용 건물(점포·사무소 등)로 사용하다가 양도하는 때에는 1세대 1주택으로 보지 아니한다.

제8절 이월과세(양도소득의 필요경비 계산 특례)

대표유형

「소득세법」상 거주자 甲이 2020년 1월 20일에 취득한 건물(취득가액 3억원)을 甲의 배우자 乙에게 2024년 3월 5일자로 증여(해당 건물의 시가 8억원)한 후, 乙이 2026년 5월 20일에 해당 건물을 甲·乙의 특수관계인이 아닌 丙에게 10억원에 매도하였다. 해당 건물의 양도소득세에 관한 설명으로 틀린 것은? (단, 취득·증여·매도의 모든 단계에서 등기를 마침)

① 양도소득세 납세의무자는 乙이다.

② 양도소득금액 계산시 장기보유특별공제가 적용된다.

③ 양도차익 계산시 양도가액에서 공제할 취득가액은 3억원이다.

④ 乙이 납부한 증여세는 양도소득세 납부세액 계산시 필요경비에 산입한다.

⑤ 양도소득세에 대해 甲과 乙이 연대하여 납세의무를 진다.

해설 ⑤ 양도소득세에 대해 甲과 乙이 연대하여 납세의무를 지지 않는다. ▶ 정답 ⑤

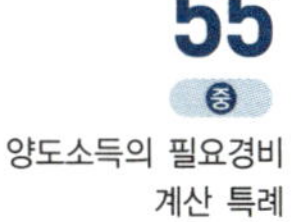

Point 55

양도소득의 필요경비 계산 특례

다음은 「소득세법」 제97조의2 양도소득의 필요경비 계산 특례(배우자·직계존비속간 증여재산에 대한 이월과세)에 대한 설명이다. 틀린 것은? (단, 2023년 1월 1일 이후 증여받은 것으로 가정함)

① 거주자가 양도일부터 소급하여 10년(제94조 제1항 제3호에 따른 자산의 경우에는 1년) 이내에 그 배우자(양도 당시 혼인관계가 소멸된 경우를 포함하되, 사망으로 혼인관계가 소멸된 경우는 제외한다) 또는 직계존비속(양도 당시 사망한 경우는 제외한다)으로부터 증여받은 부동산, 부동산을 취득할 수 있는 권리 및 기타자산 중 시설물이용권의 양도차익을 계산할 때 취득가액은 그 배우자 또는 직계존비속의 취득 당시의 금액으로 한다.

② 이월과세 적용시 증여받은 수증자가 부담한 증여세 상당액은 해당 자산에 대한 양도차익을 한도로 필요경비에 산입된다.

③ 증여받은 배우자 등이 수증일부터 10년 이내에 타인에게 양도함으로써 이월과세를 적용하는 경우 10년의 계산은 등기부에 기재된 소유기간에 따른다.

④ 이월과세 적용시 증여자와 수증자 간에 증여세와 양도소득세에 대한 연대납세의무는 없다.

⑤ 직계존비속으로부터 증여받은 자산의 양도차익을 계산할 때 해당 자산을 증여한 직계존비속이 사망한 경우 이월과세 규정을 적용하지 아니한다.

56

양도소득의 필요경비
계산 특례

다음은 「소득세법」 제97조의2 [양도소득의 필요경비 계산 특례]에 대한 내용이다. 틀린 것은?
(단, 2023년 1월 1일 이후 증여받은 것으로 가정함)

① 거주자가 양도일부터 소급하여 10년(제94조 제1항 제3호에 따른 자산의 경우에는 1년)
  이내에 그 배우자(양도 당시 혼인관계가 소멸된 경우를 포함하되, 사망으로 혼인관계가
  소멸된 경우는 제외한다) 또는 직계존비속(양도 당시 사망한 경우는 제외한다)으로부터
  증여받은 토지·건물이나 부동산을 취득할 수 있는 권리·특정시설물이용권의 양도차
  익을 계산할 때 양도가액에서 공제할 취득가액은 그 배우자 또는 직계존비속의 취득 당
  시 금액으로 한다.
② 필요경비에는 거주자의 배우자 또는 직계존비속이 해당 자산에 대하여 지출한 금액을
  포함한다.
③ 이월과세를 적용하여 계산한 양도소득결정세액이 이월과세를 적용하지 않고 계산한 양
  도소득결정세액보다 적은 경우 이월과세를 적용하지 아니한다.
④ 거주자가 증여받은 자산에 대하여 납부하였거나 납부할 증여세 상당액이 있는 경우에는
  필요경비에 산입한다.
⑤ 장기보유특별공제 보유기간 적용시 증여를 받은 날부터 기산(起算)한다.

제 9 절 **부당행위계산부인**

대표유형

「소득세법」상 거주자의 국내자산 양도소득세 계산에 관한 설명으로 틀린 것은?

① 양도일부터 소급하여 10년(제94조 제1항 제3호에 따른 자산의 경우에는 1년) 이내에 그 배우자(양도 당시 혼인관계가 소멸된 경우를 포함하되, 사망으로 혼인관계가 소멸된 경우는 제외한다)로부터 증여받은 토지의 양도차익을 계산할 때 그 증여받은 토지에 대하여 납부한 증여세는 양도가액에서 공제할 필요경비에 산입한다.

② 거주자가 특수관계인과의 거래(시가와 거래가액의 차액이 5억원임)에 있어서 토지를 시가에 미달하게 양도함으로써 조세의 부담을 부당히 감소시킨 것으로 인정되는 때에는 그 양도가액을 시가에 의하여 계산한다.

③ 甲이 「상속세 및 증여세법」에 따라 시가 8억원으로 평가된 토지를 사촌 형인 乙에게 7억5천만원에 양도한 경우, 양도차익 계산시 양도가액은 8억원으로 계산한다.

④ 특수관계인에게 증여한 자산에 대해 증여자인 거주자에게 양도소득세가 과세되는 경우에는 당초 증여받은 자산에 대해서는 「상속세 및 증여세법」의 규정에도 불구하고 증여세를 부과하지 아니한다.

⑤ 甲이 사촌 형인 乙에게 토지를 증여한 후, 乙이 이를 증여일부터 11년이 지나 다시 타인에게 양도한 경우에는 甲이 그 토지를 직접 타인에게 양도한 것으로 보아 양도소득세가 과세된다.

해설 ⑤ 甲이 사촌 형인 乙에게 토지를 증여한 후, 乙이 이를 증여일부터 11년이 지나 다시 타인에게 양도한 경우에는 乙이 그 토지를 직접 타인에게 양도한 것으로 보아 양도소득세가 과세된다.　　▶ **정답 ⑤**

Point

57

중

우회양도부인

다음은 양도소득세의 우회양도부인에 대한 설명이다. 틀린 것은?

① 거주자가 특수관계에 있는 자에게 자산을 2023년 1월 1일 이후 증여한 경우 수증자가 부담한 증여세액과 수증자가 수증일부터 10년 이내 제3자에게 양도함으로써 부담하는 양도소득세의 합계액이 증여자가 제3자에게 직접 양도한 것으로 보아 부담할 양도소득세액보다 적은 경우에는 부당행위계산부인에 해당된다.

② 10년 이내 양도한 자산의 양도대금이 실질적으로 수증자에게 귀속되는 경우에는 부당행위계산부인대상에서 제외한다.

③ 부당행위계산 대상 자산은 세법에 열거된 양도세 과세대상을 말한다.

④ 증여 후 양도행위의 부인에 해당하는 경우 수증자가 부담한 증여세는 부과를 취소하고 환급해 주며, 증여자의 양도소득세에 대하여 수증자는 연대납세의무가 있다.

⑤ 우회양도부인에 해당하는 경우 양도소득세 납세의무자는 수증자가 되지만 양도소득세의 계산시 증여자의 취득시기를 기준으로 취득가액, 장기보유특별공제, 세율을 판단한다.

58
중
우회양도부인

다음은 「소득세법」 제101조 [양도소득의 부당행위계산] 중 우회양도부인에 대한 설명이다. 틀린 것은?

① 거주자가 특수관계인(제97조의2 제1항을 적용받는 배우자 및 직계존비속의 경우는 제외한다)에게 자산을 증여한 후 그 자산을 증여받은 자가 그 증여일부터 10년 이내에 다시 타인에게 양도한 경우로서 증여받은 자의 증여세와 양도소득세를 합한 세액이 증여자가 직접 양도하는 경우로 보아 계산한 양도소득세보다 적은 경우에는 증여자가 그 자산을 직접 양도한 것으로 본다.

② 10년 이내 양도한 자산의 양도소득이 해당 수증자에게 실질적으로 귀속된 경우에는 부당행위계산부인대상에서 제외한다.

③ 양도차익 계산시 취득가액은 증여자의 취득 당시를 기준으로 한다.

④ 증여자에게 양도소득세가 과세되는 경우에는 당초 증여받은 자산에 대해서는 「상속세 및 증여세법」의 규정에도 불구하고 증여세를 부과하지 아니한다.

⑤ 증여자가 부담하여야 할 양도소득세가 증여받은 자가 부담하여야 할 증여세와 양도소득세의 합계액보다 많아 부당행위계산 규정을 적용할 때 증여자의 다른 자산에서 발생한 양도차손이 있는 경우에는 이를 해당 자산에서 발생한 양도차익과 통산하지 아니한다.

제10절 양도소득세 종합문제

대표유형

「소득세법」상 양도소득세에 관한 설명으로 옳은 것은?

① 거주자가 국내 상가건물을 양도한 경우 거주자의 주소지와 상가건물의 소재지가 다르다면 양도소득세 납세지는 거주자의 주소지이다.

② 비거주자가 국외 토지를 양도한 경우 양도소득세 납부의무가 있다.

③ 국내에 1주택만을 보유하고 있는 1세대가 해외이주로 세대전원이 출국하는 경우 출국일부터 3년이 되는 날 해당 주택을 양도하면 비과세된다.

④ 농지를 교환할 때 쌍방 토지가액의 차액이 가액이 작은 편의 4분의 1인 경우 발생하는 소득은 비과세된다.

⑤ 거주자가 국외 주택을 양도한 경우 양도일까지 계속해서 5년간 국내에 주소를 두었다면 양도소득금액 계산시 장기보유특별공제가 적용된다.

해설 ② 비거주자가 국외 토지를 양도한 경우 양도소득세 납부의무가 없다.

③ 국내에 1주택만을 보유하고 있는 1세대가 해외이주로 세대전원이 출국하는 경우 출국일부터 2년이 되는 날 해당 주택을 양도하면 비과세된다.

④ 농지를 교환할 때 쌍방 토지가액의 차액이 가액이 큰 편의 4분의 1인 경우 발생하는 소득은 비과세된다.

⑤ 거주자가 국외 주택을 양도한 경우 양도일까지 계속해서 5년간 국내에 주소를 두었다면 양도소득금액 계산시 장기보유특별공제가 적용되지 않는다.　　▶ 정답 ①

Point 59
양도소득세 종합문제

「소득세법」상 거주자의 양도소득세에 관한 설명으로 틀린 것은? (단, 국내소재 부동산의 양도임)

① A법인과 특수관계에 있는 주주가 시가 3억원(「법인세법」 제52조에 따른 시가임)의 토지를 A법인에게 5억원에 양도한 경우 양도가액은 3억원으로 본다. 단, A법인은 이 거래에 대하여 세법에 따른 처리를 적절하게 하였다.

② 1세대 1주택 비과세 요건을 충족하는 고가주택의 양도가액이 15억원이고 양도차익이 5억원인 경우 양도소득세가 과세되는 양도차익은 1억원이다.

③ 거주자 甲이 국내소재 1세대 1주택을 4년 6개월 보유·거주한 후 15억원에 양도한 경우 양도차익은 87,900,000원이다(취득가액은 확인 불가능하고 양도당시 기준시가는 5억원, 취득당시 기준시가는 3억5천만원이며 주어진 자료 외는 고려하지 않는다).

④ 거주자 甲이 2020년 1월 20일에 취득한 건물을 甲의 배우자 乙에게 2024년 3월 5일자로 증여한 후, 乙이 2026년 5월 20일에 甲·乙의 특수관계인이 아닌 丙에게 양도한 경우 乙이 납부한 증여세는 양도소득세 납부세액 계산시 세액공제된다(사망으로 혼인관계가 소멸된 경우가 아님).

⑤ 「국토의 계획 및 이용에 관한 법률」에 따른 주거지역·상업지역·공업지역 외에 있는 농지(환지예정지 아님)를 경작상 필요에 의하여 교환함으로써 발생한 소득은 쌍방 토지가액의 차액이 가액이 큰 편의 4분의 1 이하이고 새로이 취득한 농지를 3년 이상 농지소재지에 거주하면서 경작하는 경우 비과세한다.

60

양도소득세 종합문제

「소득세법」상 거주자의 양도소득세에 관한 설명으로 옳은 것은 몇 개인가? (단, 국내소재 부동산의 양도임)

> ㉠ 1세대 1주택 비과세 요건을 충족하는 고가주택의 양도가액이 15억원이고 양도차익이 5억원인 경우 양도소득세가 과세되는 양도차익은 1억원이다.
>
> ㉡ 양도소득금액을 계산할 때 부동산을 취득할 수 있는 권리에서 발생한 양도차손은 토지에서 발생한 양도소득금액에서 공제할 수 없다.
>
> ㉢ 「소득세법」 제97조의2 제1항에 따라 이월과세를 적용받는 경우 장기보유특별공제의 보유기간은 증여자가 해당 자산을 취득한 날부터 기산한다.
>
> ㉣ 상업용 건물에 대한 새로운 기준시가가 고시되기 전에 취득 또는 양도하는 경우에는 직전의 기준시가에 의한다.
>
> ㉤ 거주자 甲이 국내소재 1세대 1주택을 4년 6개월 보유·거주한 후 15억원에 양도한 경우 양도차익은 28,950,000원이다(취득가액은 확인 불가능하고 양도당시 기준시가는 5억원, 취득당시 기준시가는 3억 5천만원이며 주어진 자료 외는 고려하지 않는다).

① 0개   ② 1개   ③ 2개

④ 3개   ⑤ 4개

61
양도소득세 종합문제

「소득세법」상 거주자의 국내자산 양도소득세 계산에 관한 설명으로 옳은 것은?

① A법인과 특수관계에 있는 주주가 시가 3억원(「법인세법」 제52조에 따른 시가임)의 토지를 A법인에게 5억원에 양도한 경우 양도가액은 5억원으로 본다. 단, A법인은 이 거래에 대하여 세법에 따른 처리를 적절하게 하였다.

② 국세청장이 지정하는 지역에 있는 오피스텔의 기준시가는 토지에 대하여는 개별공시가로 하고 건물에 대하여는 신축가격, 구조, 용도, 위치, 신축연도 등을 고려하여 매년 1회 이상 국세청장이 산정·고시하는 가액으로 한다.

③ 「국토의 계획 및 이용에 관한 법률」에 따른 개발제한구역에 있는 농지는 비사업용 토지에 해당한다(단, 소유기간 중 개발제한구역 지정·변경은 없음).

④ 이월과세를 적용하여 계산한 양도소득결정세액이 이월과세를 적용하지 않고 계산한 양도소득소득결정세액보다 적은 경우에 이월과세를 적용한다.

⑤ 취득원가에 현재가치할인차금이 포함된 양도자산의 보유기간 중 사업소득금액 계산시 필요경비로 산입한 현재가치할인차금 상각액은 양도차익을 계산할 때 취득가액에서 공제한다.

62
양도소득세 종합문제

「소득세법」상 거주자의 국내자산 양도소득세 계산에 관한 설명으로 옳은 것은?

㉠ 거주자가 특수관계인과의 거래(시가와 거래가액의 차액이 5억원임)에 있어서 토지를 시가에 미달하게 양도함으로써 조세의 부담을 부당히 감소시킨 것으로 인정되는 때에는 그 양도가액을 시가에 의하여 계산한다.

㉡ 양도소득과세표준과 세액을 결정 또는 경정한 경우 관할세무서장이 결정한 양도소득 총 결정세액이 이미 납부한 확정신고세액을 초과할 때에는 그 초과하는 세액을 해당 거주자에게 알린 날부터 30일 이내에 징수한다.

㉢ 부동산에 관한 권리의 양도로 발생한 양도차손은 토지의 양도에서 발생한 양도소득금액에서 공제할 수 없다.

㉣ 양도차익을 실지거래가액에 의하는 경우 양도가액에서 공제할 취득가액은 그 자산에 대한 감가상각비로서 각 과세기간의 사업소득금액을 계산하는 경우 필요경비에 산입한 금액이 있을 때에는 이를 공제하지 않은 금액으로 한다.

㉤ 같은 해에 여러 개의 자산(모두 등기됨)을 양도한 경우 양도소득기본공제는 해당 과세기간에 먼저 양도한 자산의 양도소득금액에서부터 순서대로 공제한다. 단, 감면소득금액은 없다.

① ㉠, ㉡, ㉤   ② ㉢, ㉣   ③ ㉠, ㉣
④ ㉡, ㉢, ㉤   ⑤ ㉠, ㉢

63 「소득세법」상 거주자의 양도소득 과세표준 계산에 관한 설명으로 틀린 것은?

양도소득세 종합문제

> ㉠ 이미 납부한 확정신고세액이 관할세무서장이 결정한 양도소득 총결정세액을 초과할 때에는 해당 결정일부터 90일 이내에 환급해야 한다.
> ㉡ 양도일부터 소급하여 10년 이내에 그 배우자로부터 증여받은 토지의 양도차익을 계산할 때 그 증여받은 토지에 대하여 납부한 증여세는 양도가액에서 공제할 필요경비에 산입하지 아니한다.
> ㉢ 양도소득에 대한 과세표준은 종합소득 및 퇴직소득에 대한 과세표준과 구분하여 계산한다.
> ㉣ 「소득세법」 제104조 제3항에 따른 미등기 양도자산에 대하여는 장기보유특별공제를 적용하지 아니한다.
> ㉤ 1세대 1주택에 대한 비과세 규정을 적용함에 있어 하나의 건물이 주택과 주택 외의 부분으로 복합되어 있는 경우 주택의 연면적이 주택 외의 연면적보다 클 때에는 그 전부를 주택으로 본다.

① ㉠, ㉡   ② ㉠, ㉢   ③ ㉠, ㉣
④ ㉡, ㉢   ⑤ ㉡, ㉤

64 소득세법령상 양도소득에 관한 설명으로 옳은 것은?

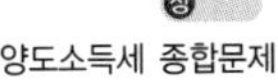
양도소득세 종합문제

① 「도시개발법」에 따른 환지처분으로 지목이 변경되는 경우는 양도로 본다.
② 국가가 시행하는 사업으로 인하여 교환하는 농지로서 교환하는 쌍방 토지가액의 차액이 가액이 큰 편의 5분의 1인 농지의 교환으로 발생하는 소득은 양도소득세가 비과세된다.
③ 파산선고에 의한 처분으로 발생하는 소득은 양도소득세가 과세된다.
④ 취득에 관한 쟁송이 있는 자산에 대하여 그 소유권을 확보하기 위하여 직접 소요된 소송비용으로서 그 지출한 연도의 각 종합소득금액의 계산에 있어서 필요경비에 산입된 것은 양도차익 계산시 공제된다.
⑤ 양도소득세 과세대상인 신탁 수익권을 양도한 경우 양도일이 속하는 반기의 말일부터 2개월 이내에 양도소득과세표준을 신고해야 한다.

복습문제
65
⊗
양도소득세 종합문제

「소득세법」상 거주자의 양도소득세에 관한 설명으로 틀린 것은?

① 양도소득의 총수입금액은 양도가액으로 한다.

② 상속받은 부동산의 취득시기는 상속이 개시된 날로 한다.

③ 부동산의 양도에 대한 양도소득세를 양수자가 부담하기로 약정한 경우, 양도시기인 대금청산일 판단시 그 대금에는 양도소득세를 제외한다.

④ 양도당시의 실지거래가액이 15억원인 비과세 요건을 충족하는 등기된 1세대 1주택을 양도한 경우, 양도가액에 최대 100분의 80의 보유기간별 공제율을 적용받을 수 있다.

⑤ 거주자가 양도일까지 계속하여 국내에 5년 이상 주소 또는 거소를 둔 경우 국외에 있는 토지의 양도로 인하여 발생하는 소득에 대하여 양도소득세 납세의무가 있다.

66
⊗
양도소득세 종합문제

「소득세법」상 양도소득세 계산에 관한 설명으로 틀린 것은?

① 양도차익은 양도가액에서 장기보유특별공제액을 공제하여 계산한다.

② 상속받은 부동산을 양도하는 경우, 양도소득세 세율을 적용함에 있어서 보유기간은 피상속인이 그 부동산을 취득한 날부터 상속인이 양도한 날까지로 한다.

③ 비거주자는 국내에 있는 토지의 양도로 인하여 발생하는 소득에 대하여 양도소득세 납세의무가 있다.

④ 「도시개발법」이나 그 밖의 법률에 따른 환지처분으로 지목이 변경되는 경우는 양도소득세 과세대상이 아니다.

⑤ 양도일부터 소급하여 10년 이내에 그 배우자로부터 증여받은 토지의 양도차익을 계산할 때 그 증여받은 토지에 대하여 납부한 증여세는 양도가액에서 공제할 필요경비에 산입한다.

Point
67
⊗
양도소득세 종합문제

다음은 양도소득세에 관한 내용이다. 가장 옳지 않은 것은?

① 부동산을 취득할 수 있는 권리의 양도시 기준시가는 양도일까지 불입한 금액과 양도일 현재의 프리미엄에 상당하는 금액을 합한 금액으로 한다.

② 국내 소재 부동산에 대한 양도소득세는 양도인 소유의 다른 부동산으로 물납할 수 있다.

③ 출국일 현재 국내에 1주택을 보유한 1세대가 해외이주법에 따른 해외이주로 세대전원이 출국한 경우 출국일부터 2년 이내에 동 주택의 양도로 인하여 발생하는 소득에 대하여는 양도소득세가 비과세된다.

④ 소득세법상 甲이 특수관계가 없는 乙에게 무상으로 고가주택을 이전한 경우에는 양도소득세 과세대상이 아니다.

⑤ 법령의 규정에 의한 농지의 대토로 인하여 발생하는 소득에 대하여는 양도소득세를 감면한다.

68
상
양도소득세 종합문제

다음은 양도소득세에 관한 내용이다. 틀린 것은?

① 양도소득세 과세대상인 국내 소재의 등기된 토지와 건물을 같은 연도 중에 양도시기를 달리 하여 양도한 경우에도 양도소득기본공제는 연 250만원을 공제한다.

② 채무자가 채무의 변제를 담보하기 위하여 자산을 양도하는 계약을 체결한 후 채무불이행으로 인하여 당해 자산을 변제에 충당한 경우는 양도소득세 과세대상이다.

③ 비거주자는 국외에 있는 건물의 양도로 인하여 발생하는 소득에 대하여 양도소득세 납세의무가 있다.

④ 파산선고에 의한 처분으로 인하여 발생하는 소득은 양도소득세 비과세대상이다.

⑤ 대금을 청산한 날이 분명하지 아니한 경우에는 등기부·등록부 또는 명부 등에 기재된 등기·등록접수일 또는 명의개서일을 취득시기 또는 양도시기로 한다.

69
중
양도소득세 종합문제

양도소득세에 관한 설명으로 옳지 않은 것은?

① 지상권의 양도는 양도소득세 과세대상이다.

② 배우자 또는 직계존비속이 아닌 자간의 부담부증여에 있어서 수증자가 증여자의 채무를 인수하는 경우 그 채무액상당부분은 양도소득세 과세대상이 아니다.

③ 양도차익을 계산하는 경우 토지의 기준시가는 관계법령의 규정에 의한 개별공시지가를 원칙으로 한다.

④ 「도시개발법」이나 그 밖의 법률에 따른 환지처분으로 지목 또는 지번이 변경되거나 보류지(保留地)로 충당되는 경우에는 소득세법상 양도로 보지 아니한다.

⑤ 거주자의 양도소득 과세표준은 종합소득·퇴직소득에 대한 과세표준과 구분하여 계산한다.

70
양도소득세 종합문제

「소득세법」상 거주자의 양도소득에 관한 설명이다. 틀린 것은?

① 국내거주자의 양도소득세 과세표준은 종합소득 및 퇴직소득의 과세표준과 구분하여 계산한다.

② 미등기 자산(법령이 정하는 자산은 제외)의 양도에 대해서는 양도소득기본공제가 적용되지 아니한다.

③ 양도소득금액을 계산함에 있어서 양도당시의 실지거래가액을 확인할 수 없어 양도가액을 추계결정하는 경우에는 기준시가, 감정가액, 매매사례가액, 등기부 기재가액을 순차로 적용하여 산정한 가액을 양도가액으로 한다.

④ 부정행위로 법정신고기한까지 과세표준 신고를 하지 아니한 경우에는 무신고납부세액의 100분의 40(국제거래에서 발생한 부정행위로 국세의 과세표준 신고를 하지 아니한 경우에는 100분의 60)에 상당하는 금액을 가산세로 한다.

⑤ 파산선고에 의한 처분으로 인하여 발생하는 소득에 대해서는 양도소득세를 비과세한다.

71
양도소득세 종합문제

「소득세법」상 거주자의 양도소득세에 관한 설명으로 틀린 것은?

① 국내 거주자가 토지와 주식을 양도하는 경우 각각 발생한 결손금은 양도소득금액 계산 시 이를 통산한다.

② 양도소득세 과세대상인 부동산을 양도한 경우 그 양도소득 과세표준 예정신고기한은 양도일이 속하는 달의 말일부터 2개월 이내이다.

③ 등기되지 아니한 국내부동산임차권의 양도는 양도소득세 과세대상에 해당하지 않고 종합소득 중 기타소득에 해당한다.

④ 2주택을 보유한 1세대의 먼저 양도하는 주택(조정대상지역이 아님)은 3년 이상 보유시 장기보유특별공제를 적용 받는다.

⑤ 배우자 간 또는 직계존비속 간의 부담부증여에 대하여는 수증자가 증여자의 채무를 인수한 경우에도 당해 채무액은 수증자에게 채무가 인수되지 아니한 것으로 추정한다. 다만, 당해 채무액이 국가 및 지방자치단체에 대한 채무 등 대통령령이 정하는 바에 의하여 객관적으로 인정되는 경우에는 그러하지 아니한다.

박문각 공인중개사

부 록

제36회 기출문제

* 제36회 공인중개사 문제와 정답 원안입니다(출제 당시 법령 기준).

01　국세기본법령 및 지방세기본법령상 납세의무의 성립시기에 관한 설명으로 **틀린** 것은? (단, 원천 징수, 예정신고 및 수시부과의 경우는 고려하지 않음)

① 토지에 대한 양도소득세 : 과세기간이 끝나는 때

② 주택에 대한 종합부동산세 : 과세기준일

③ 전세권설정등기에 대한 등록면허세 : 등기하는 때

④ 토지에 대한 재산세 : 과세기준일

⑤ 건축물에 대한 지역자원시설세 : 취득하는 때

02　지방세기본법령상 가산세에 관한 설명으로 **틀린** 것은?

① 지방세를 감면하는 경우 가산세는 감면대상에 포함하지 아니한다.

② 사기나 그 밖의 부정한 행위로 법정신고기한까지 과세표준 신고를 하지 아니한 경우(기한 후 신고는 하지 않음) 무신고납부세액의 100분의 40에 상당하는 금액을 무신고가산세로 부과한다.

③ 신고 당시 소유권에 대한 소송으로 상속재산으로 확정되지 아니하여 과소신고한 경우 과소신고가산세를 부과하지 아니한다.

④ 지방자치단체의 장은 「지방세기본법」 또는 지방세관계법에 따라 가산세를 부과하는 경우 납세자가 해당 의무를 이행하지 아니한 정당한 사유가 있을 때에는 납세자가 법령에 따른 신청을 하는 경우 가산세를 부과하지 아니한다.

⑤ 법정신고기한이 지난 후 1개월 이내에 지방자치단체의 장이 과세표준과 세액을 결정할 것을 미리 알고 기한후신고서를 제출한 경우 무신고가산세액의 100분의 50에 상당하는 금액을 감면한다.

03 지방세법령상 등록면허세에 관한 설명으로 옳은 것은?

① 취득가액이 50만원인 토지의 소유권 이전 등기를 하는 자는 등록면허세 납세의무가 없다.

② 부동산 등기에 대한 등록면허세의 납세지는 소유자의 주소지이다.

③ 부동산 등기에 대한 등록면허세의 과세표준은 취득당시의 가액으로 한다.

④ 월 임대차금액의 1천분의 2로 계산한 임차권 설정등기의 등록면허세액이 11만2천500원보다 적을 때에는 11만2천500원으로 한다.

⑤ 채권자대위자는 납세의무자를 대위하여 부동산의 등기에 대한 등록면허세를 신고납부할 수 있다.

04 지방세법령상 재산세 징수에 관한 설명으로 틀린 것은?

① 지방자치단체의 장은 재산세 납부세액이 1천만원을 초과하는 경우 납세의무자의 신청을 받아 해당 지방자치단체의 관할구역에 있는 부동산에 대하여만 대통령령으로 정하는 바에 따라 물납을 허가할 수 있다.

② 지방자치단체의 장은 재산세 납부세액이 250만원을 초과하는 경우 대통령령으로 정하는 바에 따라 납부할 세액의 일부를 납부기한이 지난 날부터 3개월 이내에 분할납부하게 할 수 있다.

③ 「지방세법」 제118조의2에 따른 주택 재산세의 납부유예를 신청한 납세의무자는 그 유예할 주택 재산세에 상당하는 담보를 제공하여야 한다.

④ 고지서 1장당 재산세로 징수할 세액이 2천원 미만인 경우 해당 재산세를 징수하지 아니한다.

⑤ 신탁재산의 수탁자는 신탁 설정일 전에 법정기일이 도래한 위탁자의 재산세에 대하여 그 신탁재산으로써 납부할 의무가 있다.

05 지방세법령상 재산세에 관한 설명으로 **틀린** 것은 모두 몇 개인가?

- 재산세 과세대상 중 토지란 지적공부의 등록대상이 되는 토지뿐만 아니라 그 밖에 사용되고 있는 사실상의 토지를 말하므로 「주택법」 제2조 제1호에 따른 주택의 부속토지를 포함한다.
- 재산세 과세기준일 현재 공부상의 소유자가 매매 등의 사유로 소유권이 변동되었는데도 신고하지 아니하여 사실상의 소유자를 알 수 없을 때에는 재산세를 부과하지 않는다.
- 재산세 과세기준일 현재 소유권의 귀속이 분명하지 아니하여 사실상의 소유자를 확인할 수 없는 경우에는 재산세를 부과하지 않는다.
- 재산세 과세대상 물건의 공부상 등재현황과 사실상의 현황이 다른 경우 공부상 등재현황에 따라 재산세를 부과하는 경우가 있다.
- 건축물에 대한 재산세 과세대상은 종합합산과세대상, 별도합산과세대상 및 분리과세대상으로 구분한다.

① 1개   ② 2개   ③ 3개   ④ 4개   ⑤ 5개

06 지방세법령상 취득세에 관한 설명으로 옳은 것을 모두 고른 것은?

- ㉠ 취득이란 매매, 교환 등 유상의 취득을 말하며 기부는 제외한다.
- ㉡ 건축물 중 조작 설비, 그 밖의 부대설비에 속하는 부분으로서 그 주체구조부와 하나가 되어 건축물로서의 효용가치를 이루고 있는 것에 대하여는 주체구조부 취득자 외의 자가 가설한 경우에도 주체구조부의 취득자가 함께 취득한 것으로 본다.
- ㉢ 토지의 지목을 사실상 변경함으로써 그 가액이 증가하거나 감소한 경우에는 취득으로 본다.
- ㉣ 피상속인이 상속인에게 한 유증은 상속으로 인하여 취득하는 경우에 포함되지 않으므로 상속인 각자가 상속받는 취득물건을 취득한 것으로 보지 않는다.
- ㉤ 「주택법」 제11조에 따른 주택조합이 해당 조합원용으로 취득하는 조합주택용 부동산 중에서 공동주택 부대시설·복리시설은 조합원에게 귀속되는 부동산이라 하더라도 그 조합원이 취득한 것으로 보지 않는다.

① ㉡   ② ㉠, ㉤   ③ ㉡, ㉤
④ ㉢, ㉣   ⑤ ㉢, ㉣, ㉤

07 지방세법령상 2025년도에 납세의무가 성립하는 재산세의 과세표준을 산정하는 경우, 지방세법 시행령 제110조의2에 따라 1세대 1주택으로 인정되는 주택 중 시가표준액이 6억원을 초과하는 주택에 적용하는 공정시장가액비율은?

① 시가표준액의 100분의 43
② 시가표준액의 100분의 44
③ 시가표준액의 100분의 45
④ 시가표준액의 100분의 60
⑤ 시가표준액의 100분의 70

08 지방세법령상 취득세의 비과세에 관한 다음 설명에서 밑줄 친 '대통령령으로 정하는 가액 이하의 주택'이 의미하는 것은?

「주택법」 제2조 제3호에 따른 공동주택의 개수(「건축법」 제2조 제1항 제9호에 따른 대수선은 제외한다)로 인한 취득 중 '대통령령으로 정하는 가액 이하의 주택'과 관련된 개수로 인한 취득에 대해서는 취득세를 부과하지 아니한다.

① 공동주택의 개수 이전 최초 취득 당시 「지방세법」 제4조에 따른 주택의 시가표준액이 6억원 이하인 주택
② 공동주택의 개수 이전 최초 취득 당시 실지거래가액이 9억원 이하인 주택
③ 공동주택의 개수로 인한 취득 당시 「지방세법」 제4조에 따른 주택의 시가표준액이 9억원 이하인 주택
④ 공동주택의 개수로 인한 취득 당시 주택의 실지거래가액이 6억원 이하인 주택
⑤ 공동주택의 개수로 인한 취득 당시 인근 유사 주택의 부동산거래신고 내역으로 확인된 거래가액이 6억원 이하인 주택

09 종합부동산세법령상 토지에 대한 과세 및 부과 · 징수 등에 관한 설명으로 **틀린** 것은? (단, 2025년도 납세의무 성립분임)

① 토지에 대한 종합부동산세는 국내에 소재하는 토지에 대하여 종합합산과세대상과 별도합산과세대상으로 구분하여 과세한다.

② 별도합산과세대상인 토지에 대한 종합부동산세의 과세표준은 납세의무자별로 해당 과세대상토지의 공시가격을 합산한 금액에서 80억원을 공제한 금액에 100분의 100의 공정시장가액비율을 곱한 금액(영보다 작은 경우에는 영으로 본다)으로 한다.

③ 종합부동산세를 신고납부방식으로 납부하고자 하는 납세의무자는 종합부동산세의 과세표준과 세액을 해당 연도 12월 1일부터 12월 15일까지 대통령령으로 정하는 바에 따라 관할세무서장에게 신고하여야 한다.

④ 납세의무자가 토지분 종합부동산세의 납부유예를 그 납부기한 만료일까지 신청하는 경우 관할세무서장은 이를 허가할 수 있다.

⑤ 관할세무서장은 법령에 따른 주택분 종합부동산세의 납부유예 신청을 받은 경우 납부기한 만료일까지 대통령령으로 정하는 바에 따라 납세의무자에게 납부유예 허가 여부를 통지하여야 한다.

10 종합부동산세법령상 주택에 대한 과세에 관한 설명으로 **옳은** 것은? (단, 2025년도 납세의무 성립분임)

① 「신탁법」 제2조에 따른 수탁자의 명의로 등기된 신탁주택의 경우 그 위탁자는 종합부동산세를 납부할 의무가 없다.

② 과세표준 합산의 대상에 포함되지 아니하는 주택을 보유한 납세의무자는 해당 연도 10월 16일부터 10월 31일까지 해당 주택의 보유현황을 신고하여야 한다.

③ 공익법인등이 직접 공익목적사업에 사용하는 1주택만을 보유한 경우 종합부동산세의 세율은 1천분의 50을 적용한다.

④ 「민간임대주택에 관한 특별법」에 따른 민간임대주택으로서 임대기간, 주택의 수, 가격, 규모 등을 고려하여 대통령령으로 정하는 주택은 법령에 따라 해당 주택의 보유현황을 신고한 경우 종합부동산세 과세표준 합산의 대상이 되는 주택의 범위에 포함되지 아니하는 것으로 본다.

⑤ 2주택을 소유하여 1천분의 27의 세율이 적용되는 법인의 경우 해당 연도에 납부하여야 할 주택에 대한 총세액상당액으로서 세부담의 상한을 초과하는 세액에 대해서는 이를 없는 것으로 본다.

11 소득세법령상 거주자의 양도소득세 신고 및 납부에 관한 설명으로 옳은 것은?

① 토지거래계약에 관한 허가구역에 있는 토지를 양도할 때 토지거래계약허가를 받기 전에 대금을 청산한 경우 그 허가일이 속하는 분기의 말일부터 2개월 이내에 양도소득과세표준 예정신고를 하여야 한다.

② 법령에 따른 부담부증여의 채무액에 해당하는 부분으로서 양도로 보는 경우 그 양도일이 속하는 반기의 말일부터 3개월 이내에 양도소득과세표준을 신고하여야 한다.

③ 양도차손이 발생한 경우 양도소득과세표준 예정신고를 하지 아니한다.

④ 해당 과세기간의 양도소득금액이 있는 경우 해당 과세기간의 과세표준이 없다면 양도소득과세표준 확정신고를 하지 아니한다.

⑤ 확정신고납부를 하는 경우 「소득세법」 제107조에 따른 예정신고 산출세액이 있을 때에는 이를 공제하여 납부한다.

12 소득세법령상 거주자의 부동산임대 등에 관한 설명으로 옳은 것을 모두 고른 것은?

> ㉠ 부동산임대업에서 발생하는 사업소득이 있는 자가 사업장 소재지를 납세지로 신청한 경우 국세청장 또는 관할지방국세청장은 대통령령으로 정하는 바에 따라 사업장 소재지를 납세지로 지정할 수 있다.
> ㉡ 국외에 소재하는 주택 1개만을 소유하는 자의 해당 주택 임대소득은 비과세소득이다.
> ㉢ 광업재단을 대여하는 사업은 부동산임대업에 해당되지 않는다.
> ㉣ 해당 과세기간의 주거용 건물 임대업을 제외한 부동산임대업에서 발생한 결손금은 그 과세기간의 종합소득 과세표준을 계산할 때 공제하지 아니한다.

① ㉠, ㉡   ② ㉠, ㉣   ③ ㉡, ㉢
④ ㉠, ㉢, ㉣   ⑤ ㉡, ㉢, ㉣

13 다음은 소득세법시행령 제168조의6 '비사업용 토지의 기간기준'의 일부이다. (   )에 들어갈 숫자로 옳은 것은?

> • 토지의 소유기간이 5년 이상인 경우에는 다음 각 목의 모두에 해당하는 기간
> 가. 양도일 직전 5년 중 (㉠)년을 초과하는 기간
> 나. 양도일 직전 3년 중 (㉡)년을 초과하는 기간
> 다. 토지의 소유기간의 100분의 (㉢)에 상당하는 기간을 초과하는 기간

① ㉠: 2, ㉡: 1, ㉢: 30
② ㉠: 2, ㉡: 1, ㉢: 40
③ ㉠: 3, ㉡: 2, ㉢: 30
④ ㉠: 3, ㉡: 2, ㉢: 40
⑤ ㉠: 4, ㉡: 2, ㉢: 40

14 소득세법령상 거주자가 실지거래가액에 따른 양도차익을 계산할 때 양도가액에서 공제할 필요경비에 관한 설명으로 **틀린** 것은? (단, 자본적지출액 등 및 양도비 등은 그 지출에 관하여 법령에 따른 증명서류를 수취·보관하거나 실제 지출사실이 금융거래 증명서류에 의하여 확인되는 경우에 한함)

① 양도자산을 취득한 후 쟁송이 있는 경우에 그 소유권을 확보하기 위하여 직접 소요된 소송비용·화해비용 등의 금액으로서 그 지출한 연도의 각 소득금액의 계산에 있어서 필요경비에 산입된 금액은 자본적지출액 등에 해당한다.

② 「소득세법」 제94조 제1항 각 호의 자산을 양도하기 위하여 직접 지출한 비용으로서 매매계약에 따른 인도의무를 이행하기 위하여 양도자가 지출하는 명도비용은 양도비 등에 해당한다.

③ 「소득세법 시행령」 제163조 제1항 제1호를 적용할 때 당사자 약정에 의한 대금지급방법에 따라 취득원가에 이자상당액을 가산하여 거래가액을 확정하는 경우 당해 이자상당액은 취득원가에 포함한다. 다만, 당초 약정에 의한 거래가액의 지급기일의 지연으로 인하여 추가로 발생하는 이자상당액은 취득원가에 포함하지 아니한다.

④ 「재건축초과이익 환수에 관한 법률」에 따른 재건축부담금(재건축부담금의 납부의무자와 양도자가 서로 다른 경우에는 양도자에게 사실상 배분될 재건축부담금상당액)은 자본적지출액 등에 해당한다.

⑤ 「소득세법」 제94조 제1항 제1호의 토지를 취득함에 있어서 법령 등의 규정에 따라 매입한 토지개발채권을 만기 전에 기획재정부령으로 정하는 금융기관에 양도함으로써 발생하는 매각차손은 양도비 등에 해당한다.

15 소득세법령상 양도소득세 비과세의 배제와 관련하여 미등기양도제외 자산에 해당하는 것을 모두 고른 것은?

> ㉠ 법원의 결정에 의하여 양도 당시 그 자산의 취득에 관한 등기가 불가능한 자산
> ㉡ 장기할부조건으로 취득한 자산으로서 그 계약조건에 의하여 양도 당시 그 자산의 취득에 관한 등기가 불가능한 자산
> ㉢ 「도시개발법」에 따른 도시개발사업이 종료되지 아니하여 토지 취득등기를 하지 아니하고 양도하는 토지
> ㉣ 건설사업자가 「도시개발법」에 따라 공사용역 대가로 취득한 체비지를 토지구획환지처분 공고 후에 양도하는 토지

① ㉠, ㉡   ② ㉡, ㉣   ③ ㉠, ㉡, ㉢
④ ㉠, ㉢, ㉣   ⑤ ㉠, ㉡, ㉢, ㉣

16 다음 자료를 바탕으로 소득세법령상 甲의 토지A에 대한 양도소득세를 계산할 때 양도차익은? (단, 양도차익 계산시 공제할 자본적지출액 등과 양도비 등은 없는 것으로 가정하고, 주어진 조건 이외에는 고려하지 않음)

> • 거주자 甲은 2010. 1. 10. 甲과 특수관계가 없는 자로부터 국내소재 토지A를 5억원에 매입하여 등기한 후, 2025. 5. 3. 은행B에게 토지A에 근저당권을 설정해주고 2억원을 차입하였다.
> • 甲은 2025. 8. 5. 甲의 동생인 거주자 乙에게 상기 차입금 2억원을 인수하는 조건으로 토지A를 증여(「상속세 및 증여세법」에 따른 시가 및 증여가액 10억원)하였고, 乙은 상기 차입금 전부를 인수하였다.

① 0원   ② 1억원   ③ 2억원
④ 4억원   ⑤ 5억원

방송
시간표

방송대학TV

- ▶ 기본이론 방송
- ▶ 문제풀이 방송
- ▶ 모의고사 방송

※ 본 방송기간 및 방송시간은 사정에 의해 변동될 수 있습니다.

TV방송 편성표

기본이론 방송(1강 30분, 총 75강)

순서	날짜	요일	과목	순서	날짜	요일	과목
1	1. 12	월	부동산학개론 1강	39	4. 8	수	부동산공시법령 7강
2	1. 13	화	민법·민사특별법 1강	40	4. 13	월	부동산세법 5강
3	1. 14	수	공인중개사법·중개실무 1강	41	4. 14	화	부동산학개론 8강
4	1. 19	월	부동산공법 1강	42	4. 15	수	민법·민사특별법 8강
5	1. 20	화	부동산공시법령 1강	43	4. 20	월	공인중개사법·중개실무 8강
6	1. 21	수	부동산학개론 2강	44	4. 21	화	부동산공법 8강
7	1. 26	월	민법·민사특별법 2강	45	4. 22	수	부동산공시법령 8강
8	1. 27	화	공인중개사법·중개실무 2강	46	4. 27	월	부동산세법 6강
9	1. 28	수	부동산공법 2강	47	4. 28	화	부동산학개론 9강
10	2. 2	월	부동산공시법령 2강	48	4. 29	수	민법·민사특별법 9강
11	2. 3	화	부동산학개론 3강	49	5. 4	월	공인중개사법·중개실무 9강
12	2. 4	수	민법·민사특별법 3강	50	5. 5	화	부동산공법 9강
13	2. 9	월	공인중개사법·중개실무 3강	51	5. 6	수	부동산공시법령 9강
14	2. 10	화	부동산공법 3강	52	5. 11	월	부동산세법 7강
15	2. 11	수	부동산공시법령 3강	53	5. 12	화	부동산학개론 10강
16	2. 16	월	부동산세법 1강	54	5. 13	수	민법·민사특별법 10강
17	2. 17	화	부동산학개론 4강	55	5. 18	월	공인중개사법·중개실무 10강
18	2. 18	수	민법·민사특별법 4강	56	5. 19	화	부동산공법 10강
19	2. 23	월	공인중개사법·중개실무 4강	57	5. 20	수	부동산공시법령 10강
20	2. 24	화	부동산공법 4강	58	5. 25	월	부동산세법 8강
21	2. 25	수	부동산공시법령 4강	59	5. 26	화	부동산학개론 11강
22	3. 2	월	부동산세법 2강	60	5. 27	수	민법·민사특별법 11강
23	3. 3	화	부동산학개론 5강	61	6. 1	월	부동산공법 11강
24	3. 4	수	민법·민사특별법 5강	62	6. 2	화	부동산세법 9강
25	3. 9	월	공인중개사법·중개실무 5강	63	6. 3	수	부동산학개론 12강
26	3. 10	화	부동산공법 5강	64	6. 8	월	민법·민사특별법 12강
27	3. 11	수	부동산공시법령 5강	65	6. 9	화	부동산공법 12강
28	3. 16	월	부동산세법 3강	66	6. 10	수	부동산세법 10강
29	3. 17	화	부동산학개론 6강	67	6. 15	월	부동산학개론 13강
30	3. 18	수	민법·민사특별법 6강	68	6. 16	화	민법·민사특별법 13강
31	3. 23	월	공인중개사법·중개실무 6강	69	6. 17	수	부동산공법 13강
32	3. 24	화	부동산공법 6강	70	6. 22	월	부동산학개론 14강
33	3. 25	수	부동산공시법령 6강	71	6. 23	화	민법·민사특별법 14강
34	3. 30	월	부동산세법 4강	72	6. 24	수	부동산공법 14강
35	3. 31	화	부동산학개론 7강	73	6. 29	월	부동산학개론 15강
36	4. 1	수	민법·민사특별법 7강	74	6. 30	화	민법·민사특별법 15강
37	4. 6	월	공인중개사법·중개실무 7강	75	7. 1	수	부동산공법 15강
38	4. 7	화	부동산공법 7강				

과목별 강의 수
부동산학개론: 15강 / 민법·민사특별법: 15강
공인중개사법·중개실무: 10강 / 부동산공법: 15강 / 부동산공시법령: 10강 / 부동산세법: 10강

■ TV방송 편성표

문제풀이 방송(1강 30분, 총 21강)

순서	날짜	요일	과목	순서	날짜	요일	과목
1	7. 6	월	부동산학개론 1강	12	7. 29	수	부동산세법 2강
2	7. 7	화	민법·민사특별법 1강	13	8. 3	월	부동산학개론 3강
3	7. 8	수	공인중개사법·중개실무 1강	14	8. 4	화	민법·민사특별법 3강
4	7. 13	월	부동산공법 1강	15	8. 5	수	공인중개사법·중개실무 3강
5	7. 14	화	부동산공시법령 1강	16	8. 10	월	부동산공법 3강
6	7. 15	수	부동산세법 1강	17	8. 11	화	부동산공시법령 3강
7	7. 20	월	부동산학개론 2강	18	8. 12	수	부동산세법 3강
8	7. 21	화	민법·민사특별법 2강	19	8. 17	월	부동산학개론 4강
9	7. 22	수	공인중개사법·중개실무 2강	20	8. 18	화	민법·민사특별법 4강
10	7. 27	월	부동산공법 2강	21	8. 19	수	부동산공법 4강
11	7. 28	화	부동산공시법령 2강				

과목별 강의 수 부동산학개론: 4강 / 민법·민사특별법: 4강
공인중개사법·중개실무: 3강 / 부동산공법: 4강 / 부동산공시법령: 3강 / 부동산세법: 3강

모의고사 방송(1강 30분, 총 18강)

순서	날짜	요일	과목	순서	날짜	요일	과목
1	8. 24	월	부동산학개론 1강	10	9. 14	월	부동산공법 2강
2	8. 25	화	민법·민사특별법 1강	11	9. 15	화	부동산공시법령 2강
3	8. 26	수	공인중개사법·중개실무 1강	12	9. 16	수	부동산세법 2강
4	8. 31	월	부동산공법 1강	13	9. 21	월	부동산학개론 3강
5	9. 1	화	부동산공시법령 1강	14	9. 22	화	민법·민사특별법 3강
6	9. 2	수	부동산세법 1강	15	9. 23	수	공인중개사법·중개실무 3강
7	9. 7	월	부동산학개론 2강	16	9. 28	월	부동산공법 3강
8	9. 8	화	민법·민사특별법 2강	17	9. 29	화	부동산공시법령 3강
9	9. 9	수	공인중개사법·중개실무 2강	18	9. 30	수	부동산세법 3강

과목별 강의 수 부동산학개론: 3강 / 민법·민사특별법: 3강
공인중개사법·중개실무: 3강 / 부동산공법: 3강 / 부동산공시법령: 3강 / 부동산세법: 3강

연구 집필위원

| 정석진 | 하헌진 | 이태호 | 이 혁 |
| 임기원 | 이기명 | 김인삼 | |

제37회 공인중개사 시험대비 **전면개정**

2026 박문각 공인중개사

합격예상문제 **2차** 부동산세법

초판인쇄 | 2026. 4. 5.　**초판발행** | 2026. 4. 10.　**편저** | 박문각 공인중개사연구소

발행인 | 박 용　**발행처** | (주)박문각출판　**등록** | 2015년 4월 29일 제2019-000137호

주소 | 06654 서울시 서초구 효령로 283 서경 B/D 4층　**팩스** | (02)584-2927

전화 | 교재 주문 (02)6466-7202, 동영상문의 (02)6466-7201

판 권
본 사
소 유

정가 29,000원

ISBN 979-11-7519-984-2 | ISBN 979-11-7519-980-4(2차 세트)

박문각 공인중개사

2026 합격 로드맵

합격을 향한 가장 확실한 선택

박문각 공인중개사 수험서 시리즈는 공인중개사 합격을 위한 가장 확실한 선택입니다.

---

01 기초입문

합격을 향해
기초부터 차근차근!

—
기초입문서 총 2권

합격설명서 | 민법 판례 | 핵심용어집 | 기출문제해설

---

02 기본이론

기본 개념을
체계적으로 탄탄하게!

—
기본서 총 6권

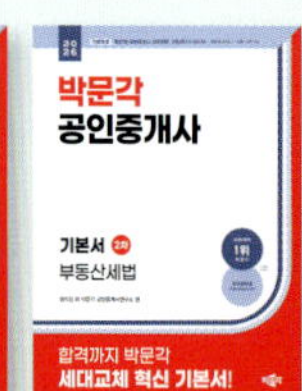

---

03 필수이론

합격을 향해
저자직강
필수 이론 과정!

—
저자필수서

박문각 공인중개사

합격예상문제 2차
부동산세법

정답해설집

박문각 공인중개사연구소 편

합격까지 박문각
합격 노하우가 다르다!

2026

전면개정 제37회 공인중개사 시험대비 방송대학TV 무료강의 | 첫방송 2026. 7. 6(월) 오전 7시

박문각 공인중개사

합격예상문제 2차
부동산세법

정답해설집

박문각 공인중개사연구소 편

브랜드만족
1위
박문각

수상내역
후면표기

동영상강의
www.pmg.co.kr

합격까지 박문각
합격 노하우가 다르다!

박문각

CONTENTS

이 책의 차례

PART 01

조세총론

PART 02

지방세

PART 03

국 세

조세총론 · · · · 4

제1장 취득세 · · · · 8

제2장 등록면허세 · · · · 16

제3장 재산세 · · · · 18

제1장 종합부동산세 · · · · 24

제2장 소득세 총설 · · · · 27

제3장 양도소득세 · · · · 29

Answer									
01 ③	02 ①	03 ①	04 ②	05 ④	06 ⑤	07 ①	08 ②	09 ③	10 ④
11 ⑤	12 ⑤	13 ⑤	14 ⑤	15 ③	16 ③	17 ⑤	18 ⑤	19 ③	20 ①
21 ②	22 ①	23 ②	24 ③	25 ①	26 ④	27 ②	28 ②	29 ④	30 ④
31 ④									

01 ③ 등록면허세는 특별시 단위에서는 특별시청으로 귀속되는 것이 아니라 구청으로 귀속된다.

02 ① 상속세, 인지세, 농어촌특별세
1. 국세: 상속세, 인지세, 농어촌특별세, 증여세, 부가가치세, 법인세, 양도소득세, 교육세, 교통·에너지·환경세
2. 지방세: 재산세, 지방교육세, 지방소득세, 지역자원시설세, 등록면허세, 취득세

03 1. 국세: 소득세, 농어촌특별세, 종합부동산세, 부가가치세
2. 지방세: 재산세, 지방소득세, 취득세, 지방교육세, 등록면허세, 지방소비세

04 ② ㄴ, ㅁ, ㅂ, ㅈ
1. 국세: ㄱ, ㄷ, ㄹ, ㅅ, ㅇ
2. 지방세: ㄴ, ㅁ, ㅂ, ㅈ

05 ① 재산세와 지역자원시설세는 지방세이다.
② 지방교육세는 지방세이다.
③ 모두 지방세이다.
⑤ 지역자원시설세는 지방세이다.

06 ⑤ 토지에 대한 양도소득세: 과세기간이 끝나는 때

07 ① 거주자의 양도소득에 대한 지방소득세: 과세표준이 되는 소득에 대하여 소득세의 납세의무가 성립하는 때

08 ② 종합부동산세의 납세의무 성립시기는 과세기준일로 매년 6월 1일이다.

09 ③ ㉢
　㉠ 취득세 : 지방세, 신고납부
　㉡ 종합부동산세 : 국세, 정부부과제도
　㉢ 재산세 : 지방세, 보통징수
　㉣ 양도소득세 : 국세, 신고납세제도

10 ④ ㉡, ㉢
　㉠ 취득세 : 신고납부, 지방세
　㉡ 종합부동산세 : 정부부과제도(원칙), 신고납세제도(예외), 국세
　㉢ 재산세 : 보통징수, 지방세
　㉣ 양도소득세 : 신고납세제도, 국세

11 ⑤ 신고납부에 의한 지방세의 경우 신고만 하고 이를 납부하지 아니하더라도 납세의무는 확정이 된다. 신고만 하고 세액을 납부하지 아니하더라도 확정의 효력은 발생하고 징수절차만 남아 있기 때문에 소멸시효는 신고납부기한 익일부터 진행된다. 즉, 신고를 한 경우에는 제척기간이 적용되는 것이 아니라 소멸시효가 적용되어 과세관청이 납부고지를 하면 다시 소멸시효는 중단되게 되는 것이다.

12 ⑤ 납세자의 사망은 납부의무의 소멸사유가 아니고 상속인에게 납세의무가 승계된다.

13 ⑤ 분납기간 · 징수유예기간 · 연부연납기간(年賦延納期間) · 체납처분유예기간 · 사해행위(詐害行爲) 취소의 소송을 제기하여 그 소송이 진행 중인 기간은 시효의 정지사유이다.

14 ⑤ 국세의 징수를 목적으로 하는 국가의 권리는 이를 행사할 수 있는 때부터 5억원 이상의 국세는 10년 동안 행사하지 아니하면 소멸시효가 완성된다.

15 ③ 납세자가 상속세 · 증여세 이외의 국세를 법정신고기한까지 과세표준신고서를 제출하지 아니한 경우 제척기간은 해당 국세를 부과할 수 있는 날부터 7년간이다.

16 ① 소득세는 과세기간이 끝나는 때에 납세의무가 성립하고, 납세의무자가 과세표준과 세액을 정부에 신고하는 때에 확정된다.
② 재산세는 과세기준일(매년 6월 1일)에 납세의무가 성립하고, 지방자치단체가 확정한다.
④ 납세자가 소득세를 법정신고기한 내에 과세표준 신고서를 제출하지 아니한 경우에 제척기간은 당해 국세를 부과할 수 있는 날부터 7년간으로 한다.
⑤ 5억원 이상의 국세 징수권은 이를 행사할 수 있는 때로부터 10년간 행사하지 않으면 소멸시효가 완성한다.

17 ⑤ 재산의 매각대금 배분시 당해 재산에 부과된 재산세는 당해 재산에 설정된 저당권에 따라 담보된 채권보다 우선한다.

18 ⑤ 등록면허세 신고서를 납세지 관할 지방자치단체장에게 제출한 날 전에 저당권 설정 등기 사실이 증명되는 재산을 매각하여 그 매각대금에서 등록면허세를 징수하는 경우, 저당권에 따라 담보된 채권은 등록면허세에 우선한다.

19 ③ <u>법정기일 전에 전세권·질권·저당권의 설정을 등기·등록한 사실이 증명되는 재산의 매각에서 그 매각금액 중 지방세와 가산금(그 재산에 대하여 부과된 지방세와 가산금은 제외한다)을 징수하는 경우의 그 전세권·질권·저당권에 따라 담보된 채권은 지방자치단체의 징수금보다 우선한다.</u>

20 ① 양도소득세에는 지방소득세(소득분)가 부가된다.

21 ② 취득세에는 표준세율을 100분의 2로 적용하여 산출한 취득세액의 <u>10%</u>에 해당하는 농어촌특별세가 부가된다.

22 ① 재산세(보유단계) − 지방교육세(20%)
② 취득세(취득단계) − 농어촌특별세(10%), 지방교육세(20%)
③ 종합부동산세(보유단계) − 농어촌특별세(20%)
④ 재산세(보유단계) − 지방교육세(20%)
⑤ 종합부동산세(보유단계) − 농어촌특별세(20%)

23 ② 보유단계, 국세: ㉡, ㉢(2개)
㉠ 재산세: <u>보유단계</u>, 지방세
㉡ 농어촌특별세: 취득단계·<u>보유단계</u>·양도단계, <u>국세</u>
㉢ 종합부동산세: <u>보유단계</u>, <u>국세</u>
㉣ 지방교육세: 취득단계·<u>보유단계</u>, 지방세
㉤ 개인지방소득세: <u>보유단계</u>·양도단계, 지방세

24 ③ 물납과 분납이 둘 다 가능한 것: ㉢ 재산세, ㉣ 재산세 도시지역분(2개)
㉠ 취득세: 물납 ×, 분납 ×
㉡ 등록면허세: 물납 ×, 분납 ×
㉢ 재산세: 물납 ○, 분납 ○
㉣ 재산세 도시지역분: 물납 ○, 분납 ○
㉤ 소방분에 대한 지역자원시설세: 물납 ×, 분납 ○ (2022년 개정)
㉥ 종합부동산세: 물납 ×, 분납 ○
㉦ 부동산임대업에서 발생한 사업소득에 대한 종합소득세: 물납 ×, 분납 ○
㉧ 양도소득세: 물납 ×, 분납 ○

25 ② 취득세 : 물납 ×

③ 종합부동산세 : 물납 ×

④ 양도소득세 : 물납 ×

⑤ 증여세 : 물납 × (상속세는 물납이 허용되지만, 증여세는 2016년부터 물납이 허용되지 않는다)

26 ④ 등록면허세는 분납을 허용하지 않는다.

27 ② 불복의 대상인 처분이 국세청장이 조사·결정 또는 처리하였거나 하였어야 할 것인 경우에는 이의신청이 배제된다.

28 ② 재조사 결정에 따른 처분청의 처분에 대해서는 해당 재조사 결정을 한 재결청에 대하여 심사청구 또는 심판청구를 제기할 수 있다(국세기본법 제55조 제5항).

29 ④ 상임조세심판관의 임기는 3년으로 하며, 한 차례만 중임할 수 있다. 반면에 비상임조세심판관의 임기는 3년으로 하며, 한 차례만 연임할 수 있다.

30 ④ 송달받아야 할 사람이 교정시설 또는 국가경찰관서의 유치장에 체포·구속 또는 유치(留置)된 사실이 확인된 경우에는 해당 교정시설의 장 또는 국가경찰관서의 장에게 송달한다(국세기본법 제8조 제5항).

31 ④ 공동으로 소유한 자산에 대한 양도소득금액을 계산하는 경우에는 해당 자산을 공동으로 소유하는 공유자가 그 양도소득세를 연대하여 납부할 의무가 없다.

> **소득세법 제2조의2【납세의무의 범위】**⑤ 공동으로 소유한 자산에 대한 양도소득금액을 계산하는 경우에는 해당 자산을 공동으로 소유하는 각 거주자가 납세의무를 진다.

제1장 취득세

Answer

01 ⑤	02 ①	03 ③	04 ⑤	05 ①	06 ③	07 ②	08 ③	09 ②	10 ③
11 ①	12 ⑤	13 ②	14 ⑤	15 ⑤	16 ①	17 ⑤	18 ④	19 ②	20 ⑤
21 ④	22 ①	23 ②	24 ⑤	25 ⑤	26 ③	27 ③	28 ⑤	29 ④	30 ②
31 ①	32 ①	33 ④	34 ②	35 ⑤	36 ③	37 ②	38 ④	39 ④	40 ③
41 ④	42 ④	43 ③	44 ④	45 ⑤	46 ①	47 ④	48 ⑤	49 ⑤	50 ③
51 ④	52 ⑤								

01 ⑤ 증여자의 채무를 인수하는 부담부증여로 취득한 경우로서 그 채무액에 상당하는 부분을 제외한 나머지 부분의 경우: 증여(무상취득)
① 공매를 통하여 배우자의 부동산을 취득한 경우: 유상취득
② 파산선고로 인하여 처분되는 직계비속의 부동산을 취득한 경우: 유상취득
③ 배우자의 부동산을 취득한 경우로서 그 취득대가를 지급한 사실을 증명한 경우: 유상취득
④ 권리의 이전이나 행사에 등기가 필요한 부동산을 직계존속과 서로 교환한 경우: 유상취득

02 틀린 것: ㉣(1개)
㉣ 토지의 지목을 사실상 변경함으로써 그 가액이 증가한 경우에 취득으로 본다.

03 ③ 다른 주주의 주식이 감자됨으로써 과점주주 "丙"의 지분비율이 증가한 것은 주식을 취득하여 지분비율이 증가한 것이 아니므로 "丙"은 취득세 납세의무를 지지 않는다(行自部 稅政 13407~1006).

04 1. 일반주주(40%) ⇨ 증자 및 취득(20%) ⇨ 지분비율(60%) : 60%(취득으로 간주)
2. 과점주주(60%) ⇨ 증자 및 취득(10%) ⇨ 지분비율(70%) : 10%(취득으로 간주)

05 ① ㉠, ㉣, ㉤, ㉩
취득세 과세대상에 속하는 것은 다음과 같다.

㉠ 항공기	㉡ 시가표준액이 4천만원인 비업무용 자가용 선박
㉢ 고급주택	㉣ 카지노업에 사용되는 건축물
㉤ 과수원	㉥ 차량
㉦ 골프 회원권	㉧ 기계장비
㉨ 광업권	㉩ 법령에 의해 신고된 20타석 이상의 골프연습장

06 ③ 등기된 부동산임차권은 취득세 과세대상이 아니다.

07 ② 법인설립시에 발행하는 주식 또는 지분을 취득함으로써 과점주주가 된 경우에는 취득으로 보지 아니한다.

08 ① 법인설립시에 발행하는 주식 또는 지분을 취득함으로써 과점주주가 된 경우에는 취득으로 보지 아니한다.
② 토지의 지목을 사실상 변경함으로써 그 가액이 증가한 경우에 취득으로 본다.
④ 「민법」 등 관계 법령에 따른 등기·등록 등을 하지 아니한 경우라도 사실상 취득하면 각각 취득한 것으로 보고 해당 취득물건의 소유자 또는 양수인을 각각 취득자로 한다. ⇨ 사실상의 취득
⑤ 증여자의 채무를 인수하는 부담부증여의 경우에는 그 채무액에 상당하는 부분은 부동산등을 유상으로 취득하는 것으로 본다.

09 ① 취득세는 부동산, 차량, 기계장비, 항공기, 선박, 입목, 광업권, 어업권, 골프 회원권, 승마 회원권, 콘도미니엄 회원권, 종합체육시설 이용 회원권 또는 요트 회원권을 취득한 자에게 부과한다.
③ 무상승계취득한 취득물건을 취득일에 등기·등록하지 않고 화해조서·인낙조서에 의하여 취득일부터 취득일이 속하는 달의 말일부터 3개월 이내에 계약이 해제된 사실을 입증하는 경우에는 취득한 것으로 보지 아니한다.
④ 상속회복청구의 소에 의한 법원의 확정판결에 의하여 특정 상속인이 당초 상속분을 초과하여 취득하게 되는 재산가액은 상속분이 감소한 상속인으로부터 증여받아 취득한 것으로 보지 아니한다.
⑤ 증여자의 채무를 인수하는 부담부증여의 경우에는 그 채무액에 상당하는 부분은 부동산 등을 유상으로 취득하는 것으로 본다.

10 ③ 「도시 및 주거환경정비법」 제35조 제3항에 따른 재건축조합이 재건축사업을 하면서 조합원으로부터 취득하는 토지 중 조합원에게 귀속되지 아니하는 토지를 취득하는 경우에는 「도시 및 주거환경정비법」 제86조 제2항에 따른 소유권이전 고시일의 다음 날에 그 토지를 취득한 것으로 본다.

11 ① 무상취득의 경우 해당 취득물건을 등기·등록하지 않고 행정안전부령으로 정하는 계약해제신고서(취득일부터 취득일이 속하는 달의 말일부터 3개월 이내에 제출된 것만 해당한다)에 해당하는 서류로 계약이 해제된 사실이 입증되는 경우에는 취득한 것으로 보지 않는다.

12 ⑤ 「도시 및 주거환경정비법」 제35조 제3항에 따른 재건축조합이 재건축사업을 하면서 조합원으로부터 취득하는 토지 중 조합원에게 귀속되지 아니하는 토지를 취득하는 경우에는 「도시 및 주거환경정비법」 제86조 제2항에 따른 소유권이전 고시일의 다음 날에 그 토지를 취득한 것으로 본다.

13 ② 건축물을 건축하여 취득하는 경우에는 사용승인서를 내주는 날(2026년 4월 16일)[사용승인서를 내주기 전에 임시사용승인을 받은 경우에는 그 임시사용승인일(2026년 4월 11일)을 말한다]과 사실상의 사용일(2026년 4월 20일) 중 빠른 날을 취득일로 본다.

14 ⑤ 공동주택가격이 공시되지 아니한 경우에는 지역별·단지별·면적별·층별 특성 및 거래가격 등을 고려하여 행정안전부장관이 정하는 기준에 따라 특별자치시장·특별자치도지사·시장·군수 또는 구청장이 산정한 가액으로 한다.

15 ⑤ 법인이 아닌 자가 토지의 지목을 사실상 변경한 경우로서 사실상취득가격을 확인할 수 없는 경우 취득당시가액은 <u>지목변경 이후의 토지에 대한 시가표준액에서 지목변경 전의 토지에 대한 시가표준액을 뺀</u> 가액으로 한다.

16 ① 법인이 아닌 자가 취득한 경우 할부 또는 연부(年賦) 계약에 따른 이자 상당액 및 연체료를 제외한 금액으로 한다.

17 ⑤ 부가가치세는 사실상취득가격에 포함하지 않는다.

18 ④ 511,000,000원

◈ **취득세 과세표준**

(1) **총매매대금**	500,000,000원
(2) **총매매대금 외에 당사자약정에 의하여 乙의 은행채무를 甲이 대신 변제한 금액**	10,000,000원
(3) **법령에 따라 매입한 국민주택채권을 해당 주택의 취득 이전에 금융회사에 양도함으로써 발생하는 매각차손**	1,000,000원
(4) **「공인중개사법」에 따른 공인중개사에게 지급한 중개보수**	개인은 포함 ×
(5) **취득세 과세표준 : (1) + (2) + (3)**	511,000,000원

19 ② 옳은 것은 ⓒ, ⓒ이다.
　ⓐ <u>상속으로 인한 농지취득</u> : 1천분의 23
　ⓔ 법령으로 정한 <u>비영리사업자의 상속 외의 무상취득</u> : 1천분의 28

20 ⑤ 농지를 상호 교환한 경우 : 3%
　① 상속으로 농지를 취득한 경우 : 2.3%
　② 법령으로 정한 비영리사업자가 상속 외의 무상취득한 경우 : 2.8%
　③ 영리법인이 공유수면을 매립하여 농지를 취득한 경우 : 2.8%
　④ 무주택자가 유상거래를 원인으로 「지방세법」 제10조에 따른 취득 당시의 가액이 7억5천만원인 주택(「주택법」에 의한 주택으로서 등기부에 주택으로 기재된 주거용 건축물과 그 부속토지)을 취득한 경우(개인의 1세대 1주택에 해당함) : 2%

$$\text{취득당시가액} \times 2/3억원 - 3) \times 1/100 = (7억5천만원 \times 2/3억원 - 3) \times 1/100 = 2\%$$

$$\left[\left(\text{취득당시가액} \times \frac{2}{3억원} - 3\right) \times \frac{1}{100} = \left(7억5천만원 \times \frac{2}{3억원} - 3\right) \times \frac{1}{100} = 2\% \right]$$

21 ④ 유상거래를 원인으로 「지방세법」 제10조에 따른 취득 당시의 가액이 5억원인 주택(「주택법」에 의한 주택으로서 등기부에 주택으로 기재된 주거용 건축물과 그 부속토지)을 취득한 경우(개인의 비조정대상지역에 소재하는 1세대 2주택에 해당함): 1%

① 합유물 및 총유물의 분할로 인한 취득: 2.3%

② 「정당법」에 따라 설립된 정당이 독지가의 기부에 의하여 건물을 취득한 경우: 2.8%

③ 농지를 상호교환하여 소유권이전등기를 하는 경우: 3%

⑤ 조정대상지역 내 3억원 이상 주택을 증여하는 경우(단, 1세대 1주택자가 소유주택을 배우자·직계존비속에게 증여한 경우가 아님): 12%

22 ① 유상거래를 원인으로 취득 당시의 가액이 6억원 이하인 상가를 취득: 4%

② 비영리사업자의 증여로 인한 농지 취득: 2.8%

③ 교환으로 인한 농지의 취득: 3%

④ 배우자로부터 증여받은 농지의 취득: 3.5%

⑤ 상속으로 취득한 상가: 2.8%

23 1. 중과세 대상 ○: ㉡, ㉢, ㉣, ㉤(4개)

㉡ 골프장: 사치성재산: (표준세율 + 8%)

㉢ 고급주택: 사치성재산: (표준세율 + 8%)

㉣ 법인 본점의 사무소전용 주차타워: (표준세율 + 4%)

㉤ 「수도권정비계획법」에 의한 과밀억제권역 안에서 공장을 신설하거나 증설하기 위한 사업용 과세물건: (표준세율 + 4%)

2. 중과세 대상 ×: ㉠, ㉥(2개)

㉠ 병원의 병실: 중과세 ×

㉥ 대도시에서 법인이 사원에 대한 임대용으로 직접 사용할 목적으로 취득한 사원주거용 목적의 공동주택[1구의 건축물의 연면적(전용면적을 말한다)이 60제곱미터 이하임]: 중과세 ×

24 ⑤ 법인 설립 후 유상 증자시에 주식을 취득하여 최초로 <u>과점주주</u>가 된 경우: 중과기준세율(2%)를 적용한다.

25 ⑤ 환매등기를 병행하는 부동산의 매매로서 환매기간 내에 매도자가 환매한 경우의 그 매도자와 매수자의 취득은 '표준세율에서 중과기준세율을 뺀 세율'을 적용한다.

26 ③ <u>과밀억제권역</u>에서 본점이나 주사무소의 사업용 부동산(본점이나 주사무소용 건축물을 신축하거나 증축하는 경우와 그 부속토지만 해당한다)을 취득하는 경우에는 표준세율에 중과기준세율의 <u>100분의 200</u>을 합한 세율을 적용한다.

27 ① 취득세 납세의무가 있는 법인이 장부 등의 작성과 보존의무를 이행하지 아니한 경우 산출세액의 100분의 10에 상당하는 가산세가 부과된다.
② 납세의무자가 취득세 과세물건을 사실상 취득한 후 취득세 신고를 하지 아니하고 매각하는 경우에는 산출세액에 100분의 80을 가산한 금액을 세액으로 하여 보통징수의 방법으로 징수한다.
④ 법정신고기한까지 과세표준신고서를 제출하지 아니한 자는 지방자치단체의 장이 「지방세법」에 따라 그 지방세의 과세표준과 세액(가산세를 포함)을 결정하여 통지하기 전에는 납기후의 과세표준신고서를 제출할 수 있다.
⑤ 취득가액이 50만원 이하일 때에는 취득세를 부과하지 아니한다.

28 ⑤ 납세의무자가 취득세 과세물건을 사실상 취득한 후 취득세 신고를 하지 아니하고 매각하는 경우에는 산출세액에 100분의 80을 가산한 금액을 세액으로 하여 보통징수의 방법으로 징수한다.

29 ④ 납세의무자가 취득세 과세물건을 사실상 취득한 후 취득세 신고를 하지 아니하고 매각하는 경우에는 산출세액에 100분의 80을 가산한 금액을 세액으로 하여 보통징수의 방법으로 징수한다.

30 ② 취득세 과세물건을 취득한 후에 그 과세물건이 중과세 세율의 적용대상이 되었을 때에는 대통령령으로 정하는 날부터 60일 이내에 중과세 세율을 적용하여 산출한 세액에서 이미 납부한 세액(가산세는 제외한다)을 공제한 금액을 세액으로 하여 신고하고 납부하여야 한다.

31 ① 취득세 과세물건을 취득한 자는 그 취득한 날부터 60일 이내, 상속으로 인한 경우는 상속개시일이 속하는 달의 말일부터 6개월 이내에 그 과세표준에 세율을 적용하여 산출한 세액을 신고하고 납부하여야 한다.

32 ① 틀린 것 : ㉣(1개)
㉣ 취득세의 납세의무가 있는 법인이 장부 등의 작성과 보존의무를 이행하지 아니한 경우 산출세액의 100분의 10에 상당하는 가산세가 부과된다.

33 ④ 취득세의 납세의무가 있는 법인이 장부 등의 작성과 보존의무를 이행하지 아니한 경우 산출세액의 100분의 10에 상당하는 가산세가 부과된다.

34 ② 법정신고기한이 지난 후 1개월 이내에 기한 후 신고를 한 경우 무신고가산세액의 100분의 50에 상당하는 금액을 감면한다.

> 1. 일반무신고가산세 = 1,000,000원 × 20% = 200,000원
> 2. 1.의 50% 경감 = 100,000원

35 ① 상속으로 인한 취득의 경우는 상속개시일이 속하는 달의 말일부터 6개월(외국에 주소를 둔 상속인이 있는 경우에는 9개월) 이내에 신고하고 납부하여야 한다.

② 지목변경, 주식 등의 취득 등 취득으로 보는 과세물건을 사실상 취득한 후 신고를 하지 아니하고 매각하는 경우 중가산세 규정을 적용하지 아니한다.

③ 취득가액이 50만원 이하일 때에는 취득세를 부과하지 아니한다.

④ 취득세 법정신고기한까지 과세표준신고서를 제출하지 아니한 자가 법정신고기한이 지난 후 3개월 초과 6개월 이내에 기한후신고한 경우 무신고가산세의 20%를 감면(지방자치단체의 장이 과세표준과 세액을 결정할 것을 미리 알고 기한 후 신고서를 제출한 경우가 아님)한다.

36 ③ 「지방세법」 제9조 제3항에서 규정한 「신탁」이라 함은 「신탁법」에 의하여 위탁자가 수탁자에 신탁등기를 하거나 신탁해지로 수탁자가 위탁자에게 이전되거나 수탁자가 변경되는 경우를 말하며, 명의신탁해지로 인한 취득 등은 「신탁법」에 의한 신탁이 아니므로 이에 해당되지 아니한다(지방세법 제9조 관련 운영예규 : 법9-3 [비과세대상인 신탁의 범위]).

37 ② 주택조합 등과 조합원 간의 부동산 취득 및 주택조합 등의 비조합원용 부동산 취득은 취득세 과세대상이다.

38 ③ 부동산을 취득한 이후에 해당 부동산을 국가나 지방자치단체에 기부채납하기로 국가 등과 계약 등을 하였다면 비과세대상이 아니다. 즉, 부동산을 취득하는 목적이 "국가 등에 귀속 또는 기부채납"을 전제로 하는 것이므로 취득시점에는 기부채납이나 귀속을 목적으로 하지 않았으나, 취득 이후에 기부채납을 하는 경우에는 비과세대상이 될 수 없는 것이다(대판 2003다43346, 2005.5.12).

39 1. 틀린 것 : ㉠, ㉡, ㉢, ㉤(4개)
㉠ 납세의무자 : 관계 법령에 따른 등기·등록 등을 하지 아니한 경우라도 사실상 취득하면 각각 취득한 것으로 보고 해당 취득물건의 소유자 또는 양수인을 각각 취득자로 한다.
㉡ 과점주주 : 설립 ⇨ 납세의무 ×
㉢ 취득시기 : 토지의 지목변경일 이전에 사용하는 부분에 대해서는 그 사실상의 사용일을 취득일로 본다.
㉤ 비과세 : 임시건축물 ⇨ 고급오락장(사치성재산) ⇨ 과세
2. 옳은 것 : ㉣(1개)

40 1. 옳은 것 : ㉢, ㉣(2개)
2. 틀린 것 : ㉠, ㉡, ㉤(3개)
㉠ 과점주주 집단 내부에서 주식이 이전되었으나 과점주주 집단이 소유한 총주식의 비율에 변동이 없는 경우 간주취득세가 과세되지 않는다.
㉡ 권리의 이전이나 행사에 등기 또는 등록이 필요한 부동산을 직계존속과 서로 교환한 경우에는 유상으로 취득한 것으로 본다.
㉤ 법령이 정하는 고급주택에 해당하는 임시건축물의 취득은 취득세가 과세된다.

41 ④ 임시흥행장, 공사현장사무소 등 임시건축물의 취득에 대하여는 취득세를 부과하지 아니한다. 다만, 존속기간이 1년을 초과하는 경우에는 취득세를 부과한다.

42 ④ 납세의무자가 취득세 과세물건을 사실상 취득한 후 신고를 하지 아니하고 매각하는 경우에는 산출세액에 100분의 80을 가산한 금액을 세액으로 하여 보통징수의 방법으로 징수한다. 다만, 지목 변경으로 취득으로 보는 과세물건에 대하여는 그러하지 아니하다.

43 1. 옳은 것 : ⓛ, ㉣(2개)
2. 틀린 것 : ㉠, ㉢, ㉤(3개)
㉠ 법인설립시 발행하는 주식을 취득함으로써 지방세기본법에 따른 과점주주가 되었을 때에는 그 과점주주가 해당 법인의 부동산등을 취득한 것으로 <u>보지 아니한다</u>.
㉢ 법인의 합병으로 인한 농지 외의 토지 취득의 경우 취득세 표준세율은 1천분의 <u>40</u>이다.
㉤ 지방자치단체에 귀속의 반대급부로 영리법인이 지방자치단체 소유의 부동산을 무상으로 양여받는 경우에는 취득세를 <u>부과한다</u>.

44 ④ 취득세 과세물건을 취득한 후 중과세 대상이 되었을 때에는 <u>중과세율을</u> 적용하여 산출한 세액에서 이미 납부한 세액(가산세 제외)을 공제한 금액을 세액으로 하여 신고·납부하여야 한다.

45 ⑤ 부동산 등의 취득은 관계 법령에 따른 <u>등기·등록 등을 하지 아니한 경우라도 사실상 취득하면 각각 취득한 것으로 보고</u> 해당 취득물건의 소유자 또는 양수인을 각각 취득자로 한다.

46 ① 부동산을 연부로 취득하는 것은 사실상의 연부금 지급일을 취득일로 본다. 다만, 사실상 연부금 지급일 전에 등기 또는 등록을 하는 경우에는 그 등기일 또는 등록일을 취득일로 본다.

47 ④ 지방자치단체의 장은 조례로 정하는 바에 따라 취득세의 세율을 표준세율의 100분의 50의 범위에서 가감할 수 있다.

48 ① 취득세 과세물건을 취득한 후 중과세 세율 적용대상이 되었을 경우 60일 이내에 산출세액에서 이미 납부한 세액(가산세는 <u>제외</u>)을 공제하여 신고·납부하여야 한다.
② 취득세 과세물건을 취득한 자가 재산권의 취득에 관한 사항을 등기하는 경우 <u>등기를 하기 전까지</u> 취득세를 신고·납부하여야 한다.
③ 상속에 따른 건축물 무상취득의 경우에는 「지방세법」 제4조에 따른 <u>시가표준액</u>을 취득당시가액으로 한다.
④ 부동산가압류에 대한 등록면허세의 세율은 <u>채권금액</u>의 1천분의 2로 한다.

49
1. 「지방세법 시행령」 제46조【같은 채권등기에 대한 목적물이 다를 때의 징수방법】
2. 지방세의 체납으로 인하여 압류의 등기 또는 등록을 한 재산에 대하여 압류해제의 등기 또는 등록 등을 할 경우에는 「지방세법」 제26조에 의하여 등록면허세가 비과세되는 것이다.

① 광업권의 취득에 따른 등록시 등록면허세가 과세된다.

② 환매등기를 병행하는 부동산의 매매로서 환매기간 내에 매도자가 환매한 경우의 그 매도자와 매수자의 취득에 대한 취득세는 표준세율에서 중과기준세율을 뺀 세율로 산출한 금액을 그 세액으로 한다.

③ 지방자치단체의 장은 채권자대위자의 부동산의 등기에 대한 등록면허세 신고납부가 있는 경우 납세의무자에게 그 사실을 즉시 통보하여야 한다.

④ 국가, 지방자치단체 또는 지방자치단체조합은 취득세 과세물건을 매각(연부로 매각한 것을 포함한다)하면 매각일부터 30일 이내에 대통령령으로 정하는 바에 따라 그 물건 소재지를 관할하는 지방자치단체의 장에게 통보하거나 신고하여야 한다.

50　③ 지방세법시행령 제49조의2 제1항

① 취득세 과세물건을 취득한 후 중과세 대상이 되었을 때에는 중과세율을 적용하여 산출한 세액에서 이미 납부한 세액(가산세 제외)을 공제한 금액을 세액으로 하여 신고·납부하여야 한다.

② 지방세의 체납으로 인하여 압류의 등기 또는 등록을 한 재산에 대하여 압류해제의 등기 또는 등록 등을 할 경우에는 「지방세법」 제26조에 의하여 등록면허세가 비과세되는 것이다
(지방세법 제26조 [비과세], 관련 운영예규 : 법 26-1 [국가 등에 관한 비과세]).

④ 등록 당시에 감가상각의 사유로 가액이 달라진 경우에는 변경된 가액을 등록면허세 과세표준으로 한다.

⑤ 국가, 지방자치단체 또는 지방자치단체조합은 취득세 과세물건을 매각(연부로 매각한 것을 포함한다)하면 매각일부터 30일 이내에 대통령령으로 정하는 바에 따라 그 물건 소재지를 관할하는 지방자치단체의 장에게 통보하거나 신고하여야 한다.

51　④ 개인 간의 주택 매매로서 사실상의 잔금지급일이 2025년 4월 2일로 하는 부동산(취득가액 1억 원)의 소유권이전등기에 대해서는 취득세가 과세되는 등기에 해당한다. 등록면허세가 과세되는 등기에 해당하지 않는다.

52　⑤ 지목변경으로 인한 취득세 납세의무자가 신고를 하지 아니하고 매각하는 경우 중가산세를 적용하지 아니한다.

제 2 장 등록면허세

01 ②	02 ④	03 ①	04 ④	05 ①	06 ②	07 ④	08 ⑤	09 ④	10 ①
11 ⑤	12 ③	13 ①	14 ①	15 ⑤	16 ②	17 ③	18 ②	19 ③	20 ⑤
21 ①	22 ①	23 ④							

01 ② 부동산 지역권 설정등기시 등록면허세 납세의무자는 지역권자(요역지 소유자)가 된다.

02 ④ 부동산 지역권 설정등기시 등록면허세 납세의무자는 지역권자(요역지 소유자)가 된다.

03 ① 부동산의 등록에 대한 등록면허세의 과세표준은 등록자가 신고한 당시의 가액으로 하고, 신고가 없는 경우에는 <u>시가표준액</u>으로 한다.

04 ④ 임차권: 월임대차금액의 1천분의 2
① 경매신청: 채권금액의 1천분의 2
② 가압류: 채권금액의 1천분의 2
③ 가처분: 채권금액의 1천분의 2
⑤ 저당권: 채권금액의 1천분의 2

05 ② 상속으로 인한 소유권 이전등기 − 부동산가액의 <u>1천분의 8</u>
③ 소유권보존등기 − 부동산가액의 <u>1천분의 8</u>
④ 저당권 − 채권금액의 <u>1천분의 2</u>
⑤ 전세권 − 전세금액의 <u>1천분의 2</u>

06 1. 임차권에 대한 납세의무자: 등록을 하는 乙
2. 임차권설정등기시 세액: 월임대차금액 × 0.2% = 100만원 × 0.2% = 2,000원
3. 세액이 6천원 미만일 때에는 6천원으로 한다.

07 ① <u>상속</u>으로 인한 소유권 이전 등기의 경우에는 부동산 가액의 <u>1천분의 8</u>이다.
② 소유권의 <u>보존 등기</u>는 부동산 가액의 <u>1천분의 8</u>이다(세액이 <u>6천원 미만</u>일 때에는 <u>6천원</u>으로 한다).
③ <u>증여</u>로 인한 소유권 이전 등기는 부동산 가액의 <u>1천분의 15</u>이다.
⑤ 지방자치단체의 장은 조례로 정하는 바에 따라 모든 등기·등록이 아니라 <u>부동산 등기</u>에 따른 표준세율의 100분의 50의 범위에서 가감할 수 있다.

08 ⑤ 부동산이 <u>공유물</u>인 때에는 그 <u>취득지분의 가액</u>을 부동산가액으로 한다.

09 ④ 매매로 취득한 대지의 소유권이전등기: 부동산가액의 1천분의 20(2%)
　① 소유권 보존등기: 부동산가액의 1천분의 8(0.8%)
　② 전세권의 설정등기: 전세금액의 1천분의 2(0.2%)
　③ 무상취득한 대지의 소유권이전등기: 부동산가액의 1천분의 15(1.5%)
　⑤ 상속으로 인한 소유권 이전등기: 부동산가액의 1천분의 8(0.8%)

10 ① 틀린 것은 없고 모두 옳은 내용이다.

11 ⑤ 등록을 하려는 자가 <u>신고의무를 다하지 아니한 경우</u> 등록면허세 산출세액을 등록을 하기 전까지 <u>납부하였을 때에는 신고를 하고 납부한 것으로 보며</u>, 이 경우 <u>무신고가산세를 부과하지 아니한다.</u>

12 ③ 신고의무를 다하지 아니한 경우에도 등록면허세 산출세액을 등록을 하기 전까지 납부하였을 때에는 신고를 하고 납부한 것으로 본다. 이 경우 무신고가산세 및 과소신고가산세를 부과하지 아니한다.

13 ① 틀린 것은 없고 모두 옳은 내용이다.

14 ① 등록면허세를 비과세, 과세면제 또는 경감받은 후에 해당 과세물건이 등록면허세 부과대상 또는 추징대상이 되었을 때에는 그 사유 발생일부터 60일 이내에 해당 과세표준에 세율을 적용하여 산출한 세액[경감받은 경우에는 이미 납부한 세액(<u>가산세는 제외한다</u>)을 공제한 세액을 말한다]을 납세지를 관할하는 지방자치단체의 장에게 대통령령으로 정하는 바에 따라 신고하고 납부하여야 한다.

15 ⑤ 모두 옳은 내용이다.

16 ② 대한민국 정부기관의 등록 또는 면허에 대하여 과세하는 외국정부의 등록 또는 면허의 경우에는 등록면허세를 부과한다.

17 ③ 대도시 밖에 있는 법인의 본점이나 주사무소를 대도시로 전입함에 따른 등기는 법인등기에 대한 세율의 <u>100분의 300</u>을 적용한다.

18 ② <u>상속</u>으로 인한 소유권 이전 등기의 세율은 부동산 가액의 <u>1천분의 8</u>로 한다.

19 ③ 부동산등기에 대한 등록면허세액이 6천원 미만일 때에는 6천원으로 한다.

20 ⑤ 부동산 등록에 대한 신고가 없는 경우 <u>등록 당시 시가표준액</u>을 등록면허세 과세표준으로 한다.

21 1. 옳은 설명 : ㉠, ㉡, ㉢, ㉣(4개)

2. 틀린 설명 : ㉤(1개)

㉤ 등록을 하려는 자가 법정신고기한까지 등록면허세 산출세액을 신고하지 않은 경우로서 등록 전까지 그 산출세액을 납부하였을 때에는 신고를 하고 납부한 것으로 보며 「지방세기본법」에 따른 무<u>신고가산세를 부과하지 아니한다</u>.

22 ① ㉢(1개)

㉢ 세율 : 대도시 밖에 있는 법인의 본점이나 주사무소를 대도시로 전입함에 따른 등기는 법인등기에 대한 세율의 <u>100분의 300</u>을 적용한다.

23 ④ 신고 ×, 납부 ○ ⇨ 신고를 하고 납부한 것으로 본다. ⇨ 가산세 ×

제**3**장 재산세

Answer									
01 ④	02 ②	03 ⑤	04 ③	05 ②	06 ⑤	07 ①	08 ②	09 ⑤	10 ①
11 ④	12 ③	13 ②	14 ④	15 ③	16 ④	17 ①	18 ④	19 ②	20 ③
21 ②	22 ②	23 ②	24 ①	25 ⑤	26 ②	27 ③	28 ③	29 ③	30 ⑤
31 ④	32 ③	33 ①	34 ③	35 ②	36 ⑤				

01 ① 재산세 과세대상인 건축물의 범위에는 주택을 포함하지 아니한다(지방세법 제105조).

② 주택 부속토지의 경계가 명백하지 아니한 경우 그 주택의 바닥면적의 10배에 해당하는 토지를 주택의 부속토지로 한다(지방세법시행령 제105조).

③ 토지에 대한 재산세 과세대상은 종합합산과세대상, 별도합산과세대상 및 분리과세대상으로 구분한다. 주택은 별도의 재산세 과세대상이다(지방세법 제106조 제1항).

⑤ 납세의무자가 해당 지방자치단체 관할구역에 2개 이상의 주택을 소유하고 있는 경우 그 주택의 가액을 모두 합한 금액을 과세표준으로 하지 않고 <u>독립된 매1구의 주택 가액을 각각의 과세표준으로 하여</u> 주택의 세율을 적용한다.

02 ② 주택에 대한 재산세는 납세의무자별로 해당 지방자치단체의 관할구역에 있는 주택의 과세표준을 합산하지 않고 <u>독립된 매1구의 주택 가액을 각각의 과세표준으로 하여</u> 주택의 세율을 적용한다.

03 ⑤ 회원제 골프장용 토지(회원제 골프장업의 등록시 구분등록의 대상이 되는 토지) : 분리과세대상

04 ① 회원제 골프장용 토지(회원제 골프장업의 등록시 구분등록의 대상이 되는 토지) : 분리과세대상

② 「체육시설의 설치·이용에 관한 법률 시행령」에 따른 회원제 골프장이 아닌 골프장용 토지 중 원형이 보전되는 임야 : 별도합산과세대상

④ 「도로교통법」에 따라 등록된 자동차운전학원의 자동차운전학원용 토지로서 같은 법에서 정하는 시설을 갖춘 구역 안의 토지 : 별도합산과세대상

⑤ 「건축법」 등 관계법령에 따라 허가 등을 받아야 할 건축물로서 허가 등을 받지 아니한 건축물의 부속토지 : 종합합산과세대상

05 ② 「건축법」 등 관계 법령에 따라 허가 등을 받아야 할 건축물로서 허가 등을 받지 아니한 공장용 건축물의 부속토지 : 종합합산과세대상(0.2%~0.5%)

① 1990년 5월 31일 이전부터 종중이 소유하고 있는 임야 : 저율분리과세대상(0.07%)

③ 「도로교통법」에 따라 등록된 자동차운전학원의 자동차운전학원용 토지로서 같은 법에서 정하는 시설을 갖춘 구역 안의 토지 : 별도합산과세대상(0.2%~0.4%)

④ 국가가 국방상의 목적 외에는 그 사용 및 처분 등을 제한하는 공장 구내의 토지 : 저율분리과세대상(0.2%)

⑤ 과세기준일 현재 계속 염전으로 실제 사용하고 있는 토지 : 저율분리과세대상(0.2%)

06 ⑤ 「여객자동차 운수사업법」 또는 「화물자동차 운수사업법」에 따라 여객자동차운송사업 또는 화물자동차 운송사업의 면허·등록 또는 자동차대여사업의 등록을 받은 자가 그 면허·등록조건에 따라 사용하는 차고용 토지로서 자동차운송 또는 대여사업의 최저보유차고면적기준의 1.5배에 해당하는 면적 이내의 토지 : 별도합산과세대상토지

① 「자연공원법」에 따라 지정된 공원자연환경지구의 임야 : 0.07% 분리과세대상토지

② 종중이 소유하고 있는 임야 : 0.07% 분리과세대상토지

③ 「한국토지주택공사법」에 따라 설립된 한국토지주택공사가 같은 법에 따라 타인에게 토지나 주택을 분양하거나 임대할 목적으로 소유하고 있는 토지(임대한 토지를 포함한다) : 0.2% 분리과세대상토지

④ 과세기준일 현재 계속 염전으로 실제 사용하고 있거나 계속 염전으로 사용하다가 사용을 폐지한 토지 : 0.2% 분리과세대상토지

07 ① 공업지역 및 산업단지의 공장용 건축물의 부속토지로서 기준면적 이내인 토지는 분리과세대상이다.

② 개발제한구역 및 녹지지역의 목장용지로서 일정한 기준면적을 초과하는 토지는 종합합산과세대상이다.

③ 무허가, 위법적 건축물의 부속토지는 종합합산과세대상이다.

④ 개발제한구역 및 녹지지역이 아닌 시의 도시지역 내(상업지역, 공업지역, 주거지역 등)에 소재하는 농지는 종합합산과세대상이다.

⑤ 상가건축물의 부속토지로서 기준면적 이내인 토지는 별도합산과세대상이다.

08 ② 지방세법 제110조의2에 따라 1세대 1주택으로 인정되는 주택(시가표준액이 9억원을 초과하는 주택을 포함한다)에 대해서는 시가표준액이 6억원을 초과하는 경우 시가표준액의 100분의 45로 한다.

09 ① 토지의 재산세 과세표준은 개별공시지가에 공정시장가액비율(70%)를 곱하여 산정한 가액으로 한다.
② 토지에 대한 과세표준은 개별공시지가에 공정시장가액비율(70%)를 곱하여 산정한 가액으로 한다.
③ 건축물의 재산세 과세표준은 시가표준액에 공정시장가액비율(70%)를 곱하여 산정한 가액으로 한다.
④ 건축물의 재산세 과세표준은 법인의 경우 시가표준액에 공정시장가액비율(70%)를 곱하여 산정한 가액으로 한다.

10 ① 과세표준 20억원인 분리과세대상 목장용지: <u>1,000분의 0.7(0.07%)</u>
② 과세표준 6천만원인 주택(1세대 2주택에 해당): 1,000분의 1(0.1%)
③ 과세표준 10억원인 분리과세대상 공장용지: 1,000분의 2(0.2%)
④ 과세표준 2억원인 별도합산과세대상 토지: 1,000분의 2(0.2%)
⑤ 과세표준 5천만원인 종합합산과세대상 토지: 1,000분의 2(0.2%)

11 ④ 법령으로 정하는 1세대 1주택이 아닌 고급주택과 그 밖의 주택은 동일하게 1,000분의 1부터 1,000분의 4까지 4단계 초과누진세율을 적용한다.

12 ① 고급주택(1세대 2주택에 해당): 0.1%~0.4% 4단계 초과누진세율
② 일반 건축물: 1천분의 2.5
④ 회원제 골프장, 고급오락장용 건축물: 1천분의 40
⑤ 시가표준액이 9억원을 초과하는 1세대 1주택: 1천분의 1부터 1천분의 4까지의 4단계 초과누진세율

13 ② 분리과세대상 골프장용 토지의 재산세 표준세율은 과세표준의 1천분의 40이다.

14 세율의 구조는 '비례세율'과 '초과누진세율'로 구분할 수 있다.
④ 고급주택: 1천분의 1~1천분의 4(0.1%~0.4% 4단계 초과누진세율)
① 항공기: 1천분의 3(0.3%) 비례세율
② 골프장·고급오락장용 건축물: 1천분의 40(4%) 비례세율
③ 과밀억제권역에서 공장 신설·증설에 해당하는 경우 그 건축물: 1천분의 12.5(1.25%) 비례세율
⑤ 고급선박: 1천분의 50(5%) 비례세율

15 ① 법령에서 정하는 고급선박 및 고급오락장용 건축물의 경우 고급선박(1천분의 50)의 표준세율이 고급오락장용 건축물(1천분의 40)의 표준세율보다 높다.
② 특별시 지역에서 「국토의 계획 및 이용에 관한 법률」과 그 밖의 관계 법령에 따라 지정된 주거지역 및 해당 지방자치단체의 조례로 정하는 지역의 대통령령으로 정하는 공장용 건축물의 표준세율은 과세표준의 1천분의 5이다.
④ 항공기(1천분의 3)의 표준세율은 1천분의 3으로 법령에서 정하는 고급선박을 제외한 그 밖의 선박(1천분의 3)의 표준세율과 동일하다.
⑤ 지방자치단체의 장은 특별한 재정수요나 재해 등의 발생으로 재산세의 세율 조정이 불가피하다고 인정되는 경우 조례로 정하는 바에 따라 표준세율의 100분의 50의 범위에서 가감할 수 있다. 다만, 가감한 세율은 해당 연도에만 적용한다(지방세법 제111조 제3항).

16 ④ 항공기의 표준세율은 1천분의 3으로 법령에서 정하는 고급선박을 제외한 그 밖의 선박의 표준세율과 동일하다.

17 ① 토지와 건물의 소유자가 다를 경우 해당 주택에 대한 세율을 적용할 때 해당 주택의 토지와 건물의 가액을 합산한 과세표준에 해당 세율을 적용한다.

18 ④ 지방자치단체의 장은 특별한 재정수요나 재해 등의 발생으로 재산세의 세율 조정이 불가피하다고 인정되는 경우 조례로 정하는 바에 따라 표준세율의 100분의 50의 범위에서 가감할 수 있다. 다만, 가감한 세율은 해당 연도에만 적용한다.

19 ② 甲이 乙에게 토지를 매도한 후 乙이 소유권이전등기를 이행하지 않은 경우 甲이 신고하면 재산세 납세의무자는 乙이 되는 것이고 甲이 신고하지 않았다면 재산세 납세의무자는 甲이 된다.

20 ③ 등기부상 甲 개인 소유로 등재되어 있는 토지는 甲이 사실상의 종중 소유임을 과세관청에 신고한 경우 재산세 납세의무자는 종중이다.

21 ② 「신탁법」 제2조에 따른 수탁자의 명의로 등기 또는 등록된 신탁재산의 경우 재산세 납세의무자는 위탁자이다.

22 ② 재산세 과세대상 재산을 여러 사람이 공유하는 경우에는 그 지분에 해당하는 부분(지분의 표시가 없는 경우에는 지분이 균등한 것으로 본다)에 대해서는 그 지분권자를 납세의무자로 본다.

23 ② 해당 연도에 주택에 부과할 세액이 20만원 이하인 경우에는 조례로 정하는 바에 따라 납기를 7월 16일부터 7월 31일까지로 하여 한꺼번에 부과·징수한다.

24 ① 토지분 재산세 납기는 매년 <u>9월 16일부터 9월 30일까지</u>이다. 주택에 대한 재산세 납기는 해당 연도에 부과·징수할 세액의 2분의 1은 매년 7월 16일부터 7월 31일까지, 나머지 2분의 1은 9월 16 일부터 9월 30일까지이다. 다만, 해당 연도에 부과할 세액이 20만원 이하인 경우에는 조례로 정하는 바에 따라 납기를 7월 16일부터 7월 31일까지로 하여 한꺼번에 부과·징수할 수 있다.

25 ① 해당 연도에 <u>주택</u>에 부과할 세액이 <u>100만원</u>인 경우 <u>납기</u>는 해당 연도에 부과·징수할 세액의 2분의 1은 매년 7월 16일부터 7월 31일까지, 나머지 2분의 1은 9월 16일부터 9월 30일까지이다. 다만, 해당 연도에 부과할 세액이 20만원 이하인 경우에는 조례로 정하는 바에 따라 납기를 7월 16일부터 7월 31일까지로 하여 한꺼번에 부과·징수할 수 있다.
② <u>토지분 재산세 납기는 매년 9월 16일부터 9월 30일까지</u>이다.
③ 지방자치단체의 장은 재산세의 <u>납부세액이 1천만원을 초과</u>하는 경우에는 납세의무자의 신청을 받아 해당 지방자치단체의 <u>관할구역에 있는 부동산</u>에 대해서만 <u>물납</u>을 허가할 수 있다.
④ 고지서 1장당 재산세로 징수할 세액이 <u>2천원</u> <u>미만</u>인 경우에는 해당 재산세를 징수하지 아니한다.

26 틀린 것 : ㉠, ㉤(2개)
㉠ 지방자치단체의 장은 과세대상 누락, 위법 또는 착오 등으로 인하여 이미 부과한 세액을 변경하거나 수시부과하여야 할 사유가 발생하면 <u>수시로 부과·징수할 수 있다</u>.
㉤ 지방자치단체의 장은 재산세의 납부세액이 250만원을 초과하는 경우에는 대통령령으로 정하는 바에 따라 납부할 세액의 일부를 납부기한이 지난 날부터 <u>3개월</u> 이내에 분할납부하게 할 수 있다.

27 ③ 지방자치단체의 장은 재산세의 <u>납부세액이 250만원을 초과</u>하는 경우에는 대통령령으로 정하는 바에 따라 납부할 세액의 일부를 납부기한이 지난 날부터 <u>3개월 이내</u>에 분할납부하게 할 수 있다 (지방세법 제118조).

28 ③ 재산세의 납기에도 불구하고 지방자치단체의 장은 과세대상 누락, 위법 또는 착오 등으로 인하여 이미 부과한 세액을 변경하거나 수시부과하여야 할 사유가 발생하면 수시로 부과·징수할 수 있다(지방세법 제115조 [납기] 제2항).

29 ① 재산세 물납을 허가하는 부동산의 가액은 <u>재산세 과세기준일(매년 6월 1일) 현재</u>의 시가로 한다.
② 지방자치단체의 장은 재산세의 납부세액이 1천만원을 초과하는 경우에는 납세의무자의 신청을 받아 해당 지방자치단체의 <u>관할구역에 있는 부동산</u>에 대해서만 법령으로 정하는 바에 따라 물납을 허가할 수 있다.
④ 甲은 토지공시가격이 6억원인 토지를 소유하고 있다. 동 토지에 2025년 고지된 재산세가 1,000,000원이고 2026년도 재산세의 산출세액이 1,840,000원이라고 가정한다. 이 경우 甲이 2026년도에 납부하여야 할 재산세는 1,500,000원이다.
⑤ 재산세의 과세기준일은 <u>매년 6월 1일</u>로 한다.

30 ⑤ 「군사기지 및 군사시설 보호법」에 따른 군사기지 및 군사시설 보호구역 중 통제보호구역에 있는 전·답·과수원 및 대지는 재산세를 부과한다.

31 ④ 상속이 개시된 재산으로서 상속등기가 이행되지 아니하고 사실상의 소유자를 신고하지 아니하였을 때에는 행정안전부령으로 정하는 <u>주된 상속자</u>는 재산세를 납부할 의무가 있다.

32 1. 옳은 것: ㉠, ㉡(2개)
   2. 틀린 것: ㉢, ㉣, ㉤(3개)
   ㉢ 재산세 물납신청을 받은 시장·군수·구청장이 물납을 허가하는 경우 물납을 허가하는 부동산의 가액은 <u>과세기준일</u> 현재의 시가로 한다.
   ㉣ 지방자치단체의 장은 재산세의 납부세액(<u>재산세 도시지역분 포함</u>)이 1천만원을 초과하는 경우에는 납세의무자의 신청을 받아 해당 지방자치단체의 관할구역에 있는 부동산에 대하여만 대통령령으로 정하는 바에 따라 물납을 허가할 수 있다.
   ㉤ 「건축법 시행령」 제80조의2에 따른 <u>대지 안의 공지</u>는 <u>재산세를 부과한다.</u>

33 ② 1구(構)의 건물이 주거와 주거 외의 용도로 사용되고 있는 경우에는 주거용으로 사용되는 면적이 전체의 100분의 50 이상인 경우에는 주택으로 본다.
   ③ 재산세 과세기준일 현재 공부상에 개인 등의 명의로 등재되어 있는 사실상의 종중재산으로서 종중소유임을 신고하지 아니하였을 때에는 공부상 소유자는 재산세를 납부할 의무가 있다.
   ④ 재산세 물납신청을 받은 시장·군수·구청장이 물납을 허가하는 경우 물납을 허가하는 부동산의 가액은 재산세 과세기준일 현재의 시가로 한다.
   ⑤ 지방자치단체가 1년 이상 공용으로 사용하는 재산에 대하여는 소유권의 유상이전을 약정한 경우로서 그 재산을 취득하기 전에 미리 사용하는 경우 재산세를 부과한다.

34 ③ 주택에 대한 재산세는 납세의무자별로 해당 지방자치단체의 관할구역에 있는 주택의 과세표준을 합산하지 않고 주택별로 세율을 적용한다.

35 ② 재산세 과세표준을 시가표준액에 공정시장가액비율을 곱하여 산정할 수 있는 대상은 토지·건축물·주택이다. 토지·건축물에 대한 공정시장가액비율은 70%, 주택(법령으로 정하는 1세대 1주택이 아님)에 대한 공정시장가액비율은 60%를 적용한다.

36 ⑤ 지방자치단체의 장은 재산세의 납부세액이 500만원을 초과하는 경우 <u>그 세액의 100분의 50 이하의 금액을 납부기한이 지난 날부터 3개월 이내에 분납하게 할 수 있다.</u>

제1장 종합부동산세

Answer
| 01 ④ | 02 ② | 03 ③ | 04 ① | 05 ② | 06 ⑤ | 07 ⑤ | 08 ① | 09 ⑤ | 10 ② |
| 11 ④ | 12 ⑤ | 13 ② | 14 ⑤ | 15 ⑤ | 16 ① | 17 ③ | 18 ④ | 19 ③ | |

01 ① 납세자에게 부정행위가 없으며 특례제척기간에 해당하지 않는 경우 원칙적으로 납세의무 성립일부터 5년이 지나면 종합부동산세를 부과할 수 없다.

② 과세기준일 현재 토지분 재산세의 납세의무자로서 국내에 소재하는 종합합산과세대상 토지의 공시가격을 합한 금액이 5억원을 초과하는 자는 해당 토지에 대한 종합부동산세를 납부할 의무가 있다.

③ 별도합산과세대상인 토지의 재산세로 부과된 세액이 세부담 상한을 적용받는 경우 그 상한을 적용받은 세액을 별도합산과세대상 토지분 종합부동산세액에서 공제한다.

⑤ 납세의무자는 선택에 따라 신고·납부할 수 있으나, 신고를 함에 있어 납부세액을 과소하게 신고한 경우라도 과소신고가산세가 적용된다.

02 ② 지방세법상 별도합산과세대상 토지에 대한 당해 연도 종합부동산세의 세부담 상한액은 전년도에 부과된 종합부동산세액의 100분의 150으로 한다.

03 ③ 「건축법」 등 관계법령에 따라 허가 등을 받아야 할 건축물로서 허가 등을 받지 아니한 건축물의 부속토지: 재산세에서 종합합산과세대상으로 종합부동산세 과세대상에 해당한다.

① 취득세 중과대상인 고급오락장용 건축물: 건축물은 종합부동산세 과세대상이 아니다.

② 1990년 1월부터 소유하는 「수도법」에 따른 상수원보호구역의 임야: 저율분리

④ 관계법령에 따른 사회복지사업자가 복지시설이 소비목적으로 사용할 수 있도록 하기 위하여 1990년 5월 1일부터 소유하는 농지: 재산세에서 저율분리과세대상으로 종합부동산세 과세대상은 아니다.

⑤ 공장용 건축물: 건축물은 종합부동산세 과세대상이 아니다.

04 종합부동산세 과세대상은 ㉢으로 1개이다.

㉠ 회원제 골프장용 토지(회원제 골프장업의 등록시 구분등록의 대상이 되는 토지): 분리과세대상
⇨ 종합부동산세 과세대상(×)

㉡ 상업용 건축물(오피스텔 제외): 종합부동산세 과세대상(×)

ⓒ 관계법령에 따른 <u>사회복지사업자</u>가 복지시설이 소비목적으로 사용할 수 있도록 하기 위하여 1990년 5월 1일부터 소유하는 <u>농지</u>: 분리과세대상 ⇨ 종합부동산세 과세대상(×)

ⓔ 취득세 중과세대상인 <u>고급오락장</u>: 종합부동산세 과세대상(×)

ⓜ 여객자동차운송사업 면허를 받은 자가 그 면허에 따라 사용하는 <u>차고용 토지</u>(자동차운송사업의 최저보유차고면적기준의 1.5배에 해당하는 면적 이내의 토지): 별도합산과세대상 ⇨ 종합부동산세 과세대상(○)

ⓥ 「지방세법」에 따라 <u>재산세가 비과세</u>되는 토지: 종합부동산세 비과세 준용 ⇨ 종합부동산세 과세대상(×)

05 ② 「건축법」 등 관계법령에 따라 허가 등을 받아야 할 건축물로서 <u>허가 등을 받지 아니한 건축물의 부속토지</u>: 종합합산과세대상 ⇨ 종합부동산세 과세대상(○)

① 공장용 <u>건축물</u>: 종합부동산세 과세대상(×)

③ 1990년 1월부터 소유하는 「<u>수도법</u>」에 따른 상수원보호구역의 <u>임야</u>: 분리과세대상 ⇨ 종합부동산세 과세대상(×)

④ <u>종중</u>이 1990년 1월부터 소유하는 <u>농지</u>: 분리과세대상 ⇨ 종합부동산세 과세대상(×)

⑤ 취득세 중과대상인 고급오락장용 <u>건축물</u>: 종합부동산세 과세대상(×)

06 ⑤ 취득세 중과세대상인 고급주택과 그 부속토지는 종합부동산세 과세대상이다.

① 취득세 중과세대상인 골프장 건축물과 그 부속토지는 재산세 분리과세대상토지로서 종합부동산세가 과세되지 않는다.

② 상가나 사무실 등의 사업용 건물은 종합부동산세 과세대상이 아니다.

③ 취득세 중과세대상인 고급오락장용 건축물과 그 부속토지는 종합부동산세 과세대상이 아니다.

④ 개인소유농지는 재산세 분리과세대상토지로서 종합부동산세가 과세되지 않는다.

07 ⑤ 법인(일반 누진세율이 적용되는 법인 등이 아님)이 3주택 이상을 소유한 경우 종합부동산세 세부담의 상한은 없다.

08 ㉠ 공익법인 등이 직접 공익목적사업에 사용하는 1주택만을 보유한 경우 종합부동산세의 세율은 <u>1천분의 5부터 1천분의 27까지 누진세율</u>을 적용한다(종합부동산세법 제9조 제2항 제1호).

09 ⑤ 종합합산과세대상인 토지에 대한 종합부동산세의 과세표준은 납세의무자별로 해당 과세대상토지의 공시가격을 합산한 금액에서 5억원을 공제한 금액에 공정시장가액비율을 곱한 금액으로 한다.

10 ② 지방세법상 별도합산과세대상 토지에 대한 해당 연도 종합부동산세의 세부담 상한액은 전년도에 부과된 종합부동산세액의 150%로 한다.

11 ④ 종합부동산세 물납은 폐지되었다.

12 ⑤ 관할세무서장은 법정 요건을 모두 충족하는 납세의무자가 <u>주택분</u> 종합부동산세액의 납부유예를 그 <u>납부기한 만료 3일 전까지 신청</u>하는 경우 이를 허가할 수 있다. 이 경우 납부유예를 신청한 납세의무자는 그 유예할 <u>주택분</u> 종합부동산세액에 상당하는 <u>담보를 제공</u>하여야 한다.

13 ② 주택분 종합부동산세액에서 공제되는 재산세액은 재산세 표준세율의 100분의 50의 범위에서 가감된 세율이 적용된 경우에는 그 세율이 <u>적용된 세액</u>으로 하고, 재산세 세부담 상한을 적용받은 경우에는 그 상한을 <u>적용받은 세액</u>으로 한다.

14 ⑤ 재산세 과세재산 중 별도합산과세대상토지는 개인의 경우 세대별로 합산하여 과세하지 아니하고 소유자별로 합산하여 과세한다.

15 ⑤ 농어촌특별세는 종합부동산세 분납금액의 비율에 의하여 종합부동산세의 분납에 따라 분납할 수 있다(집행기준 : 20-16-2 [농어촌특별세의 분납]).

16 ㉣ 납세의무자가 <u>토지분</u> 종합부동산세의 납부유예를 그 <u>납부기한 만료일까지</u> 신청하는 경우 관할세무서장은 이를 허가할 수 <u>없다</u>.

> **종합부동산세법 제20조의2【납부유예】** ① 관할세무서장은 다음 각 호의 요건을 모두 충족하는 납세의무자가 <u>주택분</u> 종합부동산세액의 납부유예를 그 <u>납부기한 만료 3일 전까지</u> 신청하는 경우 이를 허가할 수 있다. 이 경우 납부유예를 신청한 납세의무자는 그 유예할 주택분 종합부동산세액에 상당하는 담보를 제공하여야 한다.

17 ① 甲의 주택에 대한 <u>재산세</u>가 20만원을 초과하는 경우 납기는 2분의 1은 7월 16일부터 7월 31일까지이고 나머지 2분의 1은 9월 16일부터 9월 30일까지이다.
② 甲의 상가건물에 대한 재산세는 <u>시가표준액에 법령이 정하는 공정시장가액비율을 곱하여 산정한 가액을 과세표준으로 하여</u> 비례세율을 과세한다.
④ 주택분 종합부동산세액에서 공제되는 재산세액은 재산세 표준세율의 100분의 50의 범위에서 가감된 세율이 적용된 경우에는 그 세율이 <u>적용된 세액</u>으로 한다.
⑤ 종합부동산세 납부할 세액이 800만원인 경우, <u>해당 세액의 100분의 50 이하의 금액</u>을 납부기한이 지난 날부터 6개월 이내에 분납할 수 있다.

18 ④ 1주택(주택의 부속토지만을 소유한 경우는 제외)과 다른 주택의 부속토지(주택의 건물과 부속토지의 소유자가 다른 경우의 그 부속토지)를 함께 소유하고 있는 경우는 1세대 1주택자로 본다(종합부동산세법 제8조 제4항 제1호).
① 재산세 및 종합부동산세의 과세기준일은 <u>매년 6월 1일</u>이다.
② 서울특별시 강남구와 경기도 성남시에 주택을 소유하고 있는 경우 성남시 소재 주택에 대하여 부과된 <u>재산세</u>의 물납은 성남시 내에 소재하는 주택만 가능하다(종합부동산세 물납 폐지).

③ 甲의 주택에 대한 종합부동산세는 甲이 보유한 주택의 공시가격을 합산한 금액에서 9억원을 공제한 금액에 공정시장가액비율을 곱한 금액(영보다 작은 경우는 영)을 과세표준으로 하여 누진세율로 과세한다.
⑤ 납세자에게 부정행위가 없으며 특례제척기간에 해당하지 않는 경우 원칙적으로 납세의무 성립일부터 5년이 지나면 종합부동산세를 부과할 수 없다.

19 ③ 과세기준일 현재 종합합산과세대상 토지분 재산세의 납세의무자로서 국내에 소재하는 해당 과세대상토지의 공시가격을 합한 금액이 5억원을 초과하는 자는 해당 토지에 대한 종합부동산세를 납부할 의무가 있다.

제2장 소득세 총설

Answer

01 ①	02 ⑤	03 ②	04 ⑤	05 ⑤	06 ⑤	07 ⑤	08 ④	09 ③	10 ①

01 ① 주택을 임대하면서 받은 임대료는 사업소득으로 과세된다.

02 ⑤ 부동산임대업에 관련된 사업소득의 경우 과세소득을 부부단위로 합산하여 과세하지 아니한다.

03 ② 소득세에서 '분리과세'란 일정한 소득을 기간별로 합산하지 않고 그 소득이 지급될 때 소득세를 원천징수함으로써 과세를 종결하는 것을 말한다.

04 ⑤ 2026년 3월 1일에 신규로 사업을 개시하여 2026년 10월 31일에 폐업한 거주자의 소득세 과세기간은 2026년 1월 1일부터 2026년 12월 31일까지이다.

05 ⑤ 주택을 임대하여 얻은 소득은 거주자가 사업자등록 여부에 관계없이 소득세 납세의무가 있다.

06 ⑤ 비거주자가 국외 토지를 양도한 경우 양도소득세 납부의무는 없다.

07 틀린 것: ㉠, ㉢, ㉣, ㉥(4개)
㉠ 공익사업을 위한 토지 등의 취득 및 보상에 관한 법률에 따른 공익사업과 관련하여 지역권을 대여함으로써 발생하는 소득은 부동산업에서 발생하는 소득에서 제외한다(소득세법 제19조 제1항 제12호).
㉢ 임대보증금의 간주임대료를 계산하는 과정에서 금융수익을 차감할 때 그 금융수익은 수입이자와 할인료, 수입배당금으로 한다. 유가증권처분이익은 금융수익에 포함하지 않는다.

㉣ 주택을 임대하여 얻은 소득은 거주자가 사업자등록 여부에 관계없이 소득세 납세의무가 있다.

㉮ 주택 1채만을 소유한 거주자가 과세기간 종료일 현재 기준시가 13억원인 해당 주택을 전세금을 받고 임대하여 얻은 소득에 대해서는 소득세가 과세되지 아니한다.

08 ① 미등기부동산을 임대하고 그 대가로 받는 것은 사업소득이다.

② 지역권·지상권을 설정하거나 대여함으로써 발생하는 소득은 사업소득이다. 다만, 「공익사업을 위한 토지 등의 취득 및 보상에 관한 법률」 제4조에 따른 공익사업과 관련하여 지역권·지상권(지하 또는 공중에 설정된 권리를 포함한다)을 설정하거나 대여함으로써 발생하는 소득은 기타소득이다.

③ 자기소유의 부동산을 타인의 담보로 사용하게 하고 그 사용대가로 받는 것은 사업소득이다.

⑤ 지상권을 양도함으로써 발생하는 소득은 양도소득이다.

09 ③ 주택을 임대하여 얻은 소득은 거주자가 사업자등록 여부에 관계없이 소득세 납세의무가 있다(실질과세의 원칙).

10 ① 지역권·지상권 대여 : 사업소득

▷ cf. 공익사업과 관련된 지역권·지상권 대여 : 기타소득

② 미등기부동산을 임대하고 그 대가로 받는 것은 사업소득이다.

③ 본인과 배우자가 각각 국내소재 주택을 소유한 경우, 이를 합산하여 주택임대소득 비과세 대상인 1주택 여부를 판단한다.

④ 2주택(법령에 따른 소형주택 아님)과 2개의 상업용 건물을 소유하는 자가 보증금을 받은 경우 2개의 상업용 건물에 대하여만 법령으로 정하는 바에 따라 계산한 간주임대료를 사업소득 총수입금액에 산입한다.

⑤ 甲과 乙이 고가주택이 아닌 공동소유 1주택(甲 지분율 40%, 乙 지분율 60%)을 임대하는 경우, 주택임대소득의 비과세 여부를 판정할 때 지분이 가장 큰 자(乙)의 소유로 보아 주택 수를 계산한다.

제3장 양도소득세

Answer

01 ②	02 ③	03 ②	04 ⑤	05 ⑤	06 ⑤	07 ④	08 ②	09 ③	10 ④
11 ②	12 ②	13 ④	14 ②	15 ③	16 ⑤	17 ④	18 ③	19 ①	20 ①
21 ③	22 ②	23 ④	24 ④	25 ②	26 ④	27 ④	28 ③	29 ⑤	30 ④
31 ③	32 ④	33 ①	34 ③	35 ⑤	36 ④	37 ④	38 ⑤	39 ⑤	40 ③
41 ③	42 ①	43 ④	44 ②	45 ④	46 ③	47 ①	48 ①	49 ④	50 ③
51 ⑤	52 ①	53 ③	54 ④	55 ④	56 ⑤	57 ⑤	58 ⑤	59 ④	60 ④
61 ⑤	62 ①	63 ①	64 ②	65 ④	66 ①	67 ②	68 ③	69 ②	70 ③
71 ①									

01 ② ㉡, ㉢

㉠ 소유한 임대부동산을 법인에 현물출자하는 경우: 양도 ○

㉡ 「도시개발법」이나 그 밖의 법률에 따른 환지처분으로 지목 또는 지번이 변경되거나 보류지(保留地)로 충당되는 경우: 양도 ×

㉢ 공동소유의 토지를 공유자 지분 변경없이 2개 이상의 공유토지로 분할한 경우: 양도 ×

㉣ 법정요건을 갖춘 양도담보계약에 의하여 소유권을 이전한 후 채무불이행으로 변제에 충당한 경우: 양도 ○

㉤ 부동산의 부담부증여에 있어서 수증자가 인수하는 채무액 상당액: 양도 ○

02 ① 매매원인 무효의 소에 의하여 그 매매사실이 원인무효로 판시되어 환원될 경우 양도로 보지 아니한다.

② 공동소유의 토지를 공유자지분 변경없이 2개 이상의 공유토지로 분할하였다가 공동지분의 변경없이 그 공유토지를 소유지분별로 단순히 재분할하는 경우 양도로 보지 아니한다.

④ 법원의 확정판결에 의하여 신탁해지를 원인으로 소유권 이전등기를 하는 경우 양도로 보지 아니한다.

⑤ 본인 소유자산을 경매·공매로 인하여 자기가 재취득하는 경우 양도로 보지 아니한다.

03 ② 담보제공을 위한 소유권의 이전등기는 양도에 해당하지 않는다.

04 ⑤ 임의경매절차에 의한 토지의 유상이전은 양도에 해당한다.

05 ⑤ 47,500,000원

구 분		계산 방법	
	양도가액	$200{,}000{,}000원 \times \dfrac{100{,}000{,}000원}{200{,}000{,}000원}$	100,000,000원
−	취득가액	$100{,}000{,}000원 \times \dfrac{100{,}000{,}000원}{200{,}000{,}000원}$	50,000,000원
−	기타필요경비	$5{,}000{,}000원 \times \dfrac{100{,}000{,}000원}{200{,}000{,}000원}$	2,500,000원
=	양도차익	$95{,}000{,}000원 \times \dfrac{100{,}000{,}000원}{200{,}000{,}000원}$	47,500,000원

06 ⑤ 증여자 甲과 수증자 乙이 배우자 또는 직계존비속인 경우에는 증여로 추정한다. 다만, 당해 채무액이 국가 및 지방자치단체에 대한 채무 등 객관적으로 인정되는 경우에는 그러하지 아니하다.

07 ④ 이혼으로 인하여 혼인 중에 형성된 부부공동재산을 「민법」 제839조의2에 따라 재산분할하는 경우: 양도로 보지 않는다.

08 ② 양도세 과세대상: ㉡(1개)
㉠ 지역권: 과세대상(×)
㉡ 건물이 완성되는 때에 그 건물과 이에 딸린 토지를 취득할 수 있는 권리: 과세대상(○)
㉢ 「도시개발법」에 따라 토지의 일부가 보류지로 충당되는 경우: 과세대상(×)
㉣ 이혼으로 인하여 혼인 중에 형성된 부부공동재산을 「민법」 제839조의2에 따라 재산분할하는 경우: 과세대상(×)

09 1. 양도세 과세대상: ㉡, ㉢, ㉣, ㉤, ㉥, ㉦(6개)
㉡ 조합원입주권: 과세대상(○)
㉢ 부동산매매계약을 체결한 자가 계약금만 지급한 상태에서 양도하는 권리: 과세대상(○)
㉣ 전세권: 과세대상(○)
㉥ 사업에 사용하는 토지 및 건물과 함께 양도하는 영업권: 과세대상(○)
㉦ 비사업용 토지: 과세대상(○)
㉧ 고가주택: 과세대상(○)
2. 양도세 과세대상이 아닌 것: ㉠, ㉤, ㉨(3개)
㉠ 지역권: 과세대상(×)
㉤ 등기되지 않은 부동산임차권: 과세대상(×)
㉨ 토지 및 건물과 함께 양도하는 「개발제한구역의 지정 및 관리에 관한 특별조치법」에 따른 이축권(해당 이축권의 가액을 대통령령으로 정하는 방법에 따라 별도로 평가하여 신고함): 과세대상(×)

10 ④ 「민법」 제245조 제1항의 규정에 의하여 부동산의 소유권을 취득하는 경우에는 당해 부동산의 <u>점유를 개시한 날</u>을 취득시기로 한다.

11 ② 「도시개발법」 또는 그 밖의 법률에 따른 환지처분으로 인하여 취득한 토지의 취득시기는 <u>환지 전의 토지의 취득일</u>로 한다.

12 ② 부동산의 소유권이 타인에게 이전되었다가 법원의 무효판결에 의하여 당해 자산의 소유권이 환원되는 경우에는 그 자산의 당초 취득일로 한다.

13 ④ 1984년 12월 31일 이전에 취득한 <u>부동산에 관한 권리는 1985년 1월 1일</u>에 취득한 것으로 본다.

14 ② 환지처분에 의하여 취득한 토지의 취득시기는 <u>환지 전의 토지의 취득일</u>로 한다.

15 ③ 완성 또는 확정되지 아니한 자산을 양도 또는 취득한 경우로서 해당 자산의 대금을 청산한 날까지 그 목적물이 완성 또는 확정되지 아니한 경우에는 그 <u>목적물이 완성 또는 확정된 날</u>

16 ⑤ 경매에 의하여 자산을 취득하는 경우에는 경락인이 매각조건에 의하여 <u>경매대금을 완납한 날</u>이 취득의 시기가 된다.

17 ④ 양도소득기본공제는 양도소득금액에서 공제되므로 양도소득금액을 감소시킬 수 있는 항목에 해당하지 않는다.

	양도가액
−	취득가액
−	기타필요경비
=	양도차익
−	장기보유특별공제
=	**양도소득금액**
−	양도소득기본공제
=	과세표준
×	세율
=	산출세액

18 ③ 장기보유특별공제액은 양도차익에서 공제되므로 양도차익을 감소시킬 수 있는 항목에 해당하지 않는다.
1. 양도가액 − 취득가액 − 기타필요경비 = 양도차익
2. 양도차익 − 장기보유특별공제 = 양도소득금액
3. 양도소득금액 − 양도소득기본공제 = 과세표준

19　① 개발부담금은 자본적지출액으로 필요경비로 인정하지만 수익적지출액은 필요경비에 해당하지 않는다.

20　① 장기보유특별공제액은 필요경비에 해당하지 않고 양도차익에서 차감하는 항목이다.

21　③ 소득세법상의 부당행위계산에 의한 시가초과액과 주택의 취득대금에 충당하기 위한 대출금의 이자지급액은 필요경비에 해당하지 않는다.

22　② 당사자 약정에 의한 대금지급방법에 따라 취득원가에 이자상당액을 가산하여 거래가액을 확정하는 경우 당해 이자상당액: 취득가액에 포함
　① 취득에 관한 쟁송이 있는 자산에 대하여 그 소유권 등을 확보하기 위하여 직접 소요된 소송비용·화해비용 등의 금액으로서 그 지출한 연도의 각 소득금액의 계산에 있어서 필요경비에 산입한 금액: 취득가액에 포함 ×
　③ 양도자산의 보유기간 중에 그 자산의 감가상각비로서 사업소득금액의 계산시에 필요경비로 산입한 금액: 취득가액에서 공제
　④ 매입시 기업회계기준에 따라 발생한 현재가치할인차금 중 보유기간 동안 사업소득의 필요경비로 산입된 금액: 취득가액에서 공제
　⑤ 소득세법상의 부당행위계산에 의한 시가초과액과 주택의 취득대금에 충당하기 위한 대출금의 이자지급액: 취득가액에 포함 ×

23　④ 취득 후 본래의 용도를 유지하기 위해 소요된 수익적 지출액은 필요경비로 인정하지 않는다.

24　④ 주택의 취득대금에 충당하기 위한 대출금의 이자지급액은 취득원가에 포함하지 아니한다.

25　틀린 것: ㉡, ㉤(2개)
　㉡ 취득당시 실지거래가액을 확인할 수 없는 경우에는 매매사례가액, 감정가액, 환산가액, 기준시가를 순차로 적용하여 산정한 가액을 취득가액으로 한다.
　㉤ 환산가액은 양도가액을 추계할 경우에는 적용되지 않고 취득가액을 추계할 경우에는 적용된다.

26　④ 양도자산 보유기간에 그 자산에 대한 감가상각비로서 각 과세기간의 사업소득금액을 계산하는 경우 필요경비에 산입하였거나 산입할 금액이 있을 때에는 그 금액을 양도소득 필요경비에서 공제한다(소득세법 제97조 제3항). 이 규정은 취득가액을 실지거래가액으로 하는 경우는 물론이고 추계방법에 의한 가액으로 하는 경우에도 적용된다. 따라서 취득가액을 실지거래가액이 아닌 추계결정하는 경우 사업소득금액 계산시 필요경비로 산입한 감가상각비는 취득가액에서 공제한다.

27 ④ 1억4천7백만원

1. 소득세법 제97조 [양도소득의 필요경비계산] ② (2) 단서
추계방법에 의한 취득가액을 환산가액으로 하는 경우 ① (환산가액 + 개산공제액)이 ② (자본적지출액 + 양도비)보다 적은 경우에는 ② (자본적지출액 + 양도비)를 필요경비로 할 수 있다[(소법 97 ② (2) 단서)].

2. 이 경우 세부담의 최소화를 위하여 다음의 금액을 필요경비로 한다.

> 필요경비 = MAX (①, ②)
> ① (환산가액 + 개산공제액)
> ② (자본적지출액 + 양도비)

	양도가액	300,000,000원	[추계(매 ⇨ 감 ⇨ 기)] 매매사례가액
−	**취득가액**	150,000,000원	[추계(매 ⇨ 감 ⇨ 환 ⇨기)] 환산취득가액 = 양도당시의 매매사례가액 × $\dfrac{취득당시의 기준시가}{양도당시의 기준시가}$ = 300,000,000원 × $\dfrac{1억원}{2억원}$ = 150,000,000원
−	**기타필요경비**	3,000,000원	필요경비개산공제 = 취득당시의 기준시가 × 3% = 100,000,000원 × 3% = 3,000,000원
=	**양도차익**	147,000,000원	

> 필요경비 = MAX (①, ②) = 153,000,000원
> ① (환산가액 + 개산공제액)
> = (150,000,000원 + 3,000,000원) = 153,000,000원
> ② (자본적지출액 + 양도비)
> = 140,000,000원 + 10,000,000원 = 150,000,000원

3. 따라서 양도소득세 부담을 최소화하기 위한 양도차익은 다음과 같다.

	양도가액	300,000,000원	[추계(매 ⇨ 감 ⇨ 기)] 매매사례가액
−	**취득가액**	150,000,000원	[추계(매 ⇨ 감 ⇨ 환 ⇨기)] 환산취득가액
−	**기타필요경비**	3,000,000원	필요경비개산공제
=	**양도차익**	147,000,000원	

28 ③ 취득당시 실지거래가액을 확인할 수 없는 경우에는 <u>매매사례가액, 감정가액, 환산가액, 기준시가</u>를 순차로 적용하여 산정한 가액을 취득가액으로 한다.

29 ⑤ 부동산을 취득할 수 있는 권리는 양도자산의 종류·규모·거래상황 등을 감안하여 취득일 또는 양도일까지 <u>불입한 금액</u>과 취득일 또는 양도일 현재의 <u>프리미엄</u>에 상당하는 금액을 합한 금액으로 한다.

30 ④ 15년 이상 보유한 상가건물은 <u>양도차익의 30%</u>에 상당하는 금액을 장기보유특별공제로서 공제한다.

31 ③ 장기보유특별공제는 양도차익에 공제율을 곱하여 구하는 금액으로 한다.

32 ④ 장기보유특별공제 토지 또는 건물로서 보유기간이 3년 이상인 것 및 부동산을 취득할 수 있는 권리 중 조합원입주권(조합원으로부터 취득한 것은 제외한다)에 대하여 그 자산의 양도차익에 보유기간별 공제율을 곱하여 계산한 금액을 말한다.

33 ① 종중을 1거주자로 보는 경우 양도소득기본공제는 연 1회 250만원을 적용하며 비거주자의 경우에도 양도소득기본공제는 거주자와 동일하게 적용한다(소득세법 관련 집행기준: 103-0-2 [종중과 비거주자의 양도소득기본공제]).

34 ③ 장기보유특별공제액은 해당 자산의 <u>양도차익</u>에 보유기간별 공제율을 곱하여 계산한다.

35 ⑤ 국외 부동산을 양도하여 발생한 양도차손은 동일한 과세기간에 국내 부동산을 양도하여 발생한 양도소득금액에서 통산할 수 없다.

36 ④ 기타자산에 대한 세율은 보유기간, 등기여부와 관계없이 6%~45%의 8단계 초과누진세율을 적용한다.

37 ① 1년 6월 보유한 <u>미등기</u>된 상가건물: <u>70%</u>
② 1년 6개월 보유한 부동산과 함께 양도하는 영업권: 누진세율(6%~45%)
③ <u>6개월</u> 보유한 등기된 1세대 <u>1주택</u>: <u>70%</u>
⑤ 3년 보유한 등기된 1세대 2주택(조정대상지역이 아님): 6%~45%

38 ⑤ ㉠㉡㉢ 모두 미등기양도제외자산에 해당한다.

39 ⑤ 미등기양도자산에 대하여는 양도소득 <u>과세표준</u>에 70%의 세율을 적용하여 양도소득세를 산출한다.

40 ① 토지 또는 건물을 양도한 경우에는 그 <u>양도일이 속하는 달의 말일부터 2개월 이내</u>에 양도소득 과세표준을 신고해야 한다.

② 법령에 따른 부담부증여의 채무액에 해당하는 부분으로서 양도로 보는 경우 그 <u>양도일이 속하는 달의 말일부터 3개월 이내</u>에 양도소득 과세표준을 납세지 관할 세무서장에게 신고하여야 한다.

④ 양도소득 과세표준 <u>예정신고시</u>에는 납부할 세액이 1천만원을 초과하더라도 그 납부할 세액의 일부를 <u>분할납부할 수 있다.</u>

⑤ 당해연도에 누진세율의 적용대상 자산에 대한 예정신고를 2회 이상 한 자가 법령에 따라 이미 신고한 양도소득금액과 합산하여 신고하지 아니한 경우에는 양도소득 과세표준의 <u>확정신고를 하여야 한다.</u>

41 1. 옳은 것 : ㉠, ㉡, ㉢(3개)

2. 틀린 것 : ㉣, ㉤(2개)

㉣ 예정신고납부할 세액이 5천만원인 자는 <u>그 세액의 100분의 50의 금액</u>을 납부기한이 지난 후 2개월 이내에 분할납부할 수 있다.

㉤ 건물을 신축하고 그 취득일부터 <u>5년 이내</u>에 양도하는 경우로서 감정가액을 취득가액으로 하는 경우에는 그 감정가액의 <u>100분의 5</u>에 해당하는 금액을 양도소득 결정세액에 가산한다.

42 ② <u>확정신고 기간</u>은 양도일이 속한 연도의 다음 연도 5월 1일부터 5월 31일까지이다.

③ 양도차손이 발생한 경우에도 예정신고납부를 적용한다.

④ 예정신고시 예정신고납부세액공제(산출세액의 10%)가 적용되지 아니한다.

⑤ 예정신고를 하지 않은 경우 확정신고를 하면, 예정신고에 대한 가산세는 부과된다.

43 ④ 거주자가 건물을 신축 또는 증축(증축의 경우 바닥면적 합계가 85제곱미터를 초과하는 경우에 한정한다)하고 그 건물의 취득일 또는 증축일부터 5년 이내에 해당 건물을 양도하는 경우로서 감정가액 또는 환산취득가액을 그 취득가액으로 하는 경우에는 해당 건물의 감정가액(증축의 경우 증축한 부분에 한정한다) 또는 환산취득가액(증축의 경우 증축한 부분에 한정한다)의 <u>100분의 5</u>에 해당하는 금액을 양도소득 결정세액에 더한다[(감정가액 또는 환산취득가액 적용에 따른 가산세)(소득세법 제114조의2 ①)].

44 ② 양도소득에 대한 개인지방소득세의 공제세액 또는 감면세액이 산출세액을 초과하는 경우에는 그 초과금액은 없는 것으로 한다(지방세법 제103조의4 [세액공제 및 세액감면]).

45 틀린 것 : ㉠, ㉡, ㉢, ㉂(4개)

㉠ 국외자산 양도시 양도소득세의 납세의무자는 국외자산의 양도일까지 계속하여 <u>5년 이상</u> 국내에 주소를 둔 거주자이다.

㉡ 국외자산의 양도가액은 그 자산의 양도 당시의 <u>실지거래가액</u>으로 한다. 다만, 양도 당시의 실지거래가액을 확인할 수 없는 경우에는 양도자산이 소재하는 국가의 양도 당시 현황을 반영한 <u>시가</u>에 따르되, 시가를 산정하기 어려울 때에는 그 자산의 종류, 규모, 거래상황 등을 고려하여 대통령령으로 정하는 방법에 따른다.

㉢ 국외자산 양도에 대하여는 <u>장기보유특별공제를 적용하지 아니한다.</u>

㉂ 미등기 국외토지에 대한 양도소득세율은 <u>6%~45%</u>이다.

46 ③ 국외자산의 보유기간이 3년 이상인 경우라도 장기보유특별공제를 적용하지 아니한다.

47
- 농지란 논밭이나 과수원으로서 지적공부의 지목과 관계없이 실제로 경작에 사용되는 토지를 말하며, 농지의 경영에 직접 필요한 농막, 퇴비사, 양수장, 지소(池沼), 농도(農道) 및 수로(水路) 등에 사용되는 토지를 (포함한다).
- 「국토의 계획 및 이용에 관한 법률」에 따른 주거지역・상업지역・공업지역 외에 있는 농지(환지예정지 아님)를 경작상 필요에 의하여 교환함으로써 발생한 소득은 쌍방 토지가액의 차액이 가액이 큰 편의 (4분의 1) 이하이고 새로이 취득한 농지를 (3년) 이상 농지소재지에 거주하면서 경작하는 경우 비과세한다.
- 「국토의 계획 및 이용에 관한 법률」에 따른 개발제한구역에 있는 농지는 (비사업용 토지)에 해당하지 아니한다(단, 소유기간 중 개발제한구역 지정・변경은 없음).

48 ① 거주자(주택을 양도한 자)와 그 배우자가 그들과 동일한 주소 또는 거소에서 생계를 같이하는 가족을 1세대라고 하며, 이 경우 <u>가족</u>은 거주자와 그 배우자의 직계존비속(그 배우자를 포함한다) 및 형제자매를 말하며, 취학・질병의 요양, 근무상 또는 사업상의 형편으로 본래의 주소 또는 거소를 일시퇴거한 자를 포함한다.

49 ④ 한 울타리 내에 주택이 본채, 사랑채 2개 동이 있는 경우 주택건물은 2개이나 1세대가 거주에 사용하는 경우 1주택에 해당된다.

50 ③ 대지 $400m^2$, 건물 $0m^2$

🏠 **겸용주택**

> 1. 주택의 면적 > 주택 외의 면적 : 전부를 주택으로 본다.
> 2. 주택의 면적 ≤ 주택 외의 면적 : 주택 외의 부분은 주택으로 보지 아니한다.

(1) 건 물

주택($300m^2$) ≥ 상가($100m^2$) : 전부를 주택으로 본다. 따라서 $400m^2$를 비과세한다. 과세되는 건물 면적은 $0m^2$이다.

⑵ 토 지

주택의 부속토지: $400\text{m}^2 \times 5$배 $= 2,000\text{m}^2$

따라서 $2,000\text{m}^2$를 비과세한다. 과세되는 토지 면적은 400m^2이다.

51 ⑤ 1억원

1. 1세대 1주택 비과세 요건을 갖춘 고가주택에 해당하는 자산에 적용할 양도차익은

$$(일반적인\ 양도차익 \times \frac{양도가액\ -\ 12억원}{양도가액})으로\ 계산한\ 금액으로\ 한다.$$

2. $(15억원\ -\ 10억원) \times \dfrac{(15억원\ -\ 12억원)}{15억원} = 1억원$

52 ① 국내에 1주택을 소유한 1세대가 종전의 주택을 양도하기 전에 신규 주택을 취득함으로써 일시적으로 2주택이 된 경우 종전의 주택을 취득한 날부터 1년 이상이 지난 후 신규 주택을 취득하고 신규 주택을 취득한 날부터 <u>3년 이내</u>에 종전의 주택을 양도하는 경우에는 이를 1세대 1주택으로 보아 제154조 제1항을 적용한다.

53 ③ 「해외이주법」에 따른 해외이주로 세대전원이 출국하는 경우에는 보유기간 및 거주기간의 제한을 받지 아니한다. 다만, 출국일 현재 1주택을 보유하고 있는 경우로서 출국일부터 <u>2년 이내</u>에 양도하는 경우에 한한다.

54 ④ 1세대 1주택의 양도소득에 대한 비과세를 판정할 때 '1주택' 이란 양도일 현재 '국내'에 1주택을 보유하고 있는 경우를 말한다. 따라서 국내에 주택 1채와 토지를, 국외에 1채의 주택을 소유하고 있는 거주자 甲이 국내주택을 먼저 양도하는 경우 2년 이상 보유한 경우라면 1세대 1주택에 해당하므로 양도소득세가 비과세된다.

55 ④ 이월과세 적용시 증여자와 수증자 간에 증여세에 대한 연대납세의무는 있지만 양도소득세에 대한 연대납세의무는 없다.

56 ⑤ 장기보유특별공제 보유기간 적용시 증여한 배우자 또는 직계존비속이 해당 자산을 취득한 날부터 기산(起算)한다.

57 ⑤ 우회양도부인에 해당하는 경우 양도소득세 납세의무자는 <u>증여자</u>가 되어 양도소득세의 계산시 증여자의 취득시기를 기준으로 취득가액, 장기보유특별공제, 세율을 판단한다.

58 ⑤ 증여자가 부담하여야 할 양도소득세가 증여받은 자가 부담하여야 할 증여세와 양도소득세의 합계액보다 많아 부당행위계산 규정을 적용할 때 증여자의 다른 자산에서 발생한 양도차손이 있는 경우에는 이를 해당 자산에서 발생한 양도차익과 통산한다(소득세법 관련 집행기준: 101-167-10 [부당행위계산 적용시 증여자의 양도차손 통산 여부]).

59 ④ 거주자 甲이 2020년 1월 20일에 취득한 건물을 甲의 배우자 乙에게 2024년 3월 5일자로 증여한 후, 乙이 2026년 5월 20일에 甲·乙의 특수관계인이 아닌 丙에게 양도한 경우 乙이 납부한 증여세는 세액공제가 아니라 <u>필요경비에 산입한다</u>(사망으로 혼인관계가 소멸된 경우가 아님).

60 1. 옳은 것: ㉠, ㉢, ㉣(3개)

2. 틀린 것: ㉡, ㉤(2개)

㉡ 양도소득금액을 계산할 때 부동산을 취득할 수 있는 권리에서 발생한 양도차손은 토지에서 발생한 양도소득금액에서 공제할 수 있다.

㉤ 1세대 1주택 비과세요건을 충족한 고가주택의 양도차익

	양도가액	1,500,000,000원
−	**환산취득가액**	1,050,000,000원[1,500,000,000원 × (3.5억원/5억원)]
−	**필요경비개산공제**	10,500,000원(350,000,000원 × 3%)
=	**양도차익**	439,500,000원

결론적으로 1세대 1주택 비과세요건을 충족한 고가주택의 양도차익은 439,500,000원 × (3억원/15억원) = 87,900,000원

61 ⑤ 취득원가에 현재가치할인차금이 포함된 양도자산의 보유기간 중 사업소득금액 계산시 필요경비로 산입한 <u>현재가치할인차금 상각액</u>은 양도차익을 계산할 때 취득가액에서 공제한다.

① A법인과 특수관계에 있는 주주가 시가 3억원(「법인세법」 제52조에 따른 시가임)의 토지를 A법인에게 5억원에 양도한 경우 <u>양도가액은 3억원</u>으로 본다. 단, A법인은 이 거래에 대하여 세법에 따른 처리를 적절하게 하였다.

② 국세청장이 지정하는 지역에 있는 <u>오피스텔의 기준시가</u>는 건물의 종류, 규모, 거래상황, 위치 등을 고려하여 매년 1회 이상 국세청장이 <u>토지와 건물에 대하여 일괄하여 산정·고시</u>하는 가액으로 한다.

③ 「국토의 계획 및 이용에 관한 법률」에 따른 <u>개발제한구역에 있는 농지는 비사업용 토지에 해당하지 아니한다</u>(단, 소유기간 중 개발제한구역 지정·변경은 없음).

④ 이월과세를 적용하여 계산한 양도소득결정세액이 이월과세를 적용하지 않고 계산한 양도소득소득결정세액보다 적은 경우에 <u>이월과세를 적용하지 아니한다</u>.

62 1. 옳은 설명: ㉠, ㉡, ㉤

2. 틀린 설명: ㉢, ㉣

㉢ 부동산에 관한 권리의 양도로 발생한 양도차손은 토지의 양도에서 발생한 양도소득금액에서 공제할 수 있다.

㉣ 양도차익을 실지거래가액에 의하는 경우 양도가액에서 공제할 취득가액은 그 자산에 대한 감가상각비로서 각 과세기간의 사업소득금액을 계산하는 경우 필요경비에 산입한 금액이 있을 때에는 이를 <u>공제한 금액으로 한다</u>.

63 1. 옳은 설명 : ㉢, ㉣, ㉤

2. 틀린 설명 : ㉠, ㉡

㉠ 이미 납부한 확정신고세액이 관할세무서장이 결정한 양도소득 총결정세액을 초과할 때에는 해당 결정일부터 30일 이내에 환급해야 한다.

㉡ 양도일부터 소급하여 10년 이내에 그 배우자로부터 증여받은 토지의 양도차익을 계산할 때 그 증여받은 토지에 대하여 납부한 증여세는 양도가액에서 공제할 필요경비에 산입한다.

64 ① 「도시개발법」에 따른 환지처분으로 지목이 변경되는 경우는 양도로 보지 아니한다.

③ 파산선고에 의한 처분으로 발생하는 소득은 양도소득세가 비과세된다.

④ 취득에 관한 쟁송이 있는 자산에 대하여 그 소유권을 확보하기 위하여 직접 소요된 소송비용으로서 그 지출한 연도의 각 종합소득금액의 계산에 있어서 필요경비에 산입된 것은 양도차익 계산시 공제되지 아니한다.

⑤ 양도소득세 과세대상인 신탁 수익권을 양도한 경우 양도일이 속하는 달의 말일부터 2개월 이내에 양도소득과세표준을 신고해야 한다.

65 ④ 양도당시의 실지거래가액이 10억원인 법정요건을 충족하는 등기된 1세대 1주택(2년 이상 거주요건을 충족함)을 양도한 경우, 양도차익에 최대 100분의 80의 보유기간별 공제율을 적용받을 수 있다.

66 ① 양도차익은 양도가액에서 필요경비를 공제하여 계산한다.

67 ② 국내 소재 부동산에 대한 양도소득세는 양도인 소유의 다른 부동산으로 물납할 수 없다. 양도소득세에서 물납은 폐지되어 현재 시행되는 것은 없다.

68 ③ 비거주자는 국외에 있는 건물의 양도로 인하여 발생하는 소득에 대하여 양도소득세 납세의무가 없다.

69 ② 배우자 또는 직계존비속이 아닌 자간의 부담부증여에 있어서 수증자가 증여자의 채무를 인수하는 경우 그 채무액상당부분은 양도소득세 과세대상이다.

70 ③ 양도가액을 추계로 결정하는 경우 매매사례가액, 감정가액, 기준시가를 순차로 적용하여 산정한 가액을 양도가액으로 한다.

71 ① 국내거주자가 토지와 주식을 양도하는 경우 각각 발생한 결손금은 양도소득금액 계산시 이를 통산하지 않는다.

연구 집필위원

정석진 하헌진 이태호 이 혁
임기원 이기명 김인삼

제37회 공인중개사 시험대비 **전면개정**

2026 박문각 공인중개사

합격예상문제 **2차** 부동산세법 정답해설집

초판인쇄 | 2026. 4. 5. **초판발행** | 2026. 4. 10. **편저** | 박문각 공인중개사연구소

발행인 | 박 용 **발행처** | (주)박문각출판 **등록** | 2015년 4월 29일 제2019-000137호

주소 | 06654 서울시 서초구 효령로 283 서경 B/D 4층 **팩스** | (02)584-2927

전화 | 교재 주문 (02)6466-7202, 동영상문의 (02)6466-7201

판 권
본 사
소 유

비매품
ISBN 979-11-7519-984-2 | ISBN 979-11-7519-980-4(2차 세트)

박문각 공인중개사

합격예상문제 [2차]

부동산세법

박문각 공인중개사
온라인강의 www.pmg.co.kr
유튜브　　박문각 클라쓰

박문각 북스파
박문각 공식
온라인 서점

동영상강의 무료제공 | 방송시간표 수록

기본이론 방송　2026. 1.12(월) ~ 7. 1(수)
문제풀이 방송　2026. 7. 6(월) ~ 8.19(수)
모의고사 방송　2026. 8.24(월) ~ 9.30(수)

2026 올해의 교육 브랜드파워 1위
교육서비스 부문 1위

2025 고객선호브랜드지수 1위
교육(교육서비스)부문

2024 고객선호브랜드지수 1위
교육(교육서비스)부문

2023 고객선호브랜드지수 1위
교육(교육서비스)부문

2022 한국 브랜드 만족지수 1위
교육(교육서비스)부문 1위

2021 조선일보 국가브랜드 대상
에듀테크 부문 수상

2021 대한민국 소비자 선호도 1위
교육부문 1위

비매품

9 791175 199842
14320
ISBN 979-11-7519-984-2
ISBN 979-11-7519-980-4 (2차 세트)

www.pmg.co.kr　교재문의 02-6466-7202　동영상강의 문의　02-6466-7201